Lena Kupke
Wahrheit oder Pflicht

LENA KUPKE

Wahrheit oder Pflicht

Was ich übers Frausein gelernt habe

PIPER

Mehr über unsere Autorinnen, Autoren und Bücher:
www.piper.de

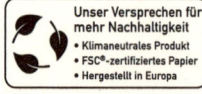

ISBN 978-3-492-06307-4
© Piper Verlag GmbH, München 2021
Satz: Fotosatz Amann, Memmingen
Gesetzt aus der Adobe Garamond
Litho: Lorenz & Zeller, Inning am Ammersee
Druck und Bindung: CPI books GmbH
Printed in the EU

Für alle, die sich manchmal falsch fühlen.
Ihr seid genau richtig.

Inhalt

Das erste Mal Blut in der Unterhose und was in der Pubertät sonst noch so passiert. PS: Will Albrecht trotz fester Zahnspange mit mir gehen, und darf ich noch mit meinem Bruder Indiana Jones spielen?

»Achtung, fertig, los!«, brüllt unser Sportlehrer in seiner viel zu knappen Jogginghose und lässt die beiden Seiten der hölzernen Startklappe heftig aufeinanderschlagen. Wir rennen los und wirbeln dabei den roten Schotter auf. Meine Blase krampft. Schon vor dem Startschuss musste ich dringend pinkeln, und jetzt, nach den ersten fünf Metern, frage ich mich verzweifelt, wie ich die ganze Runde um den Rotbachsee schaffen soll. Neben mir läuft Sanja aus der Oberstufe, ich sehe zu ihr rüber und sage: »Ich muss ganz dringend pinkeln.« Vielleicht hat sie eine Idee, schließlich sind die aus der Oberstufe schon erwachsen. Sanja strahlt und ruft mir zu: »Das ist doch super, umso schneller bist du im Ziel!« Haha, denke ich mir. Erstens ist das gar nicht lustig, Sanja, zweitens, wieso bist du überhaupt nicht außer Atem, und drittens fühle ich mich im Moment eher so, als würde meine Blase in dieser hautengen Sporthose gleich explodieren. Doch irgendwie halte ich dann doch durch. Schließlich will ich auch so cool und stark sein wie Sanja. Zum dritten Mal mache ich beim jährlichen Schullauf um den Rotbach in Hiesfeld mit. Ich bin dreizehn Jahre alt und renne von meiner Kindheit in meine Jugend – ohne es zu wissen.

Direkt nach dem Zieleinlauf schlage ich mich ins Gebüsch – oh, welche Erleichterung. Gerade als ich mir meine Unterhose wieder hochziehen möchte, um zu meinen Freundinnen zurückzugehen und über unseren peinlichen Sportlehrer Herrn Falke zu lästern und darüber, dass Julia sauer ist, weil Lisa mit Spikes gerannt ist und allein deswegen schon schneller war, sehe ich in meiner Unterhose einen roten Strich. Nach kurzer Irritation überfällt mich ein mulmig aufgeregtes Gefühl – das muss sie sein: die Periode.

Ach, du Scheiße! Die hat sich gar nicht angekündigt, sonst hätte ich mich doch vorbereitet und müsste jetzt nicht Gefahr laufen, mir vor der ganzen Klasse die Hose vollzubluten! Wie viel Blut kommt da denn jetzt? Wie viel Zeit bleibt mir, um mich zu »versorgen«? Noch vor zwei Minuten gab es all diese Fragen in meinem Leben nicht. Wenn das der Beginn des Frauseins ist, dann fühlt sich das jetzt schon sehr stressig an, finde ich. Und darauf habe ich wirklich gar keine Lust, mir reichen schon die Schule, die ich nicht mag, und die Krankengymnastik, zu der ich wegen meiner leichten Skoliose muss. Doch ein bisschen aufregend und cool ist es schon auch. All diese Gedanken schwirren mir im Kopf herum, während ich meine Unterhose und meine Sporthose wieder hochziehe. Ich eile zu meinen Freundinnen zurück und ziehe Inga zur Seite. »Inga, ich hab gerade meine Tage bekommen.« – »Krass! Okay, du musst jetzt sofort zu Frau Herrmann ins Sekretariat, die hat Binden. Ich komm mit. Fällt den Lehrern eh nicht auf, wenn wir fehlen.« Inga hat schon zweimal ihre Periode gehabt, sie ist also erfahren und genießt mein volles Vertrauen. Wir gehen los, während sich auf dem Schotterplatz vorm Rotbach die Neuigkeit wie ein Lauffeuer verbreitet. »Lena hat gerade ihre Tage bekommen, die blutet jetzt.« Die Aufregung liegt in der Luft wie unangenehmer Nieselregen, der einem die Sicht nimmt.

Etwa fünfzehn Minuten später klopfe ich verlegen an Frau Herrmanns Tür, deren Namen ich erst seit ein paar Wochen kenne. Ihre Bekanntheit beruht nämlich allein auf der Tatsache, dass sie fast wöchentlich eines der Mädchen aus meiner Stufe mit einer Binde oder einem Tampon versorgt. Frau Herrmann ist sozusagen die Bindendealerin unserer Schule. Ein Monopol. Sie ist die alleinige Anführerin eines Minimatriarchats, gefangen in einem verstaubten toxischen Patriarchat. Die Übergabe der Ware geschieht schnell und emotionslos, Frau Herrmann stellt keine Fragen. Es dauert keine zehn Sekunden, und ich habe eine riesige Binde in der Hand. Ich hatte keine Ahnung, dass Frausein bedeutet, wieder Windeln tragen zu müssen. Aber wer bin ich, diese für mich neue Materie direkt zu hinterfragen? Schnell eile ich auf das Schulklo weiter, das in seiner Ästhetik und Sauberkeit genau das erfüllt, was man von diesem Ort erwarten würde. Die Toilettenbrille ist voller Urintropfen, in der Luft liegt der Duft eines Tigergeheges, und mit Glück hängen an der falsch aufgewickelten Klopapierrolle noch zwei Blätter, aber das ist dann auch wirklich Luxus. Die obligatorisch vollgekritzelte Kabinentür gibt Aufschluss über die großen Themen der Menschheit – Liebe, Stolz, Schmerz, Tragik, Wut, Hass und dass Jessi hier war: »Ich war hier. Jessi.« Danke für die Info! Es ist immer gut zu wissen, mit wem du dir die Toilette teilst.

Mit einem Pampers-Po trete ich raus auf den Gang und kann das Ende des Schultags kaum erwarten. Als nach einer gefühlten Ewigkeit die Glocke läutet, setze ich mich mit meinem Bindenhintern auf mein Fahrrad und düse los. Von unserem Fahrradschuppen im Garten stürze ich zur Terrassentür hinein und erzähle meiner Mutter direkt die Neuigkeiten. Sie freut sich. Als ich ihr die gigantische Binde zeige, die ich von der Schulsekretärin bekommen habe, lacht sie: »So eine große brauchst du noch gar nicht. Du kannst auch direkt o. b.s nehmen, die sind viel angenehmer.« O Mann, diese vielen neuen Informationen überfordern mich. Ich möchte auf jeden Fall erst mal bei Binden bleiben, da ich keinerlei Interesse daran habe, etwas in mich hineinzustecken. Die sind ja verrückt, die Erwachsenen! Das können die schön ohne mich machen. Trotzig gehe ich nach oben in mein Zimmer, während meine Mutter mir hinterherruft: »Wenn du magst, kannst du es Papa selbst erzählen, wenn er nach Hause kommt. Das fänd er sicher schön.«

Als mein Vater die Haustür aufschließt, hüpfe ich also die Treppe hinunter, lehne mich über das Geländer und platze direkt heraus: »Papa, ich habe jetzt meine Tage.« Sichtlich irritiert und noch in voller Montur steht er im Hausflur und murmelt erst mal nur: »Schön, Leni.« O. k., denke ich, das war ziemlich einfach, und noch während mein Vater seine Schuhe auszieht und seine Jacke aufhängt, hüpfe ich die Treppe wieder nach oben in mein Kinderzimmer. Oder ist es jetzt mein Jugendzimmer? Ach, das ist alles so verwirrend. Wegen ein bisschen Blut muss ich mich jetzt neu erfinden? Meine größte Sorge ist aber eine ganz andere: Ich habe Angst davor, dass ich jetzt immer wieder einfach so aus heiterem Himmel und ohne jede Vorwarnung meine Tage bekomme. Was, wenn ich mir in der Öffentlichkeit in die Hose blute? Das wäre so peinlich! Mir kommt es so vor, als würde ich auf einer tickenden Zeitbombe sitzen, deren Zündschnur jederzeit Feuer fangen kann. Wie soll ich denn immer und überall auf einen möglichen Blutstrom vorbereitet sein?

Jetzt verstehe ich, warum Lydia die Vordertasche ihres Eastpaks mit Binden vollstopft. Die ist perfekt ausgestattet! Damit ist sie nicht die Einzige in unserer Stufe. Tatsächlich scheint ein regelrechter Trend loszubrechen, wer wie viele Binden im Eastpak transportieren kann. Und am besten möglichst verschiedene. Also ragen aus den Rucksackvordertaschen meiner Mitschülerinnen blaue, grüne und schwarze Verpackungen hervor. Der obligatorische Bebe Perlglanz wird absichtlich im selben Fach verstaut, damit es einen guten Grund gibt, die Vordertasche möglichst oft und demonstrativ zu öffnen und den Blick auf die neu gewonnene Weiblichkeit zu lenken. Wie ein Pfau, der sein Federkleid auffächert, breiten meine Mitschülerinnen die Binden aus, um die Jungs mit der frisch erlangten Geschlechtsreife zu beeindrucken. Ich selbst bin von diesem Spiel zugleich fasziniert und überfordert. Welche Stärke brauche ich denn jetzt, wie lang muss die Binde sein, und wozu braucht die eigentlich »Flügel«? Welche Farbe ist die richtige für mich? Da meine Eltern Überfluss ablehnen, befürchte ich, dass es in meinem Eastpak ohnehin monochrom zugehen wird. Eins ist klar, ich werde auf keinen Fall selbst in den Drogeriemarkt gehen und mich durch die Binden-Regale wühlen. Das ist ja megapeinlich. Binden sind nämlich ausschließlich in den Vordertaschen unserer Rucksäcke cool, nirgends sonst. Zudem ist es in einer Kleinstadt unmöglich, anonym einzukaufen. Zum Glück übernimmt meine Mutter die Binden-Safari für mich und trifft dabei prompt auf Frau Kunze, die Mutter einer Mitschülerin. Zusammen begeben sich die seit Jahrzehnten blutenden Frauen für ihre Premierenperiodentöchter auf die Suche nach der aktuellen Bindenmode und entscheiden sich schließlich für die grüne Version.

Als ich die gesamte Packung – 32 Binden – in meinen Rucksack quetsche, schaut meine Mutter höchst irritiert, lässt mich dann jedoch kommentarlos allein, wofür ich sehr dankbar bin. Kurze Zeit später kommt sie zurück in mein Zimmer. Es scheint ihr sehr wichtig, mir zu vermitteln, dass ich mich nicht eingeschränkt fühlen muss, und so wiederholt sie eindringlich: »Du kannst immer noch auf Bäume klettern und spielen, auch wenn du deine Tage hast. Vielleicht probierst du doch mal o. b.s aus, die sind wirklich viel angenehmer, und du kannst dich viel freier bewegen als mit einer Binde.«

Es dauert zwei Zyklen, dann bin ich bereit dafür. Denn die ersten Gänge mit diesen quietschenden Lappen zwischen den Beinen verändern tatsächlich mein Selbstbild und – wie von meiner Mutter angekündigt – meine Bewegungsfreiheit, und das sehe ich gar nicht ein. Mein erster Versuch, einen Tampon zu benutzen, verläuft ungelenk. Ich kenne mich mit meinen inneren Wegen noch nicht gut aus und habe keine Ahnung, wie tief ich dieses kleine Wattewürstchen einführen soll. Nach kurzem, unbeholfenem Gestoße bin ich erfolgreich und verlasse das Bad. Doch schon nach den ersten Schritten beschleicht mich ein unangenehmes Gefühl: Irgendetwas scheint schiefgelaufen zu sein – es fühlt sich so an, als würde mir etwas zwischen den Beinen hängen. Hilfe suchend rufe ich nach meiner Mutter. »Mama, das fühlt sich ganz komisch an. Ploppt das da gleich wieder raus?« Meine Mutter eilt herbei. »Ne, dann sitzt es nicht richtig. Das darfst du gar nicht spüren! Wahrscheinlich musst du es tiefer einführen.« Noch tiefer? Ich bin entrüstet! Das ist doch ekelig, sich selbst einen Finger so tief reinzustecken. »Wie denn?« Verzweifelt schaue ich meine Mutter an. Sie erkennt meine Hilflosigkeit und geht mit mir zusammen ins Badezimmer. »Am einfachsten ist es, wenn du dich hinhockst.« Also hocken wir zu zweit im Badezimmer, während ich versuche, mir den Tampon tiefer reinzuschieben. In einer Phase, in der ich mich abzunabeln versuche, wirft uns diese Situation gefühlt ins Kleinkindalter zurück. »Es geht nicht weiter, ich komme da nicht um die Ecke. Wieso ist da überhaupt eine Kurve?«, frage ich. »Du verkrampfst! Du musst locker lassen. Huste mal, das hilft.« Und tatsächlich: Drei Huster später sitzt das o. b. endlich so, dass ich es nicht mehr spüre, fest in den Tiefen meines Unterleibs. Ich bin stolz und fühle mich sehr geheimnisvoll. Schließlich weiß niemand, dass etwas in mir steckt, und gleichzeitig habe ich das Gefühl, dass mir jeder meinen ersten Tampon ansehen kann. Gerade als ich meine ersten Schritte als o.-b.-Trägerin gehe, ruft meine Mutter mir hinterher, dass ich ab jetzt immer aufschreiben soll, wann und wie lange ich meine Periode habe. Ich stöhne: Noch mehr Hausaufgaben?! Ich mache schon die für die Schule nicht. Allmählich wird mir das Frausein tatsächlich lästig.

Mein kleiner Bruder scheint frei von Sorgen zu sein, er rennt weiterhin wild und frei als Indiana Jones durch den Garten.

Mittlerweile hat er neben seinem Indi-Hut, den wir extra in einem schicken Hutladen gekauft haben, auch eine Indiana-Jones-Peitsche und läuft in unserem 145-Quadratmeter-Garten zu Höchstformen auf. »Lena, komm raus spielen«, ruft er mit Blick zu meinem Fenster. Dabei rollt er sich extra eindrucksvoll über den frisch gemähten Rasen, um mich zu animieren, mit ihm zu spielen, so wie wir es seit seiner Geburt getan haben. Aber irgendetwas hält mich zurück. Ich stehe am Fenster und möchte schreien: »Ja! Ich komme runter!« Doch da ist eine neue Stimme in mir, die sagt: »Du kannst jetzt nicht mehr so Baby-spiele spielen, du musst jetzt coole Sachen machen.« Die Stimme ist so stark, dass ich auf sie höre, statt das zu tun, was ich eigentlich möchte. Von da an soll mir das noch sehr oft passieren. Ich bleibe also in meinem Zimmer, was genauso langweilig ist, wie es klingt, und überlege, was ich mit dieser neuen Identität an-stellen könnte.

Den Mädchen in meiner Klasse scheint es ähnlich zu gehen, auch sie hängen etwas verloren zwischen Kindheit und Jugend. Wir sind auf der Suche nach einer neuen Identität und auf ganz pragmatischer Ebene auch auf der Suche nach neuen Freizeit-aktivitäten. Schließlich ist allen klar, dass wir in den Pausen nicht länger Fangen spielen können, und der Bindenhype ist auch nicht wirklich zeitfüllend oder unterhaltend. Also starten wir sogenannte Freundebücher, in die wir jeden Tag schreiben. Wer wen mag und wer in wen verknallt ist. Ein einziges Ranking an Beliebtheit. Doch diese Bücher erfüllen mich nicht, denn sie können nicht ansatzweise das fantasievolle Spielen ersetzen. Außerdem habe ich immer Angst, was die anderen wohl über mich schreiben und denken. Ich fühle mich bewertet und beob-achtet und werde unsicher. Zu Hause fange ich an zu singen – laut in meinem Zimmer –, da ich nur wenige CDs habe, ist meine Playlist sehr begrenzt. Hätte es schon YouTube gegeben, hätte ich wohl sämtliche Karaoke-Varianten durchgeklickt. So aber bin ich allein mit meinen drei CDs, einem CD-Player und mangelhaften Englischkenntnissen. Meinen Spaß trübt es trotzdem nicht. Lauthals singe ich: »Qui, Quy, Quo«, in der Überzeugung, dass das der richtige Text von *What's Up* von 4 Non Blondes ist und meine Aussprache perfekt klingt. In dieser Illusion bewege ich mich als selbstbewusste und extrem coole Frontfrau entweder vor imaginärem Publikum oder drehe ein heißes Musikvideo, bis mein Bruder reinkommt und meine Selbstwahrnehmung einem harten Realitätscheck unterzieht. »Das klingt voll scheiße, Lena. Du denkst, du singst Englisch, aber du singst einfach nur ›Qui, Quy, Quo‹.« Er hat eben von klein auf das bessere Melodie- und Sprachgefühl. Aus Rache werfe ich seinen Hut in die Ecke, schubse ihn aus meinem Zimmer und tue das Drastischste, was ich tun kann: Ich schließe ab. Für uns, die immer die besten Freunde waren und zusammen die fantasievollsten Spiele erfunden haben, ist diese abgeschlossene Tür gleichbedeutend mit einem eisernen Vorhang. Hinter der Tür suhle ich mich in dem frisch gesäten Zweifel über meine englische Aussprache. Schließlich habe ich die Lösung: Ich nehme mich mit dem Kassettenrekorder auf und gebe alles. Noch mal richtig in die Höhe und das letzte Wort schön laut aussingen. Freudig spule ich die Kassette zurück, um mir die Aufnahme anzuhören. Schon mit dem ersten Ton schwindet meine Begeisterung, und ich muss mir schmerzhaft und schamvoll eingestehen, dass meine »Gesangsperformance« tatsächlich eher an eine logopädische Übung mit Fantasiesprache in völliger Rhythmuslosigkeit erinnert. Ich schäme mich – wie peinlich! Dabei spreche ich doch fließend Englisch und unterhalte mich regelmäßig mit meinen imaginären internationalen Freund*innen. Wenn ich allein zu Hause bin, halte ich vor dem Spiegel einen wahnsinnig witzigen und unterhaltsamen Vortrag über mein Leben. Und was soll ich sagen: Die Leute lieben mich. In diesen Momenten kann ich alles sein, was ich in der Schule nicht bin – frei, stark und sorglos.

Etwa zur gleichen Zeit fällt mir beim Umziehen für den

Sportunterricht auf, dass immer mehr Mädchen nun einen BH tragen. Evje zum Beispiel trägt einen schwarzen, den ich sehr schön finde. Wie ein Lauffeuer verbreiten sich die neuen Stücke und lassen die treuen Baumwollunterhemden, die so viele Jahre lang unsere Nieren gewärmt haben, verschwinden. Bald tragen fast alle Mädchen in meiner Klasse BHs. Vor allem diejenigen, die noch gar keine Brüste haben. Ich kann gar nicht so recht einschätzen, wie weit ich da bin, bis ich mich an eine Szene mit meiner Oma erinnere. Bei unserem letzten Besuch in Köln hat sie mir ohne Vorwarnung über meinen linken Nippel gestreichelt und mit einem Lächeln gesagt: »Da wächst jetzt deine Brust.« Die Freude in ihrer Stimme hat mir zwar signalisiert, dass es eine positive Entwicklung ist, trotzdem empfand ich es als übergriffig und habe mich geschämt. Als würde mein Körper nicht mehr allein mir gehören. Das geht mir nun immer öfter so. Ich fühle mich wie ein Beobachtungsobjekt, das in den Fängen von Orthopäd*innen, Zahnärzt*innen und meinem Umfeld ist. Wie ein Tier, das im Zoo betrachtet wird. Voll anstrengend. Ich will doch einfach nur meine Ruhe haben. Eines ist mir jedoch klar, seit ich Evjes sexy BH gesehen habe: Mein erster BH soll schwarz sein. Das ist cool! Und cool sein ist wichtig. Mir ist bereits klar, dass ich für Coolness arbeiten muss, da ich weder Künstlereltern habe noch einen ausgefallenen Namen oder eine spannende Lebensgeschichte. Ich bin einfach die Lena mit blonden Haaren und dem besten kleinen Bruder der Welt, die in Hiesfeld in Nordrhein-Westfalen wohnt und deren Eltern liebevolle Pragmatiker*innen sind. Das ist alles wundervoll, aber Punkrock sieht nun wirklich anders aus. Also setze ich auf einen schwarzen BH, der mich von all den braven Mädchen unterscheiden soll. Ich will mich abgrenzen, ich will raus aus der Enge und mich frei entfalten.

Zusammen mit meiner Mutter gehe ich also auf BH-Suche in einem großen Kaufhaus. Sie warnt mich vor: »Du musst dich nicht daran stören, dass die Verkäuferin dich gleich abmessen wird.« Äh, was?! Noch bevor ich darüber nachdenken kann, was das zu bedeuten hat, stehen wir vor Roswitha, einer mittelalten Frau mit kesser, auberginenrot gefärbter Kurzhaarfrisur, und lassen uns »beraten«. Was letztlich bedeutet, dass sich Roswitha mit einem Maßband an meinen Brüsten zu schaffen macht und trocken feststellt, dass ich eine »70B« bin. Ich fühle mich zwar schon wieder wie ein Objekt, aber kann noch darüber hinwegsehen. Roswi (wie ich sie in Gedanken nenne, um die Peinlichkeit zu überspielen) ist sehr gemütlich und bewegt sich fast provokant langsam durch die für sie viel zu schmalen Gänge, um uns verschiedene Modelle zu zeigen. Meine Mutter legt Wert auf Markennamen, und so nehme ich einen schwarzen Schiesser- und einen Triumph-BH mit in die Umkleide. Gerade probiere ich das erste Modell an, doch noch bevor ich die Verschlusshaken hinter meinem Rücken ineinanderfieseln kann, reißt Roswitha den Vorhang auf: Ich stehe halb nackt und für die gesamte Kaufhauskundschaft gut sichtbar da. In diesem Moment hat es sich für mich ausroswithert, und ich spüre, wie ich wütend werde. Das hat meine Mutter also gemeint, als sie mich gewarnt hat. Roswitha hält den BH für ungeeignet. »Ne, dat sitzt ja gar nich. Da hat die ja hier total viel Luft drinne«, erklärt sie meiner Mutter, während sie mit ihren kalten Wurstfingern an den Bügeln rumspielt. Mich ignoriert sie. Meine Mutter versucht, den Übergriff mit einem Lächeln aufzufangen. Ich ziehe den Vorhang zu und probiere entrüstet den nächsten BH an. Langsam beginne ich, das Frauwerden zu hassen. Erst muss ich mir hustend was in meine Scheide stecken, und dann begrapscht mich auch noch eine völlig fremde Frau. Doch ich bin brav und streife mir die BH-Träger über. Kurz überlege ich, ob ich den Vorhang der Umkleide einfach von innen festhalten soll, doch in diesem Moment reißt Roswitha ihn auch schon auf, und ich stehe erneut auf dem Präsentierteller. Roswitha zupft wieder an mir herum und nickt dabei. »Ja, dat ist besser, fühlen Se ma selber, da hat se Halt drinne.« Okay, danke, denke ich und sehe meine Mutter an. »Ja, gut, Schatz, fühlst du dich wohl? Der sieht doch schön aus. Dann nehmen wir den mit?« – »Ja«, lautet meine knappe Antwort. Endlich verlassen wir das Kaufhaus und Roswitha, im Gepäck haben wir meinen ersten BH. Und der ist schwarz, weil ich nämlich cool bin.

Unsere Klasse ist ein bunter Haufen explodierender Hormone, und die ersten Partys stehen an. Eines der wichtigsten Events ist Julias vierzehnter Geburtstag, den sie im Partykeller des Jugendzentrums feiert. Ich freue mich riesig, dass ich eingeladen bin, und bin aufgeregt. Leider gibt es bei Julia keinen Alkohol, was das Ganze leider verhältnismäßig verkrampft macht, und so stehen wir Mädchen verlegen in einer Ecke, während die Jungs schüchtern in der gegenüberliegenden sitzen. Die Bravo-Hits tönen aus den Boxen, doch niemand traut sich zu tanzen. Stattdessen werden flüchtige Blicke ausgetauscht. Die Spannung in diesem stickigen Kellerraum ist kaum zu ertragen – wer macht den ersten Schritt? Wegen der Zettelchen, die im Unterricht herumgereicht werden, wissen wir alle, dass Leonard in Inga verliebt ist, Inga aber noch Zeit braucht. Daher vermuten wir, dass zwischen den beiden heute nichts passieren wird. Noch habe ich keine Ahnung, dass Albrecht auf mich ein Auge geworfen hat. Er sieht genauso aus, wie man sich einen Albrecht vorstellt: ein käsiger, ängstlicher Junge aus reichem Hause. Albrecht hat die Uncoolness abonniert und verbringt jede Pause mit seinen zwei Außenseiterfreunden. Erstaunlicherweise gefällt mir das. Schließlich fühle ich mich auch nicht wirklich dazugehörig, obwohl ich von außen betrachtet gut integriert bin. Schon bei seinem Vornamen muss ich lachen, und das finde ich gut. Selbst, wenn Albrecht sich anstrengen würde, könnte er nicht cool sein, und daher ist seine Unbeholfenheit ziemlich authentisch. Das mag ich. Außerdem wirkt er wie aus einer anderen Zeit, nicht nur wegen seiner bedenklichen Klamottenauswahl, hinter der eindeutig seine Mutter steckt, eine wohlhabende Frau, die ihren Jungen am liebsten auf ein Privatinternat schicken würde, sondern auch aufgrund seiner Wortwahl. In einer Deutschstunde müssen wir einen Aufsatz über jemanden, den wir lieben, schreiben, und der arme Albrecht wird drangenommen. Er schreibt über seine Schwester, die – wie soll es anders sein – Adelheid heißt, und schon jetzt muss ich über diese Eltern in ihrer reichen Blase schmunzeln. Albrecht beschreibt das »wallende Haar« seiner Schwester. Dieser antiquierte Ausdruck bringt die ganze Klasse zum Lachen. Mir tut das ein wenig leid, wenigstens traut er sich offen zu sagen, dass er seine Familie, seine Schwester liebt. Albrecht ist eben anders. Und anders finde ich im Gegensatz zu dem Rest der Klasse, die dem Mainstream hinterherjagt, gut. Albrechts Individualität und Authentizität sind mir lieber, auch wenn ich über alles, was Albrecht macht und sagt, unweigerlich lachen muss. Unabsichtlich komisch ist er. Daher finde ich es amüsant, als Luca mir auf Julias Party nun in der Rolle des Übermittlers verrät, dass Albrecht mit mir gehen möchte. Wow, die Lachnummer der Klasse hat mich ausgewählt, was mir irgendwie schmeichelt. Inga und ich besprechen kurz die neue Lage, und auch sie meint, ich solle »Ja« sagen. Natürlich nicht auf direktem Wege, sondern sie würde das für mich machen. Logisch! Doch ich will ehrlich mit Albrecht sein – ich bekomme nächste Woche eine feste Zahnspange, und er sollte wissen, worauf er sich einlässt. Falls er also sein Angebot lieber zurückziehen möchte, verstehe ich das. Der Plan ist also, dass Inga mit der Frage, »Willst du auch noch mit Lena gehen, wenn sie nächste Woche eine feste Zahnspange bekommt?«, zu Albrecht und den Jungs rübergeht. Um sich Mut anzutrinken, nimmt sie einen extragroßen Schluck Cola aus dem Pappbecher. Ich warte gespannt und fühle mich tatsächlich sehr erwachsen und sortiert. Nach etwa dreißig Sekunden, die sich exakt wie dreißig Sekunden anfühlen, kommt Inga zurück. Während sie die zwei Schritte von der mysteriösen Jungs-Ecke in unsere Mädchen-Ecke zurücklegt, gelingt es mir nicht, ihre Mimik zu deuten, und ich werde nun doch ein wenig nervös.

»Albrecht will trotzdem mit dir gehen, er sagt, es stört ihn nicht, wenn du eine feste Zahnspange hast«, sagt Inga cool. Wow, Albrecht ist wirklich ein Gentleman, denke ich. Jetzt habe ich einen Freund. Das ging ja schnell und einfach. Darauf erst mal einen Schluck Fanta.

Dann muss ich los, weil ich schon um 21 Uhr von meiner fürsorglichen Mutter abgeholt werde. Also verabschiede ich mich von meinen Freundinnen und winke Albrecht – meinem Freund – aus der Ferne kurz zu. Meine Mutter ist schon da und unterhält sich mit Leonards Mutter. Hoffentlich erzählt sie nichts Peinliches, was Leonard, dieser arrogante Idiot, dann morgen in der Schule weitertratscht. Meiner Mutter erzähle ich lieber nichts von meiner neuen Lebenssituation, schließlich bin ich jetzt erwachsen und vergeben. Es gäbe im Grunde ja auch noch gar nichts zu erzählen, und ich habe keine Lust auf nervige Fragen. Ich muss mich selbst erst mal daran gewöhnen, dass ich jetzt mit Albrecht gehe und dabei auch noch blute. Ist das alles aufregend und verwirrend!

Am nächsten Morgen werde ich in der Schule tatsächlich anders als sonst begrüßt. »Oh, Lena muss immer schon um 21 Uhr im Bett sein und schlafen. Wie ein Baby, haha«, schallt es mir entgegen. Schönen Dank, Mama. Ich bin sauer auf Leonard, dieser Arsch mit den hässlich gegelten Haaren! Wie gerne ich ihm jetzt seine schiefe Nasenwand gerade prügeln würde. Doch ich sage nichts, werde zu allem Überfluss noch rot und setze mich still an meinen Platz. Erst zu Hause fällt mir ein, dass Leonard doch auch schon um 21 Uhr abgeholt wurde. Verdammt! Ich muss endlich schlagfertig werden, beim nächsten Mal wird ihm seine gegelte Nick-Carter-Locke im Hals stecken bleiben.

Zwei Tage nachdem Albrecht und ich zusammengekommen sind und in denen sich zwischen uns rein gar nichts abgespielt hat – noch nicht mal eine Begrüßung –, sage ich Inga und Insa in der Pause, dass ich mich innerlich entfernt habe und es mit

Albrecht vorbei ist. Die beiden sind begeistert von dieser neuen Dramatik in unserem Alltag. Schließlich hat die Beendigung des kindlichen Spielens eine Lücke hinterlassen, die es zu füllen gilt. Et voilà: Beziehungsspiele sind unser neues, altersgerechtes Fangenspielen. Voller Energie gehe ich zielgerichtet hinüber zu Albrecht und seinen zwei Außenseiterfreunden. In meinem Kopfkino weht mir dabei der Wind die Haarsträhnen aus dem Gesicht, auch wenn ich in Wirklichkeit nur zu schnellen Schrittes über unseren tristen Schulhof hetze. Doch für mich zählt nur die Fantasie, da die ohnehin spannender ist, und so höre ich passend zu meinem Gang ein dramatisches Orchester spielen. Ich baue mich vor Albrecht und seinen Jungs auf und sage, ohne drum herumzureden, mit reichlich Pathos in der Stimme: »Albrecht! Es ist aus!« – »Okay«, erwidert Albrecht schlicht, woraufhin ich mich umdrehe und zurück zu meinen Freundinnen gehe. Ich fühle mich frei und stark, ein tolles Gefühl. Ich bin eine unabhängige Frau! Trotzdem hätte ich mir etwas mehr Enttäuschung von Albrecht erhofft, doch das ist nebensächlich. Mein Leben gehört wieder mir, und falls jemand anderes mit mir gehen möchte, weiß er, dass ich jetzt frei bin. Das ist das richtige Signal.

Nun bin ich bereit, mich wieder den übergriffigen Erwachsenen zu stellen, die einem mit Beginn der Pubertät überall begegnen, um etwas an dir zu verändern. Nach Roswitha also der Ausflug zum Kieferorthopäden, was ich mir allerdings selbst einbrocke, da es mein ausdrücklicher Wunsch ist, genau wie gefühlt alle in meiner Klasse eine feste Zahnspange zu bekommen. Insa, Lydia und Evje haben schon eine und spielen im Unterricht mit den Gummis, die sie sich zwischen den Brackets an Unter- und Oberkiefer spannen. Das ist extrem cool und neben Binden schnell das angesagteste Accessoire. Unser neues Spielzeug sozusagen. Meine Zähne sind eigentlich in Ordnung, nur der rechte obere Eckzahn sitzt für mein kosmetisches Empfinden zu hoch. Also poche ich auf eine feste Zahnspange, ohne zu wissen, worauf ich mich da einlasse. Meine Mutter versucht, mich umzustimmen, sie hält das aufgeklebte Metallgestell für überflüssig und hat Sorge, dass meine Zähne und mein Kiefer Schaden nehmen könnten. Jahre später mit Kieferproblemen und löchrigem Wangeninnenfleisch wünschte ich, meine Mutter hätte sich durchgesetzt. Doch meinen Eltern ist es wichtig, unseren freien Willen zu respektieren, und so machen wir einen Arzttermin aus. Wir fahren zu Dr. Kessel, der den wohl unglücklichsten Namen hat, denn Dr. Kessel mit zwei »s« lispelt. So hängt er über mir, während ich auf dem zurückgefahrenen Stuhl liege, und fragt: »Tzo, paztz tzo? Tzitzt alletz gut? Piektz irgendwo?« Dabei spüre ich einen Sprühregen Spucke auf meinem Gesicht, denn zu allem Überfluss – im buchstäblichen Sinne – hat Dr. Kessel auch noch eine feuchte Aussprache. Also wirklich, diese alten Erwachsenen! Von der einen werde ich begrapscht und vom anderen angespuckt. Verstört verlasse ich mit fester Zahnspange die Arztpraxis. Was für ein seltsames Gefühl in meinem Mund, ich spüre schon einen ordentlichen Druck auf meinem Kiefer. Nach dieser Aufregung hilft nur eins: Pommes! Pommes machen einfach alles besser. Also kauft meine Mutter mir um elf Uhr vormittags eine Schale Pommes. Diese fettigen Kartoffeln mit zu viel Salz werden mich beruhigen, da bin ich mir sicher. Doch schon beim ersten Bissen merke ich, dass der Druck auf meine Zähne so stark ist, dass ich nicht abbeißen kann. Was für ein Verlust!

Ich trage die feste Zahnspange ein Jahr lang. Ein Jahr, in dem ich oft in mein Tagebuch schreibe: »Heute hat mein Bruder mir beim Toben wieder ein Bracket rausgehauen. Mama und ich mussten zu Dr. Kessel fahren. Zum Glück habe ich dieses Mal nur einen Spuckpunkt abbekommen.« Andauernd lösen sich Brackets, entweder durch das Gerangel mit meinem Bruder oder weil ich auf etwas Zähes beiße, was mir den Draht rauszieht, der dann spitz in meine Wange sticht. Dieses eine Jahr besteht aus einer Aneinanderreihung von Kieferorthopädenbesuchen. Doch auch darüber hinaus entwickelt sich die Zahnspange zu einem Probleme produzierenden Ungeheuer. Immer, wenn ich herzhaft lache, bleibt meine Oberlippe an den Brackets hängen. Ich sehe dann aus, als ob ich nur eine Unterlippe hätte, und es tut weh. Daher verstecke ich mich von nun an hinter meinem selbst gehäkelten bunten Schal, wenn ich lachen muss. Und damit bin ich nicht die Einzige. In unserer Klasse sind mindestens fünf Mädchen, die ausschließlich in ihren Schal lachen. Was angesichts der Tatsache, dass außerdem Essensreste von den Schulbroten in den Brackets hängen bleiben, gar keine so dumme Idee ist. Nichtsdestotrotz führt es dazu, dass wir beginnen, uns für unseren Körper zu schämen und alles, was wir als nicht schön empfinden, zu verstecken. Es wird Jahre dauern, bis sich diese Dynamiken wieder auflösen.

Nach einem Jahr wird mir die feste Zahnspange entfernt, und ich kann das angenehme und befreite Gefühl im Mund gar nicht fassen. Doch leider muss ich jetzt für ein weiteres Jahr eine lose Klammer tragen. Ich versuche es. Jeden Abend vorm Schlafen setze ich sie brav ein und wache jeden Morgen ohne sie im Mund auf. Stattdessen finde ich sie irgendwo in meinem Bett wieder. Dr. Kessel reagiert bei Kontrolluntersuchungen mit: »Na, da hazt du die Spange aber ordentlich fleizig getragen. Zuper!« – »Ja, jede Nacht«, lüge ich. Nach und nach bemerke ich, dass die Erwachsenen in meinem Umfeld gar nicht allwissend sind, und ich lerne, dass ihnen gegenüber allein Souveränität hilft. Bald bin ich Profi: Völlige Selbstsicherheit bei genauso großer Ahnungslosigkeit vorzuspielen sichert mir später etliche Nebenjobs.

Doch nicht alles an der Erwachsenenwelt ist doof. Rike zum Beispiel finde ich super. Sie ist in der zehnten Klasse und somit in meinen Augen schon absolut erwachsen. Bei ihr habe ich Nachhilfe in Englisch. Englisch ist mein schlechtestes Fach in der Schule, was eindeutig an der Inkompetenz des Lehrers liegt. Wir haben nämlich Unterricht bei Herrn Säulen, einem Mann Mitte fünfzig, dessen einziges Interesse es ist, seine Frühpension durchzukriegen. Da das nicht so einfach zu funktionieren scheint, sitzt er seinen Unterricht ab, zeigt uns Filme und bringt uns falsches Simple Present bei. So lernen wir, dass ein »s« bei he/she/it nur mitmuss, wenn es eine Gewohnheit ist. Da das Schulsystem so angelegt ist, dass die Schüler*innen der Lehrperson ausgeliefert sind, übernehmen wir seine Erklärung und hinterfragen sie nicht weiter. Erst nach zwei Jahren fällt bei einem Lehrerwechsel dieses Problem auf. Unsere neue Englischlehrerin kann nur die Augen rollen und den Kopf schütteln, während Herr Säulen weiterhin seine Zeit absitzt und so wenig arbeitet wie nötig. Diese Umstände jedenfalls führen dazu, dass ich Nachhilfe bekomme, und über Rike bin ich wirklich sehr glücklich.

Sie kommt einmal in der Woche zu uns, und da sie eine etwas nach oben zeigende Nase hat, nennen mein Bruder und ich sie »Schweinenasen-Rike«. Immer mittwochs heißt es also: »Lena, komm, wir spielen im Garten, oder musst du wieder mit Schweinenasen-Rike lernen?« Wenig später sitzen Rike und ich im Wohnzimmer, mit freiem Blick auf unseren Garten. Das versteht mein Bruder als Aufforderung, mich doch noch zu überzeugen, lieber zum Spielen nach draußen zu kommen. Also rennt er besonders eindrucksvoll über den frisch gemähten Rasen, rollt wie ein Stuntman, sein neuester Berufswunsch, ins Gebüsch und kommt sich als Karatekämpfer gebärdend wieder hervor. Ich muss lachen, doch Rike, die sichtlich woanders ist mit ihren Gedanken, bemerkt nichts. Statt mir bei Englisch zu helfen, erzählt sie mir, ohne dass ich danach frage, alles aus ihrem Liebes- und Beautyleben, und ich genieße es. Meine Eltern zahlen Rike also unwissentlich fünfzehn Euro dafür, dass sie mir Dinge erzählt wie: »Mein Freund, der Arsch, hat sich jetzt schon drei Tage nicht gemeldet.« Leider weiß ich darauf nichts zu erwidern. Es ist ein einseitiges Gespräch, das nicht auf Augenhöhe stattfindet. Genau das mag ich aber irgendwie – Rike ist wie die coole ältere Schwester, die ich nie hatte. Sie erklärt mir zum Beispiel sehr ruhig und detailliert, wie ich mir selbst Ohrlöcher stechen kann: einfach mit einer heißen Nadel und einer heißen Kartoffel, die hinters Ohr gehalten wird. Auf diese Art und Weise hat Schweinenasen-Rike sich schon drei Löcher gestochen. In einer der nächsten Nachhilfestunden zeigt sie mir ihr neuestes Tattoo, ein Tribal um den Bauchnabel. Das Besondere daran ist, dass es nach etwa fünf Jahren rauswächst – das hat der Tätowierer Rike versprochen. Ich bin zwar noch ein Kind, aber da werde selbst ich skeptisch, was ich ihr allerdings nicht sage. Zu den Englischaufgaben kommen wir nie. Meine Noten werden zur Verwunderung meiner Eltern nicht besser, aber dafür lerne ich die ein oder andere Lektion fürs Leben von Rike, und das ist eigentlich eh viel wichtiger.

Die Hormonparty in meiner Klasse nimmt langsam die seltsamsten Züge an. So geht eines Tages das Gerücht rum, dass Lydia schwanger sei. Insa, die gut mit Lydia befreundet ist, erzählt mir im Unterricht davon. »Leonard und sie waren zusammen in der Sauna von seinen Eltern und hatten nur Handtücher um, und dann hat sich Leonard auf Lydia gelegt, und dabei hat sein Penis …«

»Insa und Lena, ihr könnt in der Pause quatschen«, unterbricht uns Herr Falke, der uns neben Sport auch in Mathe unterrichtet.

»Okay, 'tschuldigung.«

Wir warten eine Minute, dann erzählt Insa weiter: »Na, jedenfalls hat er sie mit seinem Ding kurz zwischen den Beinen berührt.«

»Davon wird man doch nicht schwanger?!«

Irritiert schaue ich Insa an.

»Doch, der hatte ja kein Kondom an! Julia meint das auch, dass da schon was passieren kann«, ist sich Insa sicher.

»Häh? Muss man nicht erst kurz vorher ein Kondom benutzen?«

»Keine Ahnung. Glaub nicht. Glaub, immer, also schon beim Fummeln.«

»Ach so«, sage ich staunend.

»Jedenfalls muss Lydia jetzt zum Frauenarzt – superpein-lich –, und Leonard ist total hysterisch und meinte schon …«

»Insa und Lena, noch ein Mal, und ihr fliegt raus!«, ruft Herr Falke durch die ganze Klasse. Sein roter Kopf und seine Ver-zweiflung bringen uns zum Lachen, und natürlich stecken wir uns gegenseitig an, denn wenn Insa lacht, muss ich auch lachen und umgekehrt. Wir wollen ohnehin lieber rausgeschmissen werden, als hier im stickigen, engen Raum zu hocken. Dennoch handeln wir deeskalierend und sind für zwei Minuten ruhig, be-vor Insa endlich weitererzählt: »Leonard meinte auf jeden Fall: ›Ich brech die Schule ab und such mir einen Job, um Geld zu verdienen, damit ich euch durchbringen kann.‹«

Wir müssen beide lachen. Leonard übertreibt immer so. Gleichzeitig sind wir besorgt. Eine seltsame Mischung aus Ge-fühlen.

Unsere Aufklärung – und damit meine ich nicht den rein biologischen Akt, sondern die ganzen Details: Wie und wann benutzt man ein Kondom, und wie funktioniert Fingern, Run-terholen und Blasen? – bleibt uns selbst überlassen. Die *Bravo* gefällt uns nicht, zu trashig und substanzlos. Daher werden wir zu Forscherinnen, die ein längst erprobtes Feld ergründen. An-gewiesen sind wir dabei auf die Erfahrungen anderer.

In der Praxis passiert bei mir noch nicht viel. Bis auf einige Knutschereien und ein bisschen Gefummel habe ich alles Wei-tere bisher abgeblockt. Mittlerweile bin ich sechzehn Jahre alt, und die Sommerferien stehen vor der Tür. Zum ersten Mal in meinem Leben fahre ich ohne meine Familie in den Urlaub. Inga, Julia und ich reisen mit einer Jugendgruppe nach Frank-reich. Ich bin aufgeregt. Als ich meine Reisetasche packe, kommt meine Mutter in mein Zimmer. »Hier, steck die mal ein. Für den Fall, dass du deinen Traummann in Frankreich kennen-lernst.« In ihrer Hand hält sie eine kleine Packung Kondome. O Gott, ist das peinlich! Ich schäme mich und sage: »Boah,

Mama, lass das. Ne, die nehm ich nicht mit.« – »Ach, pack sie doch einfach mit ein, ist doch egal, wenn du sie nicht brauchst.« Das wird ja immer unangenehmer. Ich spreche doch nicht mit meiner Mutter über Sex. Außerdem fühle ich mich unter Druck gesetzt, und das mag ich gar nicht. Ich will unbesorgt in den Urlaub fahren, deswegen fahr ich ja mit Freundinnen und nicht mit der Familie weg. Schließlich setze ich mich durch und nehme keine Kondome mit.

In Vieux-Boucau-les-Bains gibt es einige attraktive ältere Jungs. Doch die interessieren mich nicht wirklich. Mein Blick fällt auf einen Mitreisenden, der gar nicht schön, aber sehr schräg und lustig ist. Bei jedem Gemeinschaftsessen fällt er mir auf: Schlurfend geht er in seinem viel zu großen Harry-Potter-T-Shirt zum Buffet. Er heißt Niklas, ist siebzehn und kommt aus einer Großstadt. Er ist wahnsinnig schlau und irgendwie besonders. Obwohl ich ihn körperlich überhaupt nicht attraktiv finde, werden wir ein Paar. Allerdings erst nach dem Urlaub, da er vorher noch mit seiner Freundin zu Hause Schluss machen muss.

Neben ihm lerne ich in Vieux-Boucau-les-Bains auch Farina und Janine, die ebenfalls in Großstädten leben, kennen und habe endlich das Gefühl, Freundinnen zu haben, die so ticken wie ich. Nach dem Urlaub sind wir ein großer, neuer Freundeskreis und treffen uns regelmäßig in den unterschiedlichen Städten. Jedes zweite Wochenende fahre ich mit dem Zug nach Dortmund zu Niklas, der kurz nach den Sommerferien achtzehn wird. In Dortmund bin ich ohne Aufsicht und kann so lang ich will in alle Clubs mitgehen. Irgendwie schaffe ich es immer, mich um die Alterskontrolle herumzuflirten, und kann so mit den 18-Jährigen bis zum frühen Morgen mitfeiern.

Mit den neuen Freundinnen kommen neue Informationsquellen. Als meine Eltern und mein Bruder Urlaub machen, nutze ich das sturmfreie Haus, um Farina und Janine einzuladen. Wir verbringen drei Tage voller Quatschen, Singen, Tanzen, jeder Menge Essen und »Sexytime-Gesprächen«.

»Wenn du es das erste Mal machst, musst du ein großes Handtuch unter dich legen, weil es ganz doll bluten wird, wenn dein Jungfernhäutchen durchgebumst wird«, erklärt Farina. Oje, das klingt brutal und macht mir alles andere als Lust. Eigentlich ist es seltsam, dass wir auf Farina hören, denn sie ist die Unerfahrenste von uns. Janine hatte schon Sex und meint: »Bei mir hat es gar nicht geblutet, aber das wusste ich schon vorher, weil mein Frauenarzt mir gesagt hat, dass ich gar kein Jungfernhäutchen habe. Bei einer anderen Freundin von mir hat es aber wohl auch voll stark geblutet.« Ich werde nervös, wie viele Handtücher brauche ich denn? Und wie wasche ich das Blut aus? Ich will auf gar keinen Fall, dass meine Mutter was merkt. »Am besten legst du einfach drei Handtücher aufs Bett, wenn Nikki kommt.« Oh, das ist mir schon wieder nicht geheuer, aber immerhin bin ich jetzt vorbereitet. »Okay«, sage ich eingeschüchtert. »Wollen wir jetzt MTV schauen oder die Tiefkühlpizza machen?«, wechsle ich ungelenk das Thema. »Voll gern Pizza, aber für mich nur ein kleines Stück, ich habe von der Pille nämlich schon so zugenommen«, meint Janine. »Aber dafür sind auch deine Pickel weggegangen«, antwortet Farina. »Mega!« »Gehen davon Pickel weg? Oh, dann will ich die auch, ich brauche die ja jetzt eh«, rufe ich. »Ja, mach das! Ich hab auch endlich Brüste bekommen«, strahlt Farina und überstreckt ihren Brustkorb, um uns ihre von Körbchengröße AA auf A gewachsenen Brüste zu zeigen.

Auch in unserer Klasse werfen sich jetzt viele Mädchen demonstrativ im Unterricht die Pille ein. Nichts ist cooler und sexyer. Außerdem ist es wichtig, dabei möglichst gestresst und genervt so etwas zu sagen wie: »Oh, ich hab die gestern fast vergessen ...« Ein Flirtspiel, ergänzt durch dick aufgetragenen Bebe Young Care Perlglanz. Das Binden-Game wurde eindeutig abgelöst.

Obwohl wir Mädchen und Jungs alle mit Kondom verhüten, scheint die Pille unausweichlich. Doppelt hält besser, und

Pickelfreiheit verführt. Also sitze auch ich wenig später zum ersten Mal im Wartezimmer einer Frauenärztin. Es ist mir wichtig, zu einer Frau zu gehen. Ich will mir doch nicht von einem fremden Mann zwischen die Beine schauen lassen! Also lande ich bei Frau Schüssler. Im Gepäck habe ich Verlegenheit und keine Ahnung, wie ich souverän nach der Pille fragen soll. Ob sie mir Fragen stellt? Das wäre ja total peinlich! Und was sage ich hier eigentlich zu Sex? Sex? Oder Geschlechtsverkehr? Oder nur Verkehr? Schon das Sitzen im Wartezimmer nervt mich und ist mir auf seltsame Weise zu intim. Für mich fühlt es sich so an, als würde ich mich hier und jetzt offen bekennen, bald Sex zu haben, und das geht die anderen Wartenden wirklich nichts an. Was machen überhaupt all die Männer hier? Mein Blick wandert durch den Raum und landet auf dem runden Bauch einer Patientin. Natürlich, das erklärt alles. Mein Blick wandert weiter, und als die andere mitwartende Frau ihren Mantel auszieht, fällt mir auch ihr Babybauch auf. Auf einmal entsteht eine merkwürdige Stimmung, und ich bekomme das Gefühl, dass mein Besuch gar keine Berechtigung hat. Die beiden Pärchen, mit denen ich im Wartezimmer sitze, strahlen etwas penetrant Selbstdarstellendes aus. Es wirkt wie eine Inszenierung. Ich fühle mich unwohl. Am liebsten würde ich rufen: »Ich will einfach nur Sex haben, ohne schwanger zu werden.« Zum Glück ruft mich in diesem Moment die Sprechstundenhilfe auf.

Die Ärztin ist kühl und hat offensichtlich nicht viel Zeit für mich. Sie fragt mich, seit wann ich meine Menstruation habe und in welchen Abständen. Ich habe keine Ahnung. Den Rat meiner Mutter, meinen Zyklus zu dokumentieren, habe ich genauso wie die meisten Hausaufgaben ignoriert. Also schätze ich einfach und sage: »Alle sechs Wochen und … äh … so vier Tage, glaube ich, oder fünf?« Frau Schüssler tippt etwas in ihren uralten Computer. »Ach so … äh … und ich möchte gerne die Pille nehmen«, füge ich schnell hinzu. »Okay. Wir untersuchen dich jetzt erst mal kurz, und dann schauen wir, welche Pille für dich passen könnte. Hast du denn einen festen Freund?« Uh, ist das unangenehm. »Ja, habe ich.« Glücklicherweise fragt sie nicht weiter.

Die Behandlung beginnt. Ich soll mich »untenrum frei machen«. Also, das wird mir hier immer grotesker. Ich stehe hinter einer transparenten Wand und frage mich, welchen Sinn die haben soll. Schließlich kann die Frauenärztin ja eh gleich alles von mir sehen, also wozu überhaupt diese halb gare Kabine? Ich ziehe brav meine Jeans und Unterhose aus und überlege, was mit den Socken ist. Ziehe ich die auch aus? Oder ist das zu privat?! Weil meine Füße ohnehin kalt sind und ich mich ohnehin schon sehr nackt und unwohl fühle, behalte ich sie an. Dann klettere ich auf den Stuhl und werde hochgefahren. Völlig hilflos liege ich da. Meine Beine sind gespreizt auf den kalten Metallvorrichtungen und lassen ungeschützten Blick auf meinen privatesten Punkt zu. Na, super! Ich denke an Niklas und dass er diesen Stress nicht hat. Jungs können einfach Sex haben, ohne vorher zum Arzt zu gehen. Die müssen sich nirgendwo breitbeinig hinlegen und eine Untersuchung machen lassen. Die müssen sich keine Medikamente verschreiben lassen oder notieren, wann und wie lange sie bluten. Das ist echt unfair. All das rast mir durch den Kopf, während Frau Schüssler mir ein Spekulum zeigt und erklärt, dass sie das nun ganz vorsichtig in mich einführen wird und ich mich nicht erschrecken solle, wenn es sich etwas kalt anfühlt. Ich lasse alles einfach nur über mich ergehen und bin genervt von der ungleichen Verteilung der Geschlechteraufgaben. Bevor sie loslegt, sagt Frau Schüssler noch: »Rutsch bitte noch etwas tiefer runter in meine Richtung.« Wenn ich noch tiefer rutsche, sitze ich gleich auf deinem Gesicht, denke ich mir und sage: »Mmh.« Dann robbe ich mit meinem Hintern etwas weiter nach unten. Dabei drückt Frau Schüssler meine Oberschenkel zur Seite, und ich merke, dass ich sie unbewusst angespannt habe. Wahrscheinlich ein Schutzreflex.

Die Untersuchung selbst tut gar nicht weh. Das ist eigentlich der entspannteste Teil. Anschließend drückt sie noch auf meinem Unterbauch herum, und ich habe Angst, zu pinkeln oder zu pupsen. Obwohl sie ebenfalls anmerkt, dass meine Blase »ordentlich voll« ist, kommen wir beide urin- und gasfrei durch die Situation. Im Anschluss darf ich mich »untenrum« wieder anziehen und dafür »obenrum« frei machen, damit sie meine Brust abtasten kann. Ich folge den Anweisungen und stehe kurz darauf oben ohne vor Frau Schüssler. Diese reibt mit den Worten »Ich hab leider kalte Hände« ihre Finger aneinander. Es ist jedoch eher ein symbolisches Warmreiben, da es schon etwas länger als die zwei Sekunden braucht, um die Handflächen zu erwärmen. Schon spüre ich ihre tatsächlich sehr kalten Finger auf meiner Brust, wo sie drücken und ziehen und streichen. Ich lege großen Wert darauf, ihr dabei keinesfalls in die Augen zu gucken. Bloß keinen Blickkontakt. Stattdessen schaue ich verkrampft zur Seite und muss wegen dieser absurden Situation ein Lachen unterdrücken. Plötzlich spüre ich ihre Hand in meinen Achseln und erschrecke. Ich habe vor Aufregung geschwitzt, und dass sie nun durch meinen Schweiß streichen muss, ist mir unfassbar unangenehm. Warum wirkt dieses Deo auch nicht richtig?

Nach der Untersuchung sitzen wir wieder an ihrem Schreibtisch, auf den sie mir bereits eine Pillenpackung gelegt hat. Madinette, steht da, ein pinker Schriftzug auf zartrosa Hintergrund. Frau Schüssler erklärt, dass die für den Anfang ganz gut sei, ich solle es einfach ausprobieren und wiederkommen, wenn ich Probleme habe. Was für Probleme das sein könnten, verrät sie nicht. Dafür nickt sie mit den Worten, »Es gibt jede Menge Auswahl – Valetta, Belara, Diane und so weiter«, zu einer ihrer Vitrinen, die fast aus allen Nähten platzt. Wow, das scheint ein Geschäft zu sein. Frau Schüssler wirkt wie die unnahbare Königin im Pillenland. Sie erklärt mir kurz, dass ich meine Madinette immer zur gleichen Uhrzeit nehmen soll und mich bei Erbrechen oder Durchfall und einigen Medikamenten nicht auf die

Verhütungswirkung verlassen kann. Die erste Packung schenkt sie mir, danach muss ich auf eigene Kosten ein Rezept einlösen. Mit diesen Worten entlässt sie mich, und ich halte das rosa Starterpaket in der Hand. Ein Mädchentraum wird wahr, haha.

Wenn ich damals nur schon gewusst hätte, in welches Hamsterrad ich gerade eingestiegen bin. In unserer Gesellschaft läuft das leider so: Zur Einschulung bekommen Mädchen ein rosa Stifteetui und zur Geschlechtsreife ein Pillenetui in der gleichen Farbe. Damit wir immer strebsam, brav und verantwortungsvoll sind. Jede Pille hat einen süßen Mädchennamen und kommt in einer verspielten Optik daher. Zuckerpastillen für Kinder 2.0. Marketing on fleek. Marketing, das dem Patriarchat dient. Ihr kleinen Mädchen nehmt mitten in der Pubertät, in der etliche Hormone ausgeschüttet werden und verrücktspielen, bitte zusätzlich ein paar künstliche Hormone ein, die in eurem Körper eine Schwangerschaft simulieren. Und das, damit ihr nicht wirklich schwanger werdet. Auf eure Kosten, versteht sich. Natürlich hilft es gegen Hautunreinheiten, und die Brüste wachsen vielleicht auch – alles höchst erstrebenswert. Schön aussehen und ruhig sein und keine Probleme bereiten oder Kritik üben. Einfach, brav und angenehm, so sollen Mädchen sein. Die Chance, den eigenen Körper, den eigenen Zyklus kennenzulernen, wird »weggepillt«.

Ich werde die Pille wie so viele meiner Generation zehn Jahre lang nehmen und erst danach, mit Ende zwanzig, meinen Körper und meinen Zyklus im natürlichen Zustand kennenlernen. Eine Reise, die kein*e Gynäkolog*in in meinem gesamten Umfeld hinterfragt oder für die jemand gar Alternativen aufzeigt, und eine riesige Pharmaindustrie, die daran verdient. Erst nach dem Absetzen fällt mir und vielen Freundinnen auf, wie sich auch Gemütsverfassung und Lustempfinden ändern. Die meisten Mädchen zahlen, um zu verhüten, einen hohen Preis, der oft zur Entfremdung vom eigenen Körpers führt.

Ich hasse die Schule und mache trotzdem mein Abitur. Von Machtkämpfen, Fehlstunden und Jimmy Cliff.

»Was will ich werden?«, ist die Frage, die mich schon in der zweiten Klasse beschäftigt. Sie steht nämlich in allen Freundesbüchern, die gerade im Umlauf sind, und hinterlässt mich grübelnd. Ich bin sieben Jahre alt und würde gern Sängerin sein oder Kommissarin oder Detektivin oder... Sängerin schließe ich irgendwann aus, da meine Mutter immer, wenn ich singe, kommentiert: »Ne, Lena, hör mal auf. Das klingt wirklich gar nicht schön.« Voll unfair! Dabei macht mir Singen so einen Spaß. Mmh, dann bleiben noch Kommissarin oder... Warum muss ich mich überhaupt entscheiden? Die Lösung trifft mich wie ein Schlag: Ich werde Schauspielerin! Dann kann ich alles sein. Das ist ja genial! Wieso machen das denn nicht alle?! Die Logik meines siebenjährigen Kopfes überzeugt mich auf Anhieb. Ich halte es für die klügste Idee und mich für ziemlich clever, was ich allerdings mit niemandem teile, denn ich trage meinen Plan still und heimlich mit mir herum. Ohnehin spiele ich fast alles, was ich erlebe, nach. In meinen Aufführungen schlüpfe ich in unterschiedliche Rollen. Außerdem übernehme ich schon im Kleinkindalter beim Spielen mit meinem Bruder die »Regie« und gebe ihm sogar den exakten Text vor, den er sagen soll. Wenn er zum Beispiel in unseren Holzeinkaufsladen kommt, in dem ich natürlich die Chefin bin, muss er sagen:

»Hallo, ich hätte gern ein Paket Nudeln.« Leider hat mein Bruder mit seinen drei Jahren extreme Konzentrationsschwierigkeiten und kann sich keinen Text merken, oder aber er möchte lieber Schokolade als Nudeln bestellen, was mich, die Regisseurin, ganz klischeehaft wütend werden lässt. Kinderlogik nimmt eben keine Rücksicht auf altersbedingte Entwicklungsunterschiede. In der Schule bin ich, wie grundsätzlich in der Öffentlichkeit, jedoch zurückhaltend. Daher bin ich überrascht, als ich in der vierten Klasse gleich mehrere Rollen bei unserer Abschlussaufführung bekomme. Die Aufmerksamkeit ist mir zwar unangenehm und macht mich verlegen, aber ganz im Stillen, tief in mir, freue ich mich sehr.

Während ich die Grundschule noch okay finde, hasse ich das Gymnasium und vor allen Dingen dessen Gesamtkonzept. Größtenteils inkompetente Lehrer*innen, die im Gegensatz zu so vielen anderen Berufen kaum kontrolliert werden und im Klassenzimmer agieren dürfen, wie sie wollen. Teilweise »unterrichten« sie denselben Stundenverlauf seit zehn Jahren. Lehrer*innen, die Machtspiele treiben und fragwürdige Ansichten vermitteln, all das eingerahmt in einen Lernplan, der kaum Platz für Aktualität und Individualität lässt. Das deutsche System Gymnasium macht aus fröhlichen, munteren Kindern stumme, verunsicherte und wütende Angepasste, die Noten zu ihrer Identität werden lassen. Noten, die das Selbstwertgefühl entweder füttern oder schwächen. Ein Bewertungssystem, das seine Opfer fordert.

Es wird nicht vermittelt, dass Noten sich allein auf die Leistung beziehen und keinesfalls den Menschen dahinter meinen. Stattdessen herrscht die Meinung vor: »Ich habe eine Fünf in Mathe, also bin ich als Person eine Fünf.« Stigmatisierung, die Identitäten beeinflusst, beginnt. Noten stehen in klarer Korrelation zum Selbstwertgefühl. Kinder sagen sich zum Beispiel: »Ich bin eine gute Schülerin, also bin ich den anderen überlegen, ich bin mehr wert.« Oder: »Ich bin schlecht in der Schule, ich bin ein schlechter Mensch. Ich bin nicht ausreichend.« Lehrer*innen kategorisieren: »Martin ist dumm, der hat immer Fünfen.« Oder: »Hannah, die kannst du immer drannehmen, da kommt eine sinnvolle Antwort.«

Viola zum Beispiel, ein verwöhntes Einzelkind mit Akademikereltern, fiebert bei jeder Notenvergabe: »Oh, ich habe bestimmt nur eine Drei.« Um dann keine zwei Minuten später, nachdem der Lehrer ihr mit einem unangenehmen Zwinkern das säuberlich beschriebene Klassenarbeitsheft auf den schmalen Schultisch gelegt hat, durch die Klasse zu rufen: »Oh, krass … okay, krass …« Das macht sie so lange, bis irgendeine Vanessa es nicht mehr aushält und fragt: »Ja, was denn? Viola? Hast du wieder eine Eins?« »Ja, krass … hätte ich gar nicht gedacht, und es ist auch gar nichts angestrichen.« Während ihres Glücksrausches weinen zwei andere Mitschüler*innen heimlich in ihren Schal.

Viola ist kein Vorwurf zu machen, sie ist ganz das Kind ihrer Eltern, aber es fällt schon auf, dass die Noten nicht nur das Selbstbild bestimmen, sondern auch die Dynamiken der Freundschaften. Denn dass eine Einser-Viola mit einer Ausreichend-Tina befreundet ist, ist ausgeschlossen. Willkommen auf dem Kleinstadtgymnasium. Diese klare Hierarchie wird natürlich durch familiäre Hintergründe zusätzlich befeuert. Violas Mutter schreibt ihre Entschuldigungen auf wertige Kunstpostkarten, die ihre gut gekleidete Tochter voller Stolz abgibt, wobei sie in leuchtende und geschmeichelte Lehrer*innenaugen sieht. Manuel hingegen, dessen alleinerziehende Mutter höchstwahrscheinlich andere Sorgen hat, als eine unnötige Kunstpostkarte zu kaufen, legt eine Entschuldigung auf dünnem kariertem Papier vor: keine Chance. Ihm blicken keine leuchtenden Lehrer*innen entgegen.

Kein Wunder, dass Spannung, Frust und Wut entstehen. Ein einziges Bewertungssystem, gebaut auf sehr fragwürdigen Säulen.

Die Kategorisierung findet auch in der Abwertung anderer Schulformen durch die Lehrer*innen statt. Aussagen wie: » Wenn ihr weiter so schlecht seid, müsst ihr auf die Gesamtschule wechseln, da schafft jeder sein Abi. Das ist ja nicht ernst zu nehmen, was die da machen, haha.« Viele Schüler*innen lachen mit oder klagen nachher auf dem Flur, dass sie Sorge hätten, von den Gesamtschüler*innen die Studienplätze weggeschnappt zu bekommen. Denn da könnte ja jeder einen guten NC schaffen, im Gegensatz zu unserer »richtigen«, anspruchsvollen Schule. Das ist die furchtbare Realität auf den Fluren meiner Schule. Die Vorstellung einer Klassengesellschaft entsteht. Der Beginn von Spaltung.

Notenmäßig komme ich gut durch, obwohl ich kein großes Engagement zeige. Ich mache fast nie meine Hausaufgaben, was zu schrecklichen Stresssituationen bei der Abfrage führt. Doch dafür werde ich Profi im Improvisieren und darin, unsichtbar zu werden oder Ablenkungsmanöver zu starten. Bei der Frage, »Wer möchte die Hausaufgaben vorlesen?«, vertiefe ich mich entweder in meinen Rucksack, um »etwas zu suchen«, oder schaue in die Richtung der Schüler*innen, die verhältnismäßig oft drangenommen werden, um Aufmerksamkeit umzulenken. Es funktioniert fast immer. Eigentlich will ich einfach nur schnellstmöglich die Jahre herumkriegen und dieses Schulgefängnis samt Insassen hinter mir lassen.

Die romantische Vorstellung von einer Schulzeit, die einfach bedeut, jeden Tag mit Freund*innen zu verbringen, kann ich nicht nachempfinden. Überhaupt frage ich mich dabei immer: Alles andere ist doch schöner?! Habt ihr, die ihr die Schule so liebt, denn keine Leidenschaften, keine Hobbys und Fantasie außerhalb des vorgegebenen Rahmens? Sei es der Probenraum oder der Sport oder … Ganz bestimmt liegen mein Unverständnis und meine Unzufriedenheit auch daran, dass ich nicht das Glück habe, mit Freund*innen in eine Klasse zu gehen. Meine beste Freundin aus der Grundschule zieht in den Sommerferien kurz vor der Einschulung aufs Gymnasium um, und so lande ich in einer Klasse ohne Verbündete, dafür mit viel Gegeneinander. Was in der Pubertät noch kurz spaßige, oberflächliche Verbindungen auf Partykellerabenden sind, ist im tristen Schulalltag schnell ein Wettkampf. Geschürt von unzufriedenen Lehrkräften und Eltern, die enormen Druck auf ihren Lorenz, Claudius und ihre Hannah-Theresia ausüben. Zwar bin ich keine Außenseiterin, aber Herzensfreundschaften schließe ich in der Schule einfach nicht. Von einer Freundin, die zur städtischen Realschule geht, weiß ich, wie stark dort der Klassenzusammenhalt ist. Es beeindruckt mich sehr, was sie erzählt: »Tobi hat im Physikunterricht dafür gesorgt, dass unser Lehrer einen Stromschlag gekriegt hat. Und als er Ärger bekommen hat, sind wir alle aufgestanden, also die gesamte Klasse, und haben gesagt, dass wir alle das waren und nicht nur Tobi. Da konnte der Lehrer nichts machen, haha.« Für mich klingen ihre Erfahrungen wie Märchen aus einer anderen Galaxie. Ich komme aus dem Staunen gar nicht mehr heraus und will alle Geschichten dieser Art von ihr hören. Jessica hat einige auf Lager, denn offenbar ist es auf ihrer Schule total üblich, dass die Schüler*innen sich gegenseitig unterstützen, in Schutz nehmen und sogar abschreiben lassen. Wie gerne hätte ich das! Dann wäre das Leben schöner. Ein Zusammenhalt, der die einzelnen Mitschüler*innen schützt und Gemeinschaft kreiert. Dass ein Lehrer dort einen Schüler bloßstellt und dafür noch Applaus von der restlichen Klasse bekommt, ist dort undenkbar. Bei uns leider an der Tagesordnung: »Wer liest heute vor? Da schau ich doch mal schnell in die Namensliste. ›I‹ wie Ingo oder Ihh«, lacht unser Lateinlehrer und erhält Zustimmung von den Anführern der Klasse. Der arme Ingo. Er tut mir leid, aber ich traue mich nicht, etwas zu sagen. Kein Wunder, dass sich das Gymnasium manchmal wie ein Gefängnis anfühlt.

Ab der elften Klasse nutze ich daher die Möglichkeit, mich selbst zu entschuldigen, und mache so viele Fehlstunden wie möglich. Rückblickend finde ich das ziemlich amüsant, schließlich hätte ich doch auch vorher schon die Unterschrift meiner Eltern fälschen können. Aber seien wir ehrlich, dafür bin ich zu brav und habe ein zu gutes Verhältnis zu meinen Eltern. Eine Fälschung wäre für sie ein Vertrauensbruch gewesen, und sicherlich hätten wir ein Gespräch »warum ich denn mit meinen Sorgen nicht zu ihnen komme, sondern stattdessen Unterschriften fälsche« geführt, und dem wollte ich aus dem Weg gehen. An meinen Noten ändern die Fehlstunden nichts, dafür habe ich noch bis heute, zwanzig Jahre später, Albträume, in denen mir aufgrund einer zu hohen Fehlzeit mein Abitur aberkannt wird und ich die Schule wiederholen muss. Das sind Horrornächte, in denen ich hochschrecke und mir zur Beruhigung erst mal CBD-Oil reintropfe. Die Hälfte der Tropfen landet neben meinem Mund, weil ich zu müde bin, um das Licht anzuknipsen.

Dass etwas grundsätzlich nicht mit dem Schulsystem stimmt, ist schon damals offensichtlich und zeigt sich in zahlreichen aus dem Boden sprießenden Nachhilfeinstituten, die unreflektiert Banner aufhängen mit Sprüchen wie: »Lernen macht Spaß«. Ein offensichtlicher Hinweis auf die defizitäre Schuleinrichtung und ein Appell an die falschen Adressat*innen. Sollte nicht vielmehr das Bildungsministerium Nachhilfe bekommen statt die Leidtragenden, die Schüler*innen? Das hohe Nachhilfeangebot führt in vielen Familien zu noch mehr Spannung, schließlich ist spätestens jetzt klar, dass Christian einfach ein bisschen Unterstützung braucht. Dass seine schlechten Noten am schlechten Unterricht liegen könnten, kommt wenigen in den Sinn! Der Druck wird an die Kinder weitergeben. Zum Glück lässt sich mit Geld alles lösen. Nicht selten müssen meine Mitschüler*innen die Nachhilfe sogar noch vom eigenen Taschengeld bezahlen. Eine destruktive Erziehungsmaßnahme. Die Schule produziert eben jede Menge Verlierer*innen, die am System und den Strukturen leiden.

An dieser Stelle ist sicherlich auch die Ausbildung von Lehrer*innen zu kritisieren. Wo sollen denn Erfahrung und Kompetenz herkommen, wenn man sich ausschließlich in ein und demselben System bewegt hat? Von der Schule über einen kurzen Uniweg zum Lehramt. Alles mit drei Busstationen und keinerlei Erfahrung an anderer Stelle. Tatsächlich stechen an unserer Schule die beruflichen Quereinsteiger sofort positiv hervor – mit Offenheit, Kompetenz und Sachlichkeit. Meist hält das jedoch nicht lange vor, da der persönliche Frust darüber, nicht im eigentlichen Traumberuf zu arbeiten und stattdessen als Lehrer*in gelandet zu sein, alles verschluckt. Frau Theda, Doktorin der Chemie, eine unfassbar sympathische und patente Frau, tut mir noch heute leid, wenn ich an ihren offensichtlichen Frust denke, als sie uns Neuntklässler*innen etwas über Wasserstoffverbindungen erklären wollte und sie bis auf Streber-Agnes niemand verstanden hat. So hat sie sich ihr Leben sicher nicht vorgestellt.

Natürlich und zum Glück gibt es auch die Lehrer*innen, die gute Arbeit machen und selbst unter ihren Kollegen und Kolleginnen leiden. Auch in meinem heutigen Freundeskreis gibt es zwei Lehrerinnen, die einen fantastischen Job machen. Das ist toll und allen Schüler*innen nur zu wünschen. Neben meiner Kritik ist es mir wichtig zu erwähnen, dass ein vom Staat kostenlos zur Verfügung gestelltes Bildungssystem ein absoluter Gewinn ist. Darüber bin ich sehr dankbar und mir dieses Privilegs bewusst. Ich hoffe, dass in Zukunft Schüler*innen als individuell Lernende erkannt werden, die auch individuell gefördert werden müssen.

Ein Augen öffnendes Erlebnis habe ich in der elften Klasse. Das Verständnis für manche Lerninhalte kann sich nämlich offenbar auch allein mit der Zeit ergeben. Eine andere Erklärung habe ich zumindest nicht für das Folgende: Die gesamte Unterstufe über bis zur zehnten Klasse habe ich in Mathe sehr schlechte Noten geschrieben, ich habe es einfach nicht verstanden, egal wie viel Mühe ich investiert habe. Das ändert sich ganz plötzlich und ohne Arbeit in der Oberstufe. Ohne mein aktives Zutun verstehe ich zur großen Überraschung meines Lehrers und vor allen Dingen meiner eigenen von einem Tag auf den anderen dieses Fach. Auf einmal schreibe ich Einsen und wähle Mathe sogar später als Abiturfach. Es ist, als sei der sprichwörtliche Groschen einfach gefallen.

Das ist nicht das Einzige, das sich in der Oberstufe ändert, auch die Machtkämpfe werden evidenter. Wir sind mittlerweile genauso groß oder sogar größer als unsere Lehrer*innen. Es gibt keine körperliche Unterlegenheit mehr, und auch die geistige schmälert sich. Unser Leistungskurslehrer scheint nur darauf gewartet zu haben und freut sich, in einen verbalen Kampf mit uns zu gehen. »Sind Sie Ausländerin? Ihr Deutsch ist so schlecht!«, unterbricht er Jasmin, die gerade ihre gewissenhaft vorbereiteten Hausaufgaben vorliest. Er sagt es trocken und provokant, und das Gefühl von Ekel durchfährt mich. Jasmin wird rot und beginnt zu schwitzen. Alle sind still und haben Angst. Political Correctness war damals noch ein Fremdwort. An Jasmins Satzbau gibt es nichts zu bemängeln, ihre Wortwahl ist einwandfrei. »Das ist ganz schlimm, was hier gerade passiert«, sage ich laut in den stillen Klassenraum und stehe auf. Nicht, weil ich Heldin spielen will, sondern weil ich es schlicht nicht mehr aushalte. Meine Mitschüler*innen sehen mich erschrocken und kreidebleich an. Mit zittrigem Körper und klopfendem Herz gehe ich durch die Reihen, öffne unter den drohenden Augen des Lehrers die Tür und verlasse den Raum. Unruhig laufe ich nach dieser Impulshandlung auf dem Schulflur auf und ab. Scheiße, mein Rucksack und meine Jacke sind ja noch drinnen, durchfährt es mich. Ich kann also nicht nach Hause. Es gibt nur eine Möglichkeit: bis zum Ende der Unterrichtsstunde warten und dann schnell meine Sachen holen. Mit dem Pausengong husche ich wieder ins Klassenzimmer. Leider steht mein Geschichtslehrer noch hinter seinem Pult: »Endlich jemand mit Haltung«, nickt er mir anerkennend zu. Mir fehlt die Schlagfertigkeit, um etwas zu antworten, also nehme ich wortlos meine Sachen und gehe ein zweites Mal. Seine Reaktion ärgert mich, denn die Bestätigung ist verdreht und bösartig. Was mich jedoch stärkt, ist die Erkenntnis, dass ich tatsächlich frei bin, jederzeit zu gehen. Ich bin zwar dem System Schule in gewisser Weise ausgeliefert, aber nicht um jeden Preis, vor allen Dingen nicht in der Oberstufe ohne Schulpflicht.

Wir Schüler*innen reden nicht über das, was passiert. Es gibt keinen Zusammenhalt unter uns, selbst bei diskriminierenden Aussagen bleibt man stumm. Jeder will einfach nur durchkommen. Mittlerweile weiß ich, dass es sich glücklicherweise nicht an allen Schulen so zuträgt, aber auf meinem Gymnasium ist es Realität. Immerhin wird Jasmin beim nächsten Mal in der Pause getröstet, Agnes hat weiterhin die besten Aufsätze, Samuel trinkt zu viel und klaut, und Erik bringt Gras in Umlauf. Und ich, ich verbringe so wenig Zeit wie möglich in der Schule und will es einfach nur hinter mir haben. Das Gymnasium raubt mir so viel Freude und Entfaltungsmöglichkeit. Als Ausgleich male ich zu Hause jede freie Minute oder lese mich durch die Bibliothek. Was klingt wie die Beschreibung der Außenseiterin eines kitschigen Highschool-Films waren schlicht die Zweitausender. Zumindest für mich.

»Für eine Theatergruppe suchen wir noch Jugendliche im Alter von 14–17«, liest mir meine Mutter die Anzeige des städtischen Jugendzentrums aus der Zeitung vor. »Ja und? Ich gehe doch nicht ganz allein dahin?!« – »Warum? Das ist doch genau das, wovon du immer sprichst?!« Eine Woche später sitze ich auf meinem Hollandrad und fahre in die Stadt, um eine fremde Gruppe zu treffen. Ob ich jetzt verrückt bin? Zumindest haben die Mädchen aus meiner Klasse, denen ich in der Pause kurz von meinem Vorhaben erzählt habe, die Augen aufgerissen und gesagt: »Hä? Aber du kennst da doch keinen?! Voll komisch!« Dann bin ich halt voll komisch, denke ich, während ich aufgeregt mein Fahrrad abschließe und schüchtern ins Jugendzentrum gehe. Eine halbe Stunde später stehe ich mit supersympathischen Jugendlichen im Kreis und klopfe auf Mariellas Anweisung hin meinen Körper mit der geballten Faust ab. Soll das Zwerchfell lockern. Mariella ist die Theaterpädagogin, sie ist frisch aus Berlin hierhergezogen, und ich bin sofort glücklich, bei ihr gelandet zu sein. Zwei Stunden später schwinge ich mich euphorisiert auf meinen Sattel, habe schon eine Verabredung mit einem gleichaltrigen Mädchen aus der Gruppe und würde am liebsten die Zeit zur nächsten Probe vordrehen. Das Mädchen und ich werden beste Freundinnen, und Mariella bringt uns neben Schauspiel auch autogenes Training bei. Ich liebe jede Minute.

Wir entwickeln zusammen ein eigenes Theaterstück, das wir zweimal aufführen, und landen mit Foto in der Lokalpresse, worauf ich heimlich und peinlicherweise etwas stolz bin. Die Theatergruppe zeigt mir, dass ich woanders gut reinpasse und zurechtkomme. Hier gibt es Freiraum für Persönlichkeitsentwicklung und individuelle Ideen. Das fühlt sich für mich vertraut an. Schließlich bin ich in einer Art Astrid-Lindgren-Kindheit groß geworden, mit viel Zeit und Raum zum Spielen. Daher kann ich mir heute gut vorstellen, dass eine freie Schule damals viel besser zu mir gepasst hätte. Ich bin, genau wie mein Bruder, eine intuitive Lernerin, eine Autodidaktin. Das hat sich schon sehr früh abgezeichnet. Lernen ist eben ein ganz natürlicher Vorgang und Schule oft ein sehr enges, veraltetes und, ja, verschultes System.

2005 stehe ich kurz vor dem Abitur. Obwohl ich weiß, was ich beruflich machen möchte, gerate ich ordentlich ins Wanken. Jedes Mal, wenn ich meinem Vater sage, dass ich auf die Schauspielschule möchte, stöhnt er »Diese brotlose Kunst«, packt sich mit der Hand an den linken Brustkorb und simuliert eine Herzattacke. »Lustig, Papa.« Damit knalle ich die Tür zu und gehe auf mein Zimmer. Die Sorge meines Vaters hat mich getroffen. Ein Leben voller finanzieller Kämpfe und Unsicherheit – so beschreibt er das Schauspieler*innendasein – fordert Nerven, von denen ich mir nicht sicher bin, ob ich sie habe. Ohnehin mache ich mir schon jetzt in meinem behüteten Elternhaus viele Gedanken und Sorgen. Ich durchdenke alles. Ich persönlich kenne keine Schauspieler*innen oder Schauspielstudierenden, daher stehe ich vor einer Funktionsgleichung mit zu vielen Unbekannten. Wo soll ich anfangen? Meine Zweifel beziehen sich also weniger auf meine Fähigkeiten als auf die Umstände, Anforderungen und Ungewissheiten. 2005 habe zumindest ich noch nicht gegoogelt. Wie auch mit dem langsamen Internet, das gerade mal für ICQ reicht? Die Skepsis meines Vaters und meine eigene Ahnungslosigkeit, was kreative Berufe betrifft, lassen einen Wind der Verunsicherung durch meine Gedanken wehen, der mich kleiner und überfordert zurücklässt.

Jahre später erfahre ich durch Kontakte mit Schauspielschüler*innen, Schauspieler*innen, Schauspieldozent*innen, wie die Ausbildung abläuft, und bin erleichtert, dass ich diese nicht durchlaufen habe. Mir reicht es schon, dass ich im privaten Einzelschauspielunterricht die Kerkerszene aus Faust nachspielen soll. Wimmernd liege ich im Versuch, Gretchen zu sein, am Boden und stottere vor mich hin, während die Schauspiellehrerin mich anschreit: »Mehr! Wo ist deine Angst? Wo ist dein Schmerz? Geh rein in den Schmerz! Fühl die Angst!« Danach gehe ich mit Kieferschmerzen und Verspannungen nach Hause und bin den Rest des Tages verstört. Ich habe keine Lust, mich so schlecht zu fühlen, zu wenig masochistisch bin ich auch. Und als Gretchen am Theater sehe ich mich ohnehin nicht. Das können andere besser.

Was mich neben den Zweifeln außerdem zurückhält, ist die Tatsache, dass ich gerade durch den Biologieleistungskurs einen Wissenshunger auf die Naturwissenschaften entwickle. Schon sehe ich mich als Meeresbiologin forschen. Nicht im öden Labor, sondern natürlich vor Ort, im offenen Meer. In einer spartanischen Bambushütte würde ich mit einem einzigen Kollegen, der natürlich extrem attraktiv ist, auf einer verwunschenen Insel leben, jeden Tag mit dem Boot rausfahren, um mit Walen zu schwimmen und sie zu erforschen. Gut möglich, dass meine Fantasie durch meine Lieblingsserie »Ocean Girl« aus Australien gefüttert wird. In den Sommerurlauben in Griechenland werde ich zu Ocean Girl, zumindest in meinem Kopfkino, und, ja, im Gegensatz zum Original trage ich Schnorchel, Taucherbrille und Flossen, aber ich fühle es. Vielleicht sind die Bambushütte und ein Leben am und im Meer als Biologin wirklich meine Zukunft.

Verpflichtend muss unsere ganze Stufe einen Ausflug zum Arbeitsamt machen (wie das Jobcenter damals noch hieß). Dort wartet keinesfalls eine kompetente Mitarbeiterin auf uns, sondern vier Computer, vor denen wir Schlange stehen, um den Selbsttest zur Berufswahl zu machen. Der »Berufstest« parodiert sich in seiner Unseriosität selbst. Wahre Hilfe ist hier nicht zu erwarten. Zumindest sind die absurden Ergebnisse, die offensichtlich nichts mit uns zu tun haben, sehr amüsant. Jonas soll Hundefriseur werden, blöd nur, dass er extreme Angst vor Hunden hat, und Sophie wird Pfarrerin vorgeschlagen, obwohl sie Atheistin ist. Zum Abschied bekommen wir noch eine Goodie-Bag voller Pessimismus, Ratlosigkeit und einem fetten grünen Taschenbuch. Die Farbe der Hoffnung, wie ironisch. In dem Buch sind alle Studiengänge und Ausbildungen notiert. Es wird das neue It-Accessoire unserer Stufe. In jeder Unterrichtsstunde und erst recht in den Pausen wird es aufgeschlagen und durchforstet. Insa liest alles über Agrarwissenschaften und Sabrina über die Zulassungen für Physik. Ich kämpfe mich nachts unter der Bettdecke durch diverse Studiengänge und ende doch immer wieder bei den Schauspielschulen. Bis ich grübelnd einschlafe. Die Planung der Ausbildungen schläft dagegen nie. Zumindest für uns Mädchen, denn die Jungs müssen sich stattdessen um Zivildienst und Bundeswehr kümmern. Nur die Lehramtsanwärter*innen haben es bequem. Sie werden sich in der Nachbarstadt einschreiben, im Kinderzimmer wohnen bleiben und schon bald wieder an die alte Schule als Praktikantin zurückkehren. Für mich klingt das wie ein Albtraum.

Dann ist es endlich so weit. Das Abi ist geschafft, und ich muss nur noch zu dieser doofen Abifeier gehen, um mein Zeugnis entgegenzunehmen. Die Vergabe findet an einem heißen Vormittag statt, wir sitzen in der Aula, die mit drei verloren wirkenden Luftballons geschmückt ist und an einen lieblos hergerichteten Kindergeburtstag erinnert. Dann werden wir alphabetisch aufgerufen und laufen zu einem Lied, das wir uns im Vorhinein selbst aussuchen durften, auf die Bühne, um die feuchte Hand des Direktors zu schütteln. Insa ist vor mir dran, und ich muss sehr lachen, als *Nothing Else Matters* von Metallica aus den Lautsprechern dröhnt, das erklärt auch ihren extradicken schwarzen Lidstrich. Meine Songwahl ist nicht viel besser, ich gehe zu Jimmy Cliffs *You Can Get It If You Really Want* auf die Bühne. Abends feiern wir, die Jungs verkleidet in Anzügen und fast alle Mädchen in schicken Kleidern und mit Hochsteckfrisuren. Ich trage ein schlichtes schwarzes Kleid, offene Haare und habe am Abend vorher nicht mit Selbstbräunertüchern gegeizt. Mein Bruder fragt mich, warum ich so orange aussehe, aber ich fühle mich wie J.Lo, und das ist alles, was zählt. Mein Freund ist da, wir trinken alle viel und durchtanzen die Nacht. Ich bin so glücklich, nie wieder zur Schule zu müssen, dass ich gar nicht weiß, wohin mit dem ganzen Glück. Ich fühle mich befreit und erleichtert und kann es gar nicht abwarten loszuziehen. Weg von der Schule, den Leuten und Dinslaken.

Eine Woche später fliege ich mit meinem Freund für zwei Monate nach Thailand. Im Gepäck habe ich all mein verdientes Geld (nicht viel), eine unsichere Beziehung und Freude. Mein Freund dagegen schleppt die Ängstlichkeit und Sorge seiner Mutter mit. Ich bin froh, dass ich sorglos verreisen kann, denn meine Eltern geben mir immer das Gefühl von Sicherheit. So kann ich frei von Angst, dafür voller Vertrauen durch Asien reisen. Es ist heiß in Thailand, wir kommen in der Regenzeit an und schwitzen unentwegt. Die neuen Gerüche, die Geräusche, die Tempel, die Menschen, all diese neuen Eindrücke nehmen mich voll ein und schaffen eine gute Distanz zu meiner Heimat. Die meiste Zeit wohnen wir in Hostels. An einem Morgen, als mein Freund noch schläft, setze ich mich allein in das Wohn-und-Esszimmer, das mit großen bunten Sitzkissen, Korbstühlen und Tüchern eingerichtet ist. Ich lausche den Gesprächen: Hier sind Menschen aus aller Welt, die sich auf Englisch unterhalten. Spanier*innen, Skandinavier*innen und ... »How're you doing?«, fragt mich ein netter Typ Ende zwanzig. »Äh ... good.« Mehr bekomme ich nicht zustande. »Where are you from?« – »Germany. And you?« Oh, ich schäme mich für mein schlechtes Schulenglisch. Mein Gesprächspartner lässt sich von meinen Unsicherheiten nicht beirren, und fast führen wir ein richtiges Gespräch. Er kommt aus Südafrika und reist allein, erfahre ich schnell. Schade, dass in diesem Moment mein Freund auftaucht und die Unterhaltung sofort unterbricht. Er ist unfassbar eifersüchtig. Trotzdem lasse ich mir die Laune nicht verderben, ich habe nämlich gerade verstanden, was mir gutes Englisch alles eröffnen würde: Gespräche mit sehr vielen Menschen aus unterschiedlichen Kulturen. Das will ich! Mein Interesse ist erwacht. Mein Plan steht: Ich muss Englisch lernen, und zwar am besten von Muttersprachler*innen.

Zurück in Deutschland ist mir daher klar, dass ich wieder unterwegs sein will. Alles kommt mir hier noch enger vor als vor dem Urlaub, und außerdem muss ich meinen Plan, Englisch zu lernen, in die Tat umsetzen. Wenn du einmal an der großen weiten Welt geschnuppert hast, kannst du nicht in Dinslaken bleiben. Zu verlockend ist die Ferne. Es gibt doch Alternativen zu Unfreundlichkeit und Allwetterjacken. Für mich soll es mit Work and Travel weitergehen. Ich informiere mich und erfahre schnell, dass so ein organisiertes Jahr extrem viel Geld kostet. Zumindest für meine Verhältnisse. Geld, das ich nicht habe und das meine Eltern auch nicht zuschießen wollen. Sie dachten wohl, dass die acht Wochen Thailand jegliches Fernweh tilgen würden. Meine Mutter wird sogar regelrecht panisch: »Lena, du verweigerst dich dem System, du läufst nicht in der Bahn, du kannst im Leben nicht nur rumreisen, du musst erst mal eine Ausbildung machen, dich für ein Studium einschreiben. Wie stellst du dir das vor?« Ich erkenne meine Mutter nicht wieder, sie hat mich doch immer ermutigt, neugierig zu sein und frei zu denken. Woher kommt diese Strenge? Aus Sorge, weiß ich heute. Damals streiten wir uns so sehr wie noch nie. Für meine Eltern ist es sicherlich ein Schock, dass ihre Tochter, die immer alles ohne Mühe durchlaufen und mitgemacht hat, auf einmal ihren Kopf durchsetzen möchte. Dabei will ich mich doch gar nicht gegen meine Eltern stellen, sondern nur endlich für mich einstehen. Ich habe schon die Schule nicht verweigert, obwohl ich sie gehasst habe, da möchte ich jetzt nicht in einem Studium landen, das nicht zu mir passt. Ich habe doch gerade erst erlebt, dass es andere Mentalitäten, mehr Offenheit und Freundlichkeit gibt, als Dinslaken mit seiner Einkaufsstraße voller Bäckereien und Boutiquen zu bieten hat. Dabei wollen meine Eltern gar nicht, dass ich in Dinslaken bleibe. Im Gegenteil, sie wünschen mir Horizonterweiterung genauso wie ich, doch eben eingebettet in eine Ausbildung, ein Studium. Doch das übergehe ich in meiner Kompromisslosigkeit. Meine Eltern aber erinnern sich nur an ihre eigenen Studentenjahre in Aachen, die sie so genossen haben, und das wollen sie auch für mich. Die Stimmung bei uns zu Hause ist permanent angespannt, die Nerven liegen blank. Meine Eltern möchten ihre schönen Erinnerungen an mich weitergeben, sind gefangen in dem Widerspruch zwischen preußischen Tugenden und freiem Hippiedenken, und ich, ich will meine eigenen Entscheidungen treffen.

Ich muss kostengünstig ins englischsprachige Ausland kommen, Work und Travel fällt schließlich weg. Aber was ist mit einem Au-pair-Job? Zwar habe ich selten auf Kinder aufgepasst, aber an solchen Kleinigkeiten soll es nicht scheitern, denke ich mit dem verantwortungslosen Kopf einer Neunzehnjährigen. Aus dem Bauch heraus entscheide ich mich für Irland und sehe mich schon an der stürmischen Küste zwischen singenden Iren stehen. Sofort beginne ich mit der Suche, und bereits am nächsten Tag klingelt unser Telefon ohne Unterlass, und in mein E-Mail-Fach flattert eine Mail nach der anderen. Das scheint leicht zu werden. Doch mein Übermut wird schnell gestoppt: Die meisten Anrufer sind alleinerziehende Väter, die mich unangenehm ausfragen. So hänge ich an unserem Festnetztelefon und versuche verlegen, aus den Gesprächen mit diesen aufdringlichen Männern zu kommen. Meine Mutter macht das zu Recht sehr wütend, und so sind wir beide sehr froh, als ich einer vierköpfigen Familie in einem winzigen Dorf etwa eine Stunde von Dublin zusagen kann, nachdem ich mit der Gastmutter einige witzige und herzliche E-Mails ausgetauscht habe. Man könnte es fast Flirt nennen.

Sie ist es auch, die mich am Flughafen in Dublin abholt. Wir haben gerade meinen Rucksack verstaut, tauschen ein aufgeregtes »Hi« und fahren die ersten Meter, als meine Mutter anruft: »Bist du gut angekommen?« – »Ja, alles super, ich sitze schon neben ihr im Auto, die wirkt megasympathisch.« – »Das ist ja schön, mein Schatz.« – »Okay, Mama, ich muss jetzt auflegen, ist sonst unhöflich«, würge ich meine Mutter ab und greife das Telefonat direkt mit meinem Schulenglisch auf: »I just told my mother that you look really nice.« Meine Gastmutter lacht: »Maybe I am a witch.« Haha, denke ich. Zum Glück verstehe ich »witch« – Harry Potter sei Dank.

Das Haus meiner Gastfamilie ist ein frei stehendes, fast komplett verglastes Haus. Bis zu den nächsten Nachbarn sind es zehn Autominuten, ich werde also tatsächlich mitten auf dem Land wohnen, und mich stört nichts daran. Noch nicht mal der ständige Regen. Im Gegenteil, ich liebe das Prasseln gegen das Fensterglas und den Regenduft.

Der Morgen nach meiner Ankunft ist auch der Beginn meines ersten Arbeitstags, meine Gastmutter arbeitet in Dublin und hat bereits früh das Haus verlassen. Mein Gastvater ist Lkw-Fahrer, meist im Nachdienst, sodass er tagsüber oft zu Hause ist. Ich fühle mich etwas beobachtet und bin bemüht, mit den zwei Kindern alles richtig zu machen. Es klappt gut, die beiden mögen mich. Zwar hören sie nicht auf mich, aber wir können gut zusammen spielen, und das stufe ich als einen vielversprechenden Anfang ein. Es liegt also nicht an den Kindern, dass die Stimmung ziemlich schnell kippt. Die Eltern sind das Problem. Fast jeden Abend streiten sie sich lautstark, und meine Gastmutter kommentiert die Diskussionen mir gegenüber mit: »Das ist der Grund, warum ich so früh das Haus verlasse und erst so spät wiederkomme.« Ich fühle mich unwohl und frage mich, wie ich mit der Situation umgehen soll.

Doch erst mal geht alles seinen Weg, ich bekomme ein Auto, um die Kinder herumzukutschieren, Einkäufe zu erledigen und in Zukunft an einem wöchentlichen Au-pair-Treffen teilnehmen zu können. Doch dazu soll es gar nicht kommen. Nachdem mir auf dem Familiencomputer Pornos entgegenspringen, mein Gastvater mich weiterhin durch die Fenster beobachtet und abends immer wieder unter fadenscheinigen Vorwänden in mein Zimmer kommt, habe ich ein ganz mulmiges Gefühl. Ich habe das erste Mal in meinem Leben sogar Angst. Was wird er wohl als Nächstes machen? Darauf möchte ich es gar nicht ankommen lassen. Vielleicht spinne ich, aber mein Bauchgefühl sagt eindeutig: Hier stimmt etwas ganz gewaltig nicht. Noch dazu bin ich allein, ohne Nachbarn, die mir helfen könnten. Ich spreche vorsichtig mit meiner Gastmutter und sage ihr, dass ich mich nicht ganz wohlfühle mit den abendlichen Besuchen in meinem Zimmer. Sie nimmt mich sofort ernst, was meine Befürchtung ehrlich gesagt eher bestärkt, und spricht ihren Mann abends darauf an. Von meinem Zimmer aus höre ich, wie das Gespräch eskaliert und die beiden sich anschreien. Dieses Geschrei macht mir Angst. Schließlich halte ich es nicht mehr aus, schleiche mich aus dem Haus, setze mich in das Auto und fahre zum nächsten Nachbarhaus.

Es ist nach 22 Uhr, als ich bei wildfremden Menschen klingele. Ich rechne damit, dass erst mal jemand skeptisch durch ein Fenster schaut, so wie es in Dinslaken wäre, doch mir wird direkt die Haustür geöffnet. Vor mir steht eine sehr freundlich dreinblickende Frau, etwa Mitte vierzig. »What's the story, my love?« Und damit bittet sie mich herein. Perplex von dieser vorbehaltlosen Gastfreundlichkeit folge ich ihr ins Wohnzimmer, wo ich auch gleich von ihrem Mann begrüßt werde und einen Platz am großen Esstisch angeboten bekomme. »You must be the crazy girl who runs in the rain?!«, lacht er mich an. »Ja, that's me«, sage ich schüchtern, und neben einer warmen Tasse Tee mit Milch schütte ich diesen fremden und für mich freundlichsten Menschen der Welt mein Herz aus. Die beiden schenken mir ihr Ohr und ihre Zeit. Sie raten mir, abzubrechen und nach Hause zu fliegen. »Jesus, you are so young, you can come back whenever you want.« Gewärmt von ihren Worten und dem Tee fahre ich wieder zurück und entscheide für mich, dass ich meine Gastfamilie so schnell wie möglich verlasse. Ich wähle Selbstschutz und Selbstfürsorge, was mein Vertrauen in mich selbst nachhaltig stärkt.

Nach einer kurzen, unruhigen Nacht rufe ich direkt am Morgen ein anderes Au-Pair-Mädchen aus dem Nachbardorf an, deren Telefonnummer ich über die Homepage bekommen habe. Es ist unser erster Kontakt, und ich falle direkt mit der Tür ins Haus. »Komm zu mir, du musst da weg«, sagt Vitória, nachdem ich ihr meine Situation beschrieben habe. Also packe ich meine Sachen und fahre zu ihr. Ihre Gastfamilie, eine siebenköpfige Familie, nimmt mich ohne Zögern und Nachfragen auf, damit ich Zeit und Raum habe, um eine Entscheidung zu treffen. Vitória teilt für eine Woche ihr Zimmer mit mir, und diese sieben Tage werden zur schönsten Zeit in Irland. Vitória ist schon seit einem halben Jahr da, voll integriert, tanzt einmal in der

Woche Salsa, ist fest in einem Au-pair-Kreis, macht einen Sprachkurs und fühlt sich sichtlich wohl in ihrer Gastfamilie. Ich unterstütze Vitória mit den drei Jungs und zwei Mädchen. Ihre Gastmutter ist unfassbar entspannt und locker und fragt uns jeden Tag, wenn sie von der Arbeit nach Hause kommt: »How are you, girls?« Ich fühle mich aufgenommen und sicher. Dieses Au-pair-Leben ist eine völlig neue Erfahrung. Ich genieße das Großfamilienleben sehr, es ist herzlich, laut, lustig und unkompliziert. Ich bin begeistert. Auch mein Englisch verbessert sich schnell.

Durch Vitória lerne ich andere Au-pairs aus aller Welt kennen. Eine von ihnen ist ebenfalls unglücklich mit ihrer Gastfamilie, zögert aber zu wechseln, weil sie niemanden verletzen möchte, erzählt sie Vitória und mir in der kurzen Pause der Gruppentreffen. Als die Sprachlehrerin das hört, kommt sie zu uns, sieht uns eindringlich an und sagt, dass das Leben zu kurz ist, um etwas auszuhalten. Ich nehme mir diese Lektion zu Herzen. Dieser Gedanke fühlt sich wie ein Befreiungsschlag an, denn auch die Schulzeit habe ich immer nur ausgehalten. Damals schien alles so vertrackt, dass ich nicht den Mut hatte, die Situation zu lösen, die Schule oder zumindest die Klasse zu wechseln. Ich verspreche mir ab jetzt, immer für die besten Umstände zu sorgen.

Doch die Sorgen meiner Eltern bestimmen meinen Kurs. Für sie ist die Tatsache, dass ich zu weit weg bin, um mir direkt helfen zu können, schwer auszuhalten. Im Interesse ihres eigenen Nervenkostüms fordern sie mich dazu auf, zurückzukommen und mir keine neue Familie zu suchen. Sie wollen mich beschützen. Ich höre auf sie, was ich noch heute ein bisschen bereue. Ich muss an die letzten Worte meines Vaters vor meiner Abreise denken: »Wenn was ist, komm ich vorbei und hol dich ab.« Doch natürlich kommt er nicht, weil er genauso gut wie ich weiß, dass ich mir selbst helfen kann und kein kleines Mädchen mehr bin. Sein Vertrauen und das Erfahren meiner eigenen Stärke füttern mein Selbstvertrauen. Was ist, wenn ich mir immer selbst helfen kann und es immer Menschen gibt, die mir helfen? Was wäre das für eine schöne Welt? Danke, Irland, dass ich diese Erfahrung machen durfte.

Freundlichkeit macht alles so viel angenehmer. Die irische Herzlichkeit und Lebenslust machen mich glücklich, und das, obwohl ich so ein Pech mit meiner Gastfamilie hatte. Die gemeinsame Woche schweißt Vitória und mich zusammen, und uns beiden fällt der Abschied schwer. Diese Woche mit ihrer Gastfamilie fühlt sich eher wie ein ganzer Monat an, und wenn ich überlege, wie viel ich erlebt habe, kommt es auch fast hin. Dementsprechend unruhig stehe ich am Flughafen. Zu spät fällt mir auf, dass ich das in der letzten Woche angehäufte Übergepäck (mit Vitória habe ich mein gesamtes Au-pair-Gehalt für Klamotten verpulvert) nicht mehr zahlen kann. Mein Konto ist schlicht leer gefegt. Seltsamerweise bringt mich das kaum aus der Ruhe, ich bin vollgepumpt mit irischer Gelassenheit. Also frage ich, ohne groß darüber nachzudenken, das ältere Ehepaar, das hinter mir in der Schlange am Schalter wartet, um Hilfe. Sie sind Amerikaner, etwa um die fünfzig. Der Mann schaut mich mit einem freundlichen Lächeln an und sagt: »Wir haben drei Töchter in deinem Alter. Natürlich helfen wir dir. Hier sind zwanzig Euro, das sollte reichen.« Bargeld anzunehmen ist mir allerdings doch zutiefst unangenehm, daher bestehe ich darauf, dass ich ihnen das Geld, sobald ich gelandet bin, zurücküberweise. Die beiden winken ab. »Nein. Hör zu: Jetzt helfen wir dir. Das nächste Mal hilfst du jemand anderem. So geht die Kette immer weiter.« – »Okay«, sage ich fasziniert und bin nur gerührt und dankbar zugleich. Seitdem bemühe ich mich, diese Kette fortzuführen.

Auch, wenn der Aufenthalt viel kürzer als geplant war, habe ich in Irland acht der wichtigsten Lektionen meines bisherigen Lebens gelernt:

1. Du kannst dich auf dich selbst verlassen.
2. Es gibt immer Menschen, die dir helfen.
3. Freundlichkeit macht alles angenehmer.
4. Du musst nicht alles aushalten. Dafür ist das Leben zu kurz, und Umstände lassen sich ändern.
5. Frauen können über Nasenhaare Witze machen und trotzdem intelligent sein. (Danke an Marian Keyes, eine irische Erfolgsautorin, deren Buch mir in die Hände fiel und die mir eine völlig neue Welt voller Selbstironie, Reflexion und Humor eröffnete.)
6. Es gibt eine Frau namens Oprah Winfrey, die eine abgefahrene Talkshow macht. (Danke an die Mittagsschläfe der Kinder, in denen ich fernsehen konnte.)
7. Dass du in der Schule nicht gut in Englisch warst, liegt wahrscheinlich nur an deinen Lehrern und heißt nicht, dass sich das nicht ändern kann.
8. Schwarzer Tee mit Milch schmeckt megalecker.

Bis jetzt ist Irland für mich ebenjener Geschmack von schwarzem Tee mit Milch, nicht enden wollender Regen, Humor, Geselligkeit, Gastfreundschaft, Familienfreundlichkeit, Meer und Wind. Diese wenigen Wochen haben mein Weltbild, Menschenbild und Selbstbild verändert. Gestärkt mit dem Satz, den meine Gastmutter mir bei unserer Verabschiedung mitgegeben hat, verlasse ich schweren Herzens die grüne Insel. Trotz meines Abbruchs ist sie weder voller Groll noch Entsetzen oder Scham. Ganz Geschäftsfrau reagiert sie souverän. Es ist ihre Stärke und Unabhängigkeit, die ich nach wie vor bewundere. Daher lasse ich ihre letzten Worte zu meinem geheimen Schatz werden: »Lena, I know whatever you'll do, you'll do it right.«

Vom braven Mädchen, das auszog, um Studiengänge anzufangen und abzubrechen. Und was mir Irland über das Leben beigebracht hat.

Meine Rückkehr ist wie ein harter Realitätscheck. Euphorisiert von der irischen Freundlichkeit und Hilfsbereitschaft lande ich auf deutschem Boden und werde von meiner Mutter und meinem Bruder abgeholt. Noch am Gate bemerke ich, dass ich meine Jacke irgendwo auf dem Rollfeld verloren haben muss. Also gehen wir zum Flughafen-Service, und ich beschreibe der Dame das Problem und bitte sie um Hilfe. Die Frau mit auberginefarbener Kurzhaarfrisur (ähnlich wie damals BH-Roswitha) sieht mich herablassend an: »Gutes Kind! Wenn hier jetzt jeder kommen würde, der was verloren hat, dann wär ich morgen früh immer noch nicht fertig. Das nächste Mal einfach besser auf die Sachen aufpassen.« Und damit speist sie mich ab. Unsanfter hätte ich nicht in Deutschland ankommen können, der Unterschied zum irischen Standard ist hart. Zu hart für mich in diesem Moment. In einem Land mit so unfreundlichen Menschen will ich nicht leben, denke ich theatralisch. Damit erfülle ich das Klischee eines Mädchens, das gerade ihre ersten Auslandserfahrungen gemacht hat: Ich bin unglücklich, wieder in Deutschland zu sein, beschwere mich über die argwöhnische Mentalität und habe permanentes Fernweh.

Es ist ein regnerischer Dezember, und ich werde sofort in die Realität zurückgeschleudert. Noch vor meinem Abflug, als erneut ein Streit zwischen meiner Mutter und mir losgebrochen war, drängte sie mich dazu, mich wenigstens auf einen Studiengang zu bewerben, bevor ich nach Irland abreisen würde. Also schickte ich eine Bewerbung nach Saarbrücken, wo auch mein Freund studieren würde. Mein naturwissenschaftliches Interesse war immer noch da, doch dass ich nicht die Nerven hatte, um Ärztin zu sein, war mir mittlerweile auch klar. Also entschied ich mich für Human- und Molekularbiologie. Auch, weil ich aufgrund des hohen NCs mit vielen Wartesemestern rechnete, welche mir Zeit für eine richtige Entscheidung verschaffen könnten. Als ich mich für Saarbrücken entschied, holte meine Mutter eine Landkarte hervor, zeigte auf den kleinen Punkt im Westen und sagte: »Mach deine Wahl nicht abhängig von deinem Freund.« – »Mama, du weißt echt nicht, was Liebe ist«, antwortete ich Neunzehnjährige meiner seit 21 Jahren verheirateten Mutter. Hätte ich ihr doch mehr Gehör geschenkt. Kurz nach meiner Rückkehr verlässt mich nämlich mein Freund, der Erste, in den ich richtig verliebt war, und ich bekomme tatsächlich eine Zusage von der Uni in Saarbrücken. Herzlichen Glückwunsch. Manche Fehler muss man wohl selbst begehen, Mama.

Der erste Liebeskummer meines Lebens kostet mich in kurzer Zeit sechs Kilo und raubt mir den Schlaf. Eins ist klar: Den Studienplatz möchte ich auf keinen Fall annehmen. Ich hatte mich schließlich nur beworben, um den ewigen Streit mit meiner Mutter zu beenden. Und außerdem ist Saarbrücken nun wirklich der letzte Ort, an den ich will, wo doch mein Ex-Freund genau da wohnt. Nach langen Diskussionen, in denen meine Mutter erneut auf mich einredet, dass ich mich dem »System« nicht verweigern darf, einigen wir uns darauf, dass ich mir das zweite Semester ansehe. Spoiler: Im zweiten Semester das Studium der Human- und Molekularbiologie aufzunehmen ist in etwa so, wie als Nichtschwimmerin fürs Schwimmabzeichen

Bronze angemeldet zu werden. Warum die Uni den Einstieg ins zweite Semester befürwortet hat, frage ich mich bis heute.

Für mich fühlt sich alles von Anfang an falsch an, aber der Liebeskummer und die Alternativlosigkeit zwingen mich, die Sache durchzuziehen. Alles, was ich in Irland gelernt habe, scheint tief vergraben. Also ziehe ich in eine kleine Einzimmerwohnung in einem hochstöckigen Studentenwohnheim. In den Vorlesungen und Seminaren komme ich nicht hinterher, das erste Semester selbstständig parallel zum zweiten nachzuholen ist für mich ein Ding der Unmöglichkeit. Ich muss hier die Suppe auslöffeln, die meine Eltern mir eingebrockt haben. Der Gedanke, keine Zeit verlieren zu dürfen, hat mich die meiste Zeit gekostet. Denn Human- und Molekularbiologe soll erst der Anfang meiner Uni-Odyssee werden. Die zeitliche Notsituation, in die ich als zu funktionierendes Kind gesteckt werde und aus der ich mich zunächst nicht befreien kann, führt zu riesigen Fehlentscheidungen.

Trotz der Schwierigkeiten bemühe ich mich, muss aber schnell feststellen, dass ich mich nicht im Labor oder der Forschung sehe. Das ist nicht mein Ort. Dafür lerne ich Nora, eine Kommilitonin, kennen, mit der wirklich alles erträglicher ist. Wir machen uns dieses Sommersemester zu einer nicht enden wollenden Party. Irgendwann lernen wir ein paar Jungs kennen, die Jura studieren. Aus Neugierde gehe ich mit in eine Vorlesung und lande direkt einer simulierten Gerichtsverhandlung auf Englisch, denn es geht um internationales Recht. Auf mich wirkt es wie ein Theaterstück, und das begeistert mich. Kompetenz mit Auftritt. Ich besuche noch zwei weitere Vorlesungen und merke, dass Jurist*innen im besten Falle Menschen helfen können. Da ist wieder der größere Sinn, den ich suche. Könnte das etwas für mich sein? Ich bin mittlerweile so gepolt darauf, ein passendes Studium zu finden und den Auftrag meiner Eltern zu erfüllen, dass ich gar nicht mehr bemerke, wie fest ich im Hamsterrad stecke. Als es erneuten Druck von zu Hause gibt, wird mir klar, dass ich weder in Saarbrücken noch im Human-

und Molekularbiologiestudium glücklich werden kann. Meine Eltern fordern eine schnelle, nahtlose Entscheidung, und überrumpelt sage ich: »Jura in NRW.« Mit Bauchschmerzen. Mein Vater ist begeistert, meine Mutter irritiert, aber zufrieden damit, dass ich weitermache. Schließlich ist es ihr erklärtes Ziel, ihrem Kind, mir, eine abgeschlossene Ausbildung zu ermöglichen, und natürlich wollen sie mich dabei nicht alleinlassen.

Köln und Bonn bieten Jura an. Köln scheint mir unübersichtlich, und die Mieten sind zu hoch. Also entscheide ich mich für Bonn. Wie ich mit der Einschreibung umgehe, ist symbolisch für meine Entscheidung. Während der Immatrikulationsfrist bin ich nicht da, sondern mache mit Nora Urlaub in Barcelona. Wäre mir dieser Studiengang wichtig gewesen, hätte ich mich wohl darum bemüht, alles selbst zu regeln. So aber fahren meine Eltern nach Bonn, um mich zu immatrikulieren. Wie passend. Während ich mit Nora unter der spanischen Sonne unser Zelt aufbaue, füllen meine Eltern die Formulare ihrer Tochter aus und machen einen Tagestrip in die Bundesstadt, ganz nach ihrem Geschmack. Sie schnuppern Uniluft im Hauptgebäude, schwelgen in alten Studentenerinnerungen und gehen in der Nähe des Hofgartens essen. Zurück aus dem Urlaub fährt meine Mutter mich freudig nach Bonn, damit ich dort auf WG-Suche gehen kann. Sie genießt den Flair. Doch gerade am Juridicum, einem deprimierenden grauen Gebäude, angekommen, bekomme ich das erste Mal in meinem Leben Migräne. Der Anblick von Perlenohrringen, Longchamp-Taschen und Barbourjacken macht nichts Gutes mit mir, und als mir dann noch ein rücksichtsloser Westenträger seinen Schönfelder in der eigens dafür genähten Tasche in die Seite haut, kotze ich fast vor die feine Fachschaftstür. Doch zum Zurückpaddeln ist es nun zu spät, glaube ich, die Maschine läuft bereits. Immerhin finde ich eine sehr coole WG mit einem superentspannten Mitbewohner. Leider nur zur Zwischenmiete.

Auf der Ersti-Party trinke ich so viel, dass ich tatsächlich kotzend unter einem Baum liege und mich irgendein großer Typ aus der Fachschaft, der auf mich steht, nach Hause trägt. Ganz anständig. Die anderen braven Jurist*innen-Kinder sind verstört über mein Verhalten, und ich fühle mich wie die Lindsay Lohan des Juridicums. Sie sind reich, studieren meist in der zweiten Generation Jura in Bonn und warten darauf, die erfolgreiche Kanzlei von Papa zu übernehmen. Nur zwei, drei Alternative, die sich anscheinend verlaufen haben, sind mit an Bord. Das ist also mein Einstieg. Na, super! Doch überraschenderweise wandle ich mich ohne mein bewusstes Zutun von Lindsay Lohan zum Liebling, weil ich witzig bin, und selbst an Tagen, an denen ich es nicht bin, bin ich für Juridicum-Verhältnisse Unterhaltung pur. Also streiten sich die Spießerkinder in der Mensa darum, an welchen Tisch ich mich setze. Ich fühle mich fremder und fremder und merke, dass ich mit einer Sibylle, die jeden Monat tausend Euro von ihren Eltern bekommt und in einer komplett neu möblierten, riesigen Wohnung mit eigener Waschmaschine lebt und ein eigenes Auto hat, nichts gemein habe und es auch gar nicht will. Nicht aufgrund des Geldes, sondern aufgrund ihrer Bewertung anderer, weniger wohlhabender Menschen.

»Schauen Sie mal nach rechts und links zu Ihren Sitznachbarn. Zwei von ihnen werden das Studium nicht schaffen«, begrüßt uns der Professor in der ersten Vorlesung. Danke! Da versteht jemand wirklich, wie man einen Pep Talk gibt. Manche Menschen dürfen einfach keine Macht haben, das endet in etwas ganz Ungesundem. Meine linke Sitznachbarin und ich lächeln uns verlegen an, und ich kann in ihren Augen lesen, dass sie mir das Scheitern wünscht. Mein rechter Sitznachbar sieht unbeirrt nach vorne und lacht. Sein Humor scheint getroffen, fehlt nur noch, dass er aus Zuspruch auf den Tisch klopft. Doch als ich den Fahrradhelm unter seinem Sitz sehe, denke ich: »Na ja, was will man auch von jemandem mit Fahrradhelm erwarten.«

Auf meinem Schreibtisch stapeln sich dicke Bücher und Gesetzestexte, und aufgrund der Ähnlichkeiten zur Mathematik fällt mir das Verstehen leicht. Die ersten Tests bestehe ich gut, trotzdem wächst meine Abneigung mit jedem Tag. Unter den Dozierenden gibt es nur eine Frau. Die Männer sind, ganz wie erwartet, weiß, alt und nicht wirklich woke. Wie sie da vorne stehen in ihren grauen Anzügen, mit fahlen Gesichtern erinnern sie mich an die grauen Herren aus Momo von Michael Ende. Die Zeitdiebe. Und ja, sie klauen meine Zeit. In den Vorlesungen träume ich mich weg und beginne, kitschige Kurzgeschichten zu schreiben. Ich schreibe von Vivienne, die ihre alte Tante in Schottland besuchen fährt, mit dem Auto liegen bleibt und Starthilfe von Scott bekommt, ihrem Halbbruder. Letzteres weiß sie allerdings noch nicht, weil ihre leibliche Mutter sie nach der Geburt zur Adoption freigegeben hat. Ich schreibe meine eigenen Rosamunde-Pilcher-Geschichten als wärmenden Ausgleich. Denn Jura ist wie eine Schulung in Misstrauen und Skepsis. Den Blick immer auf den Fehler des Gegenübers gerichtet. Das ist für mich keine erstrebenswerte Lebensweise, denn sie erklärt die Welt zum Feind.

Allein Staatsrecht, das von einer jungen, engagierten Juristin doziert wird, interessiert mich sehr. Sie ist Idealistin und im Gegensatz zu ihren alten männlichen Kollegen voller Sympathie. Sie kämpft für die gute Sache. Meistens kommt sie mit Turnschuhen ins Seminar, was schon als Rebellion gilt, und lehrt uns die großen Fragen und Antworten. In Staatsrecht geht es um Fundamentales: Grundrechte und Staatsangehörigkeitsrechte zum Beispiel. Ihr Seminar ist spannend, ihr Idealismus ansteckend, und ihre Kompetenz kommt ohne Rechthaberei aus.

Gelohnt hat sich das Jurastudium für eine neue Freundschaft. Chloe sticht genauso wie ich aus der Studierendenschaft hervor: Wir haben beide ein Nasenpiercing und tragen weder Babourmantel noch Perlenohrringe. Es ist Liebe auf den ersten Blick. Als wir uns kennenlernen, hat jede von uns schon die Entscheidung getroffen, das Studium abzubrechen. Ich will mir keine

Zeit mehr von den grauen Herren stehlen lassen und endlich eine für mich passende Ausbildung beginnen. Chloe setzt auf einen schnellen Bachelor, um einen Abschluss zu haben und danach Kohle verdienen zu können. Drei Jahre im Gegensatz zu einem endlosen Jurastudium klingen auch für mich sehr attraktiv. Ich will abbrechen. Nachdem ich die Bombe zu Hause habe platzen lassen, sind meine Eltern genervt und fordern einen handfesten Plan B.

Erneut unter Zeitnot sehe ich das Greifbare als einzige vernünftige und schnelle Lösung. Immerhin wäre das leidige Ausbildungsthema dann nach drei Jahren durch, und ich könnte endlich machen, was ich will. Ich exmatrikuliere mich und gehe alle zur Auswahl stehenden Fächer in Bonn durch. An English Studies bleibe ich hängen und muss an meine Erfahrungen und Vorsätze in Thailand und Irland denken: endlich gutes Englisch zu lernen. Die Studieninhalte klingen mit dem Schwerpunkt Literaturwissenschaften sehr interessant. Ich bewerbe mich, und doch möchte ich meinen eigentlichen Wunsch dieses Mal nicht verdrängen. Daher recherchiere ich zeitgleich private Schauspielschulen in Köln: Die nehmen einen zwar ohne große Aufnahmeprüfung, dafür mit vollem Geldbeutel. Das habe ich wirklich nicht, aber vielleicht könnte ich es mit genügend Nebenjobs schaffen. Doch leider habe ich große Zweifel an der Qualität einer privaten Schauspielausbildung gegenüber den staatlichen Schulen. Trotzdem fahre ich nach Köln und nehme an mehreren Probetagen teil. Mitten in diese Zeit kommt die Zusage für English Studies hereingeflattert, und auf einmal habe ich einen Studienplatz für mein schlechtestes Schulfach. Das Leben hat wirklich Sinn für Ironie. Die Chance, das Englische, die englischsprachige Literatur und Kultur kennenzulernen, begeistert mich weiterhin, und der Abschluss ist staatlich anerkannt, denke ich ganz Kind meiner Eltern. Die privaten Schauspielschulen kommen mir dagegen wie Realitätsflucht vor mit kaum beruflichen Aussichten oder chancenlos gegen einen staatlich anerkannten Abschluss. Womit ich sehr richtigliege, wie ich später von vielen privat ausgebildeten Schauspieler*innen erfahren werde. Also schaue ich mir erst mal unverbindlich das Englische Seminar an. Im Gegensatz zum hässlichen Juridicum ist es klein und schnuckelig, die Menschen sehen freundlich aus, und es liegt ein Harry-Potter-Vibe in der Luft. Im Flur hängt sogar ein Poster einer Shakespeare-Theatergruppe. Hier scheine ich deutlich besser reinzupassen. Mein Plan steht: Ich muss schnellstmöglich eine Ausbildung abschließen, damit meine Eltern Ruhe geben und ich freier bin. Dieses Mal immatrikulierte ich mich selbst.

Die Dame im Studierendensekretariat tippt alle erforderlichen persönlichen Daten langsam ein. Während ihre Finger schwerfällig über die Tasten »fliegen«, sehe ich mich um. Offensichtlich hat Margret (dieser Name steht zumindest in Gold auf ihrem Stifteetui) eine Schwäche für Frösche. Auf ihrem Schreibtisch und in dem Aktenordnerregal an der Wand sitzen und »hüpfen« Frösche unterschiedlicher Größe, in allen verschiedenen Grüntönen. Auf ihrer Pinnwand hängen Katzenfotos und Postkarten mit kessen Sprüchen wie »Arbeit macht Spaß, deshalb hebe ich immer etwas davon auf« und »Ich esse Schokolade nur an Tagen, die mit G enden.« Spritzig, Margi! Doch Margi hört auf zu tippen, sieht mich über ihre Brille hinweg an und fragt: »Welches Begleitfach soll ich eintragen?«

»Bitte?«

»Welches Nebenfach?«

»Äh … einfach nur English Studies, bitte.«

»Nein, das geht nicht, das ist Ihr Kernfach, Sie brauchen ein Nebenfach.«

»Äh … ach so … mmh«, stottere ich. Scheiße, ich schäme mich für meine Uninformiertheit. Von einem Begleitfach hatte ich nichts gelesen. Ich fühle mich wie eine Idiotin, was durch Margrets ungläubigen Blick noch verstärkt wird. So etwas ist ihr in all den Jahren anscheinend noch nicht passiert. Bevor es noch unangenehmer wird, beende ich die Situation schnell: »Kann ich gleich noch mal wiederkommen? Dann denke ich kurz darüber nach.«

»Mir ist das egal. Sie müssen dann aber wieder eine neue Nummer ziehen und warten.«

Margi hat keinerlei Mitleid mit mir. Doch davon lasse ich mich nicht irritieren, das wäre doch gelacht, wenn ich hier nicht noch einen kleinen, fröhlichen Schwung in die Peinlichkeit bringen würde. Also sage ich: »Kein Problem, ich habe heute eh nichts mehr vor, außer Schokolade zu essen.« Und dabei zwinkere ich peinlich, was sehr wahrscheinlich auch weniger wie ein Zwinkern als viel mehr wie ein nervöses Augenzucken aussieht. Mein Ehrgeiz ist geweckt: Ich will Margi knacken, sie mit ins Boot holen. Eine Teambuildingmaßnahme sozusagen, die uns zwei Schokonaschkatzen näherbringen soll.

Margi aber ist wenig beeindruckt und scheint die Existenz ihrer Postkarte vergessen zu haben: »Wie Sie meinen. Wir haben noch zwei Stunden auf.« Margrets trockene Reaktion macht sie zur klaren Gewinnerin und mich zur doppelten Idiotin. Na, super. Was für ein Start.

Ich verlasse ihr Büro, ziehe auf dem Flur direkt eine neue Nummer und gehe raus, um Chloe anzurufen. Sie hat sich schließlich gestern für Romanistik eingeschrieben. Da muss sie also Bescheid wissen in der Causa Nebenfach. Außerdem ist sie immer perfekt vorbereitet und hat sogar Küchenrollen auf Vorrat zu Hause. Sie ist halt wirklich erwachsen. Sogar die Kabel zu ihrem WLAN-Router sind sortiert.

»Hi, sag mal, was hast du denn für ein Begleitfach gewählt? Ich soll das hier angeben?!«

»Ja, musste ich auch. Ey, gib auch Geschichte an, dann sehen wir uns öfter.«

»Okay, cool, danke. Meld mich später noch mal!«

Ich liebe es, wenn Probleme sich so schnell lösen. Geschichte hat mich in der Schule zwar überhaupt nicht interessiert, aber was soll's. Bei mir läuft ja ohnehin nichts wie geplant.

Nach einer Stunde Wartezeit sitze ich wieder vor den Fröschen und Margret.

»So …« Einleitungen kann Margie wie keine andere.

»Ähm … Geschichte.«

Sie zeigt keine Reaktion. Ihre kleinen Finger tippen los.

»Das ist ja nicht Ihr erstes Semester, auf Ihrem Studierendenausweis stehen dann jetzt schon drei Semester. Das ist Ihr viertes. Es wird nicht von vorne gezählt.«

»Okay, danke.«

Margret will offensichtlich keinen Seitenhieb auslassen. Was kommt als Nächstes? Würden wir noch meine Ex-Freunde durchgehen oder vielleicht die Tatsache, dass mein Geld kaum reicht?! Wütend verlasse ich die Froschhölle. Es hat sich ausgeschokot! Obwohl heute ein Tag ist, der auf G endet.

Kurz darauf findet die Begrüßungsvorlesung meines neuen Studiengangs statt. Ausgerechnet an dem Tag, an dem ich Karten für das Konzert von Maximo Park in Köln geschenkt bekommen habe. Meine Prioritäten sind natürlich klar: Das Konzert lasse ich mir nicht entgehen. Der späteste Zug, den ich nehmen kann, um den Hauptact nicht zu verpassen, geht um 20 Uhr. Die Vorlesung beginnt um 18:30 Uhr, die erste Stunde kann ich also mithören. Das muss reichen.

Im Konzertoutfit komme ich zusammen mit meinem momentanen Freund ins Englische Seminar. Wir sehen aus wie Möchtegernbritpopper aus einer deutschen Kleinstadt, und genau das sind wir auch. Doch wir sind in guter Gesellschaft und umgeben von offensichtlichen Harry-Potter-Fans, anderen Kleinstädter*innen, die sich seit ihrem sechsmonatigen Auslandsaufenthalt in Australien allerdings als Kosmopolit*innen verstehen und ihre Erfahrungen in mindestens jedem zweiten Satz erwähnen. Dann gibt es noch einige Hello-Kitty-Fans und ein paar sichtlich ältere Studierende, die einen Hauch zu stolz auf ihren »Neuanfang« sind, während sie gleichzeitig der Geruch von Angst umgibt. Ob es wohl wirklich eine gute Idee war, die sicheren, anspruchslosen Jobs gegen ein geisteswissenschaftliches Studium einzutauschen? Einige Pseudoamis in Baggys stehen etwas arrogant zusammen und lachen laut auf, was einem direkt das Gefühl gibt, der Grund für das Gelächter zu sein. Dennoch: Ich fühle mich schon jetzt tausendmal wohler als im Juridicum.

Die Begrüßung wird vom Kustos des Seminares geleitet, der nacheinander einige der Professor*innen und Dozent*innen zu Wort kommen lässt. Alles auf Englisch. Genau wie die Infozettel, die auf allen Sitzplätzen liegen. Der Hörsaal wirkt wie ein Paralleluniversum. Mit nur einem Schritt, dem Gang durch die riesigen Holztüren, ist man im angloamerikanischen Raum. Ich bin fasziniert, eingeschüchtert und verstehe nur die Hälfte. Allein auf dem Infoblatt sind so viele mir unbekannte Vokabeln, dass meine Hände schwitzig werden. Die alle nachzuschauen wird mich mindestens eine Stunde kosten. Eine Stunde, die sonst niemand hier im Raum benötigen wird, scheinen sie doch alle problemlos den Vorträgen zu lauschen. Dass ich mit dieser Annahme ganz richtigliege, erfahre ich später, als sich die Studierenden in den Seminaren nach und nach als Muttersprachler*innen oder Auslandserfahrene vorstellen. Ich bin die Einzige mit schlechtem Schulenglisch. Das kann ja was werden. Um mich herum wird eifrig mitgeschrieben, wobei die Stiftwahl äußerst aufschlussreich ist. Ein verspielter Kuli mit Feder am Ende verrät eine hohe Wahrscheinlichkeit von Wandtattoos, ein Lamyfüller bedeutet »gerade Abi gemacht«, und verschiedenfarbige Stabilos gehören wahrscheinlich in die Kategorie »Streberin«. Ich habe gar keinen Stift dabei, was ich ehrlich gesagt ziemlich cool finde, was es wiederum extrem uncool macht. Tatsächlich hat mein Schreibzeug einfach nicht in meine Konzerthandtasche gepasst. Außerdem habe ich bei einer Begrüßungsvorlesung mit keinen wichtigen Infos gerechnet. Von wegen.

Nervös schaue ich immer wieder auf mein Handy. »Wir müssen jetzt los, um den Zug zu bekommen«, flüstere ich meinem Freund zu. Ich sehe mich um, es ist unmöglich, unbemerkt den Hörsaal zu verlassen. Die Erstsemestergruppe ist viel kleiner, alles wirkt schon jetzt weniger anonym als im Juridicum. Ich hasse es, so unangenehm aufzufallen. Wir können auch keinen Gang zur Toilette vortäuschen, weil wir schließlich unsere Jacken mitnehmen müssen. Immerhin sitzen wir ganz außen und müssen niemanden bitten aufzustehen, um uns durch die zu engen Sitzreihen zu schlängeln. Auf drei stehen wir auf und verlassen flink und mit nach unten gerichtetem Blick den Hörsaal. Ich spüre die abwertenden Blicke der Federkulischreiber*innen und die beeindruckten Blicke der Pseudoamis. »Easy«, scheinen sie zu sagen. Mit wenigen Schritten sind wir draußen, raus aus dem Paralleluniversum, wieder auf festem Bonner Boden und fühlen uns frei. Wie Schulschwänzer*innen freuen wir uns über unsere Flucht und laufen voller Adrenalin und Euphorie zum Hauptbahnhof.

»Ich hab Angst, dass ich das nicht schaffe …«, vertraue ich meinem Freund an, als wir uns außer Atem auf die Sitze im Zug fallen lassen.

»Leni, dat machste schon! Von dem ganzen ›well‹ muss da eh erst mal gelüftet werden.«

Ich muss lachen. Wie passend, dass wir ausgerechnet heute Maximo Park live sehen. Vernebelt vom Rauch in der Konzerthalle, dem Alkohol, der Aufregung der neuen Eindrücke und der Freude auf die Band frage ich mich kurz: »Bin ich vielleicht gerade Britin?« Um mich herum sind alle als Britpopper »verkleidet«, und die Vorband singt mit britischem Akzent. Das Einführungssemester scheint wie das Gleis 9 ¾ in eine geheime Welt geführt zu haben. Meine Auslandssehnsucht wird aktiviert und ruft: »Das ist der Weg. So kannst du vielleicht wirklich einmal in Großbritannien leben! AH!« Gleichzeitig ruft eine andere, ruhige Stimme: »Schauspiel ist dein Traum! Und das kannst du nur auf Deutsch machen.« Diese inneren Dialoge killen wirklich jeden guten Vibe. Ich möchte kurz in dieser warmen, zuversichtlichen Blase bleiben, die mich mit Zukunftslust füllt, anstatt mir Probleme und Zwickmühlen zu präsentieren. Also schiebe ich beide Stimmen beiseite, nehme einen großen Schluck des überteuerten Bacardi Cola aus dem Plastikbecher und wippe mit. *Apply Some Pressure* ist der nächste Song, und ich singe beschämend leise mit: »What's my view? Well how am I supposed to know? (...) I like to wait to see how things turn out if you apply some pressure.« Oh, Maximo Park, wie ihr mich versteht.

Das Semester startet richtig, und meine Zweifel verwandeln sich langsam in Ehrgeiz. Die Aussicht auf ein abgeschlossenes Studium und die damit erhoffte Freiheit treiben mich an. Während ich immer wieder feststellen muss, dass ich im Minus starte, sind meine Eltern ganz die alten, anpackenden Pragmatiker*innen. Mein Vater sagt: »Da musst du Gas geben, Leni. Studieren ist Ausdauer und Durchhalten, eine Nervenprobe. Nervenstärke ist gefragt. Immer weitermachen.« Meine Mutter ist gewohnt optimistisch: »Jetzt warte erst mal ab, du schaffst das schon.« Und ich galoppiere los und springe im Kaltstart über die ersten Hürden. Wenn ich von Kommiliton*innen gefragt werde, wo meine Eltern herkommen und in welchem Land ich gelebt und mein Abi gemacht habe, lüge ich meistens. »In Irland.« Alle weiteren Nachfragen wende ich geschickt durch Ablenkungsmanöver ab. Es funktioniert immer. Da ich so wenig wie nötig Englisch spreche, gibt es kaum die Chance, den irischen Akzent zu überprüfen.

Schnell akzeptiere ich, dass mein Englisch nicht den Ansprüchen genügt. Ich sitze quasi in einem löchrigen Boot, und der einzige Weg, um nicht unterzugehen, ist, mehr zu paddeln als die anderen in ihren englischfesten Booten. Also mache ich das erste Mal in meinem Leben gewissenhaft meine Hausaufgaben. Das komplett verschulte System lässt keine Ausflüchte zu. In den kleinen Seminaren werden wir wie in der Schule drangenommen. Ein einziger Adrenalinkick für mich. Mein Herz rast, und ich schwitze jedes T-Shirt durch. Ein Horror, nach Gwendolyn (Harry-Potter-Fan) in ihrem Muttersprachenenglisch sprechen zu müssen und mir einen abzukämpfen. Ich perfektioniere mal wieder meine Taktik, um nicht aufzufallen. Werde ich trotzdem drangenommen, rettet mich folgender Satz: »I would love to read but I forgot my glasses at home.« Wobei ich die Unterlippe seltsam verziehe, um eine lustige Grimasse hinzubekommen, die das strenge Dozentenherz nachsichtig werden lassen soll. »I am basically blind, haha.« Ich lache, um zu zeigen, dass es ein Witz ist. Hilfe! Meine Kommiliton*innen sehen irritiert und abschätzig zu mir. Doch es funktioniert jedes Mal, und nach ein paar unangenehmen Minuten, die sich zugegebenermaßen wie Stunden anfühlen, zieht sich die Röte aus meinem Gesicht zurück, und mein Puls wird wieder ruhiger.

Das einzige Seminar, in dem all das nicht funktioniert, ist »Language and Communication«. Ms Simons, eine ältere, hagere Engländerin, ist unsere strengste, aber auch kompetenteste Lehrerin. Ihre Stunden fürchte ich am meisten. Sie nimmt mich permanent dran, ist unglaublich kleinlich und höchstens enttäuscht, doch nie vorführend. Sie unterrichtet klar und sortiert. Sie ist die Lehrerin, die ich mir in der Schule gewünscht hätte. Auch wenn sie mein Stresslevel aufs Maximum hebt, lerne ich bei ihr enorm viel und hebe mein Englischlevel auf Uniniveau.

Literaturwissenschaften ist mein Lieblingsfach, weil ich die akademischen Auseinandersetzungen mit Büchern sehr genieße. Unsere Dozentin, eine junge deutsche Frau, liebt ihr Fach, und genau das vermittelt sie auch. Es ist die einzige Stunde auf Deutsch. Meistens monologisiert sie. Sie sprüht, und wir alle hängen an ihren Lippen. Ihre Stunden sind Stand-up-Comedy, Kabarett und informative Unterhaltung.

Bald habe ich eine neue Lieblingsdozentin: Zara aus Oxford, eine junge, engagierte Frau, die mein Herz spätestens gewinnt, als sie in löchriger Leggins an die Tafel schreibt und uns durch das Hosenloch auf ihren Po blicken lässt. Am liebsten wäre ich mit ihr befreundet oder hätte sie als ältere Schwester. Ich male mir aus, nach Oxford zu gehen und eine verträumte, tiefsinnige Büchermaus in einem oversized, karierten, vintage Blazer zu sein. Das sehe ich für mich. Analoge Fotos würde ich dort machen, schreiben und am Wochenende über den Flohmarkt schlendern oder im Park lesen.

Die Inhalte fallen mir insgesamt leicht, es sind reine Fleißarbeit sowie literarisches Verständnis gefragt. Eine weitere Hürde findet sich dafür im Schreiben. Mitschriften zu führen fühlt sich an wie das Laufen auf einem Minenfeld. Gerade Fachvokabeln klingen so fremd, dass ich nur raten kann, wie sie zu schreiben sind. Wir sitzen eng wie in der Schule nebeneinander, und die Blicke der Sitznachbar*innen landen unwillkürlich auf meinen Notizen. Wenn die Dozent*innen besonders schnell sprechen, frage ich mich: »Was? Was war? Was kam nach colonialism?« Mir ist es peinlich, dass ich nicht hinterherkomme und meine Mitschriften einige Defizite offenlegen. Ich erfinde nämlich auch Wörter. Als es zum Beispiel auf die ersten Hausarbeiten zugeht, fällt in jedem Seminar das Wort »term paper«. Ich schreibe mit, was ich gehört habe. Zwar kann ich aus dem Kontext schließen, dass es sich sicher um eine Hausarbeit handeln muss, aber trotzdem steht bei mir: »turn paper«. Ich wundere mich, warum Gwendolyn so irritiert auf meinen Block schaut. Sie lässt mich im Dunkeln, und ich bemerke meinen Fehler erst Wochen später. Ich fühle mich wie eine Hochstaplerin, und irgendwie bin ich das ja auch. Obwohl – ist das so? Ich bestehe alle Klausuren und Seminararbeiten auf Anhieb. Vielleicht bin ich zu einer ekelhaften Streberin geworden. Na ja, immerhin leiste ich kaum Wortbeiträge.

Das Lernen gefällt mir, auch wenn es wie im Akkord geschieht. Die Prüfungen werden alle in einer Woche geschrieben, was bedeutet, dass wir teilweise zwei Klausuren an einem Tag haben. Wir können also auch nicht in Etappen lernen, sondern müssen auf alle Fächer gleichzeitig vorbereitet sein. Meine Kommiliton*innen stöhnen. Ich bin konzentriert, und das liegt allein an meiner Erfahrung mit Jura. Gemessen an den Ansprüchen im Juridicum ist das hier nämlich wirklich machbar. Der Vergleich schenkt mir Relation und Zutrauen. Das hätte sicherlich anders ausgehen, wäre ich direkt von der Schule hier gelandet, gemessen an Schulstandards konnte einen dieses Pensum wirklich panisch werden lassen. Gemessen an Jura und Human- und Molekularbiologe war das hier absolut kein Grund zur Panik.

Nach den Prüfungen trifft es gerade die frischen Abiturient*innen, die Scheitern noch nicht erlebt haben, besonders hart, und von einigen hört man, dass sie Antidepressiva verschrieben bekommen haben. Ich denke an meinen Vater: »Ein Studium ist Nervensache. Weitermachen.« Recht hat er. Oft fehlt nur ein halber Punkt zum Bestehen, der selbst nach einem Einzelgespräch in der Sprechstunde nicht nachträglich anerkannt wird. Ich ziehe mich gekonnt aus der Dunstwolke »Die Welt geht unter, wenn ich nicht bestehe«, die der Gymnasiumwolke »Nicht meine Arbeit ist mangelhaft, sondern ich als Mensch bin es« so ähnlich ist. Bei manchen ist der Druck auch ein finanzieller, denn Durchfallen bedeutet oft, länger studieren zu müssen, und das bedeutet Stress mit dem BAföG-Amt und eine höhere finanzielle Belastung. Neben dieser ganz realen finanziellen Notsituation läuft noch etwas anderes ab. Ganz ähnlich wie in Schulzeiten werden die Leistungen zur Identität. Warum identifizieren wir uns so mit unseren schulischen und beruflichen Leistungen? Weil wir es seit der ersten Klasse so gelernt haben? Weil die staatlichen Schulen uns so programmieren? Warum lernen wir nicht, dass Scheitern ganz normal ist? Ganz wertfrei. Scheitern heißt Lernen. Und auch Regeneration gehört zum Lernen.

Ich schalte nicht allein ab, sondern mit meiner neuen Freundin Franzi. Wir sind Komplizinnen, und der Hedonismus hält wieder Einzug in mein Leben. Zu meiner großen Freude. Für Franzi ist es der erste Studiengang, und sie ist unglücklich. Ich weiß genau, wie sie sich fühlt, und freue mich für sie, als sie nach einem Jahr abbricht und zu Indologie wechselt. Schnell hat sie einen indischen Freund und trägt vermehrt Saris. Von ihren Indienreisen bringt sie mir Räucherstäbchen und eine Menge schlüpfriger Liebesgeschichten mit.

Mittlerweile verkrieche ich mich nicht mehr wie im Jurastudium im Bett. Ich sehe zumindest in einigen Fächern Sinn für mich und bin wirklich interessiert. Was mir privat Entspannung schenkt, sind nicht Sport oder meine Freunde, sondern ist viel elementarer: Es ist die Serie *Sturm der Liebe*, die ich begeistert zusammen mit Millionen Rentner*innen jeden Mittag anschaue. Eine Telenovela, die sich selbst parodiert, ohne dass es ihr Anliegen ist. Ich weiß um Barbaras fiese Geheimnisse und Intrigen, und die Vorhersehbarkeit des Plots entspannt mich zutiefst. Selbst wenn Alexander noch im Koma liegt und Laura denkt, dass sie Halbgeschwister sind, können wir uns alle sicher sein, dass es ein Happy End geben wird. Ich tauche ab in diese Märchenwelt und singe den Titelsong *Through The Rainbow Couloured Night, Won't You Stay* mit voller Inbrunst mit. Nora schaut parallel in Saarbrücken, und wenn es einer von uns schlecht geht, reden und spekulieren wir über das Neueste aus *Sturm der Liebe*. Das funktioniert immer. Es ist unser Ponyhof, unser *Bibi und Tina*. *Sturm der Liebe* ist der freudige Hund, der mich nach der Uni mit wedelndem Schwanz empfängt. Okay, der wedelnde Schwanz ist hier wirklich missverständlich, und ich muss unwillkürlich an den Arzt Michael denken. Warum das so ist, muss ich sicher nicht weiter ausführen. Zehn Jahre schaue ich meine Telenovela, weil ich dabei abschalten kann. Zehn Jahre, die nicht verschenkt sein sollen, führen sie mich nämlich in einer anderen Phase meines Lebens zum Theatererfolg. Danke an den Fürstenhof.

Nach einer besonders schwitzigen Stunde im Fach »Language and Communication« freue ich mich so auf *Sturm der Liebe*, dass ich mit Salto auf mein Bett, das in einer Ecke steht, springe. Beim Anlaufnehmen singe ich die Titelmelodie, und dann ... bum ... knallt mein Kopf gegen die harte Wand. Ich habe den Winkel falsch abgeschätzt, und mir wird schwarz vor Augen. Regungslos bleibe ich liegen und mache *Sturm der Liebe* schließlich aus, sobald ich nach der Fernbedienung greifen kann. Aus Übereifer habe ich nun eine leichte Gehirnerschütterung. Das hätten Rosalie und Michael sicher nicht gewollt. Noch am nächsten Tag ist mir schwindelig, und in der Uni ist mir alles viel zu laut. »Ich glaub, ich habe 'ne Gehirnerschütterung, ich hab mich gestern so auf *Sturm der Liebe* gefreut, dass ich aus Versehen gegen die Wand gesprungen bin«, sage ich meinem Sitznachbarn, als er mich fragt, was los ist. »Ey, du bist so funny«, lacht er, und ich fühle mich geschmeichelt und beschämt zugleich.

In der Uni geht alles seinen gewohnten Weg, es brechen immer mehr Studierende ab, unsere Runde wird kleiner, und bei Gruppenarbeiten bin ich diejenige, die nichts beiträgt und nichts vortragen möchte. In diesen Situationen fühle ich mich wie die Unsportlichste, die beim Volleyball als Letzte zähneknirschend aufgerufen wird. »Kann ich bei euch mitmachen, dann könnt ihr auch alle viel reden, ich sag ja eh nichts«, ist meine Verkaufsstrategie, die aufgeht.

Mitten in meinem Studium werden die Studiengebühren eingeführt, und die Ansage meiner Mutter lautet: »Wir haben uns überlegt: Du zahlst selbst. Sozusagen als Erziehungsmaßnahme, damit du Gas gibst.« Dabei durchlaufe ich doch schon alles schneller als meine Kommiliton*innen. Aber klar, das ist der Boomerang der ersten zwei abgebrochenen Studiengänge, und im Prinzip werde ich für ihre Fehler bestraft, mich in eine Uni zu zwingen. Oder es ist mein Fehler, wenn man denn meine Bravheit und mein Unvermögen, mich konsequent zu widersetzen, als Fehler werten will.

Neben der Uni habe ich wechselnde Nebenjobs, die alle nerven, aber mir Geld für Reisen und die Studiengebühren einbringen sollen. Zusammen mit meinem Freund fahre ich in den Semesterferien durch ganz Großbritannien und sehe mir vor Ort an, was ich da eigentlich studiere. Es ist immer auch der Versuch, wenigstens ein bisschen Sprachpraxis zu bekommen. Für ein ganzes Auslandssemester reicht es nicht. Dafür mache ich ein Praktikum in einer Castingagentur und gewinne Einblicke, die mir später sehr helfen werden. Außerdem nutze ich jeden Tag der offenen Tür in der Theaterakademie Köln, bei der ich schon vor Studienbeginn oft zu Besuch war, um am kostenlosen Probeunterricht teilzunehmen. Ich liebe es. Mein Schauspieltraum wird immer wieder gefüttert und dann wieder erfolgreich verdrängt, damit ich in der Uni weitermache. Diese beiden Welten, Studium und Theater, scheinen mir unvereinbar. Ganz oder gar nicht, denke ich. Ich will sicherlich nicht als Laienschauspielerin enden, die genauso gut einen Töpferkurs hätte machen können. Trotzdem: In all den Probestunden bekomme ich die Bestätigung von Profis, die mir zumindest andeuten, dass mein Wunsch gar nicht so falsch sein könnte.

Gegen Ende des Studiums gehe ich wieder auf Tuchfühlung, mache einen Schauspielkurs in Bonn und bewerbe mich sogar still und heimlich bei der Folkwang Universität in Essen. Ich werde eingeladen und soll zwei Rollen sowie ein Lied mitbringen. Zaghaft hänge ich die Einladung an meine Pinnwand über meinem Schreibtisch, neben das Regal mit den Anglistikbüchern. Wie ein Schreiben aus einer Zauberwelt, das Hoffnung füttert und meine Fantasie beflügelt, hängt das Papier dort. Es fühlt sich an wie der lang ersehnte Brief aus Hogwarts, der mich nach allen Umwegen und Hindernissen erreicht. Allein die Einladung ist für mich schon ein Meilenstein. Doch der Aktionismus fehlt. Da sind Angst und die ewige Vernunft. Wenn ich mich jetzt auf die Vorbereitung konzentrieren würde, schaffe ich die letzten Prüfungen nicht. Was für ein Dilemma. Meine Mitbewohnerin Lily aus London hört mich weinen, kommt, ohne zu klopfen, in mein Zimmer und fragt mich, was los ist. Ich zeige ihr die Einladung, und sie sagt: »Lena. You'll go! You have to!«

Endlich gehe ich meinen eigenen Weg und schreibe mir die Hauptrolle in meiner eigenen Telenovela.

Ich gehe nicht zum Vorsprechen. Es ist, als hinge die Kupplung. Als sei ich seit Jahren im »Nein«-Gang gefahren und könne jetzt nicht mehr wechseln. Ich schiebe meine Enttäuschung in die hintersten Ecken meines Gehirns und konzentriere mich auf den Abschluss, der immer greifbarer scheint. Aber so ganz kann ich die Finger nicht von meinem Traum lassen.

Während ich die Bachelorarbeit schreibe, habe ich keine Präsenzveranstaltungen mehr. Diese Freiheit nutze ich, um nach Köln zu fahren. Im Internet habe ich von der Studiobühne Köln gelesen, die für Studierende kostenlose Schauspielkurse anbietet. Im Gegensatz zu der Theaterakademie ist es keine private Schauspielschule, sondern ein freies, experimentelles Theaterhaus. Ein Traum. Die Studiobühne wird zu meiner Ausbildungsstätte, zum Wendepunkt, zum Heimathafen.

Ich beginne mit einem Workshop und sauge jedes Wort, jede Bewegung des Schauspielers auf. In dem Workshop geht es um Status. Hoch- und Tiefstatus und wie wir beide aktiv erzeugen können, um Gesprächsdynamiken zu verändern. Hätte ich das mal früher gewusst, wäre so manches Machtspiel anders ausgegangen.

Nach dieser ersten Begegnung mit der Studiobühne gehe ich in fast jedes Stück, das dort gezeigt wird. Auf dem Heimweg denke ich oft: »Ich will das auch. Da auf der Bühne stehen.« Aber wie? Wie stelle ich das an?

Über die Studiobühne komme ich an eine freie Theatergruppe, geleitet von einer Schauspieldozentin der privaten Schauspielschulen in Köln. Wir proben eine Adaption des Sommernachtstraums. Die Aufführungen planen wir in einem Kölner Off-Theater. Ich bekomme eine Doppelrolle. Maya, unsere Leiterin, ist eine charismatische, kluge Frau, und ich sauge all ihre Weisheiten auf.

Meine Bachelorarbeit bestehe ich, neue Streberin, mit 1,3. Endlich ist der Weg für mich frei. Ich habe ein abgeschlossenes Studium und kann nun meinen Theaterwunsch realisieren. Doch ganz das Kind meiner Eltern möchte ich beides: Sicherheit und Selbstverwirklichung. Still und zaghaft strecke ich meine Fühler aus und finde den Masterstudiengang Theaterpädagogik an der Universität der Künste in Berlin. Das scheint die perfekte Lösung zu sein. Der erstrebenswerte Kompromiss. Der Studiengang ist nicht konsekutiv, und durch meine zahlreichen privaten Theatererfahrungen bringe ich alle nötigen Referenzen mit, um zumindest zur umfangreichen Zulassungsprüfung eingeladen zu werden. Das Studium unterteilt sich in Schauspielunterricht (yeah!) und Pädagogik (bäh!). Zweites interessiert mich zwar kein bisschen, aber die Chance, so in den Genuss von staatlichem Schauspielunterricht an der größten Kunstuniversität Deutschlands zu kommen, lässt mein Herz höherschlagen und mich geistig schon abfahrbereit mit gepackten Koffern im Flur stehen. Entgegen meinem ursprünglichen Wunsch, eine klassische Schauspielausbildung zu machen, entscheide ich mich also für diesen Kompromiss, weil ich erstens für staatliche Schulen mit meinen 25 Jahren schon zu alt bin und weil mir zweitens wirklich alle Schauspieler*innen, die ich über die Zeit kennengelernt habe, gesagt haben: »Du hast Talent! Aber ganz ehrlich, ich würde diesen Beruf niemandem weiterempfehlen. Es ist so schwer, und es schaffen so wenige.« Es sind durchweg Schauspieler*innen, die es selbst nicht »geschafft« haben und die ihre Enttäuschung und ihren Frust an mich weitergeben. Mit Erfolg. Grundsätzlich sollte man immer seine eigenen Erfahrungen machen und nicht auf solche Ratschläge hören, die meist mehr über den Ratgeber aussagen als über die Realität. Doch so weit bin ich leider noch nicht.

Ich höre auf sie. Ich will es allen recht machen, inklusive meiner Angst vor finanzieller Unsicherheit. Alles soll diesmal richtig laufen, und ich muss vernünftig sein. Das sind meine Motive. Es ist, wie mit Stützrädern zu fahren, wirklich frei bist du nicht, und auf die wilde Bahn kommst du damit ohnehin nicht. Es gibt Situationen, in denen nur ein »All in« hilft. Doch das traue ich mich noch nicht. Noch will ich einen sicheren Weg. Als würde es das überhaupt geben: Sicherheit.

Theaterpädagogik aber scheint zumindest zukünftige schlaflose Nächte zu verhindern. Das sagen mir auf jeden Fall Erfahrene, und es scheint zu stimmen. Es ist wohl wesentlich wahrscheinlicher, eine Anstellung als Theaterpädagogin zu bekommen als einen Job als Schauspielerin zu ergattern.

Die UdK lädt aus 400 Bewerber*innen nur etwa fünfzig zur zweitägigen Aufnahmeprüfung ein. Ich bin eine von ihnen. Der erste Prüfungstag besteht aus Schauspiel. Ich schwimme durch vertrautes Wasser. In einer Gruppenübung muss jeweils eine von uns ein Lied vorgeben, was dann mit einem Klatschrhythmus an die anderen weitergegeben wird. Die erste Bewerberin wählt »Hänschen klein«. Und so klatschen und singen eine Runde fremder Erwachsener dieses Kinderlied. Bis eine andere Teilnehmerin unterbricht. Eine Theresa mit Undercut und Halstuch: »Sorry, aber ich find das gerade echt schwierig. Thema: kindliche Frühprägung. Ist es nicht fraglich, Kindern Angst zu machen und sie als ›klein‹ zu bezeichnen? Also, sorry, aber ich kann das echt nicht mitsingen. Find ich schwierig jetzt.« Sichtlich stolz über ihre Courage blickt sie die Prüferin, eine ältere Professorin mit Kurzhaarschnitt und auffälligem großem Silberschmuck, an. Stille. »Dann setzt du aus«, sagt die Prüferin trocken und gebietet uns mit einem Nicken, dass wir bitte weitermachen sollen. »Hänschen klein«-Theresa zieht sich zurück und ist auf einmal ganz blass im Gesicht. Damit hatte sie nicht gerechnet. Sie hatte wohl Lorbeeren mit Applaus und Bestätigung erwartet.

Am Ende des Tages werden nur zwölf Bewerber*innen für den zweiten Prüfungstag zugelassen. Theresa ist nicht dabei. Ich schon und kann mein Glück kaum fassen. Am nächsten Morgen steht der Pädagogik-Teil auf dem Programm, der mir das Genick bricht. Den Gruppendiskussionen, inwieweit Theater exklusiv sein darf und was überhaupt die Definition von Kunst ist, kann ich nichts abgewinnen. Ich habe keinerlei Interesse, Schauspiel zu definieren und damit den Spielraum zu limitieren. Überhaupt will ich gar nicht diskutieren, sondern machen. Bei der Prüferin, die ausgerechnet über dieses Thema promoviert hat, wie ich später erfahre, kommt das überhaupt nicht gut an. Ich werde nicht angenommen. Scheiße! Aber ehrlich gesagt habe ich mich bei den zu tief hängenden Stoffhosenträger*innen mit Halstuch ohnehin nicht gesehen. Bevor ich gehe, treffe ich vor der Uni noch einen Schauspieldozenten, der mich am Vortag geprüft hat. Er kommt auf mich zu: »Du hast Talent. Mach das.« Mehr sagt er nicht. Dann kehrt er mir den Rücken zu, und ich stehe da im Regen in Berlin und verdaue den Ritterschlag, den ich gerade bekommen habe. Bestätigung von einem Dozenten einer staatlichen Schauspielschule zu bekommen hätte ich mir in den kühnsten Träumen nicht ausmalen können. Trotzdem muss ich die Absage und vor allen Dingen die bittere Erkenntnis, dass ich keinen Plan B habe, erst mal verarbeiten. Zuspruch trifft auf Absage, und ich hänge irgendwie dazwischen.

Meine beste Freundin Cordelia, bei der ich in Berlin übernachtet habe, tröstet mich mit den Worten: »Weißt du, Lenchen, vielleicht werden dir gerade zwei Jahre geschenkt.« Wie weise sie ist und wie recht sie hat.

Ohne Plan B kehre ich also nach Bonn zurück und lande direkt in der Premiere des Sommernachtstraums. Meine erste richtige Aufführung in einem Theater. Meine Freund*innen und meine Eltern kommen, um zu sehen, womit ich in den letzten Monaten jede freie Minute verbracht habe. Müde und resigniert stolpere ich direkt vom Hauptbahnhof ins Theater. Backstage herrscht aufgeregtes Gewusel. Es sind schon alle da, ziehen sich um, gehen ihre Texte durch und schminken sich. Als ich den staubigen Vorhang zur Seite schiebe und hereinkomme, blicken mich alle erwartungsvoll an:

»Und?«

Ich schüttele mit dem Kopf und schaue nach unten.

»Nee, aber ist auch besser so.«

Das ist jetzt wirklich ein Downer, so kurz vor der Premiere. Maya versammelt uns, hält eine rührende Ansprache und wünscht uns toi, toi, toi. Dann geht die Aufführung los, und ich genieße das Abtauchen in eine andere Welt. Urlaub von meinen eigenen Sorgen. Ich spiele Zettel, den ich nervös, unbeholfen und leicht dümmlich anlege. Und eine Elfe, die high ist. In den Proben hatte Maya mich dazu gefragt: »Did you ever smoke pot? Well, that's how you do it.« Also spiele ich eine völlig verballerte Elfe. Es macht mir solchen Spaß, und die Resonanz vom Publikum belohnt mich. Direkt nach der Premiere nimmt Maya mich zur Seite. Sie hat die Absage der UdK, meinen geknickten Zustand und jetzt die Premiere, bei der ich mehr Gas als bei allen Proben gegeben habe, mitbekommen. Sie stellt sich mir gegenüber hin, legt mir beide Hände auf die Schultern, schaut tief in meine Augen und sagt: »Du hast zu viel Talent, um das nicht zu machen.«

Meine Eltern sind gewohnt skeptisch. Als ich meiner Mutter von den Komplimenten meiner Lehrerin und der Zuschauer, erzähle, sagt sie nur: »Echt?! Das kann ich mir jetzt gar nicht vorstellen.« Erst Jahre später beginnt meine Mutter, mich für Schauspiel und die Comedy zu loben. Doch die Skepsis ist in mir manifestiert, in einer starken Stimme, die mich stets kritisiert und mäkelt. Und treibt. Mich immer wieder zu verbessern.

Ich denke, es liegt auch daran, dass ich Lob wahnsinnig schlecht annehmen kann. Ich glaube es einfach nicht. Es gibt vielleicht drei Komplimente, die ich in meinem Leben ernst nehmen konnte, und dazu gehört Mayas Satz: »Du hast zu viel Talent, um das nicht zu machen.«

Heute, mit dem nötigen Abstand, bin ich sogar froh über diese angemessene Skepsis, die meine Eltern mir mitgegeben haben. Ich habe schließlich trotzdem an mich geglaubt und wusste auch immer, dass meine Eltern das tun. Sie haben mir Bodenhaftung mitgegeben und mich davor bewahrt, den Worten anderer Menschen zu erliegen, und das ist für eine gesunde Selbstwahrnehmung wichtig. Wenn ich daran denke, wie realitätsfern manche, die mit dauernd lobenden Eltern groß geworden sind, durchs Leben gehen, bin ich froh, dass ich nicht bei jedem Kompliment denke: »Wow, ich bin wohl ein Star.« Mein Selbstbild beruht auf tieferen Dingen als auf der Meinung anderer Leute, und das ist sehr hilfreich, um nicht wie ein Fähnchen im Winde zu wehen.

Die Absage der UdK Berlin hinterlässt ein zeitliches Loch, das ich schnell flicken muss. Also schreibe ich mich für den Master in Geschichte an der Uni Köln ein, um Zeit zu gewinnen, und natürlich für das NRW-Ticket, seien wir ehrlich. Zum Glück sind die Studiengebühren wieder abgeschafft. Bis zum Semesterbeginn sind es noch einige Wochen, die ich am Schauspielhaus Bochum als Hospitantin in der Dramaturgie verbringe. Ein Versuch, mich vielleicht doch noch im Theaterbereich unterzukriegen. Mit meinem Abschluss ist das sogar möglich. Inhaltlich ist es ganz ähnlich zu dem, was ich in Literatur- und Kulturwissenschaften gelernt habe. Doch den ganzen Tag sitzen und verkopfen, das macht mich träge. Ich sitze in einem Büro mit Daniel und Maria. Maria und ich freunden uns an und quatschen viel, sie an ihrem großen Schreibtisch und ich am kleinen Hospitant*innenklapptisch, dem Katzentisch.

In meiner zweiten Woche kommt der Intendant in unser kleines Büro: »Lena?« – »Ja?« Was kommt denn jetzt? Hab ich irgendetwas falsch gemacht? Hab ich den Kopierer vielleicht doch kaputt gemacht, als ich drei Bögen Papier mit Gewalt aus dem Auszug gezerrt habe? »Komm, ich nehm dich mit auf die Probe. Den Einblick sollst du auch bekommen.« Noch bevor er seinen Satz beenden kann, springe ich auf und stoße mir den Oberschenkel vor lauter Übermut an dem Katzentisch. Doch das kann meine Freude nicht stoppen: »Juhu.« Der Intendant lacht. Wir gehen die langen Flure und vielen Treppen entlang zu einem riesigen Probenraum. Eigentlich ist es mehr eine Halle. Dort turnen schon elf Schauspieler*innen herum, und an einem langen Tisch sitzen Regisseur, zwei Regieassistenten und zwei Frauen aus Kostüm und Bühnenbild. Ich bin verliebt. In diese ganze Situation. Zurückhaltend setze ich mich auf die Treppe weit hinten und schaue zu. Ich will niemanden stören, damit ich nicht rausgeschmissen werde. Wie ein trockener Schwamm sauge ich mich voll, atme die ersehnte Theaterluft. Ich bin wie berauscht. Selbst mein Mittagessenhunger ist verschwunden und die Müdigkeit ebenso. Ich bin hellwach.

Sie proben *Der aufhaltsame Aufstieg des Arturo Ui* von Bertolt Brecht. Es ist ein Feuerwerk. Das ist das Kinderzimmer, was mein Bruder und ich uns gewünscht haben. Niemand ruft: »Nicht so wild. Ihr macht das kaputt.« Eine Schauspielerin wirft immer wieder ein riesiges Regal um, und eine andere Schauspielerin fährt in Kostüm (großer Busen und Perücke) mit dem Fahrrad über die Bühne und ruft: »Mein armes kleines Mädchen...« Wie sie da spielen, ohne Scham und Zögern. Wie mutige Kinder. Ich möchte am liebsten mitspielen.

Zu meiner größten Freude nimmt der Intendant mich immer wieder mit, auch zu anderen Proben. So lerne ich unter anderem, was eine Leseprobe ist, und stelle immer wieder erstaunt fest, dass im Probenraum alles verschwindet, was mich gerade noch gestört hat: Liebeskummer, Zukunftsangst, Hunger, Kälte, ich muss nicht mal mehr so dringend pinkeln. Es gab noch keinen Ort, an dem ich mich so leicht, so richtig und so lebendig gefühlt habe. Manchmal schleiche ich allein durchs Kostüm, durch die Säle und höre aus den Lautsprechern: »Noch fünf Minuten bis zur Vorführung.« Hier will ich mich verstecken, zuschauen und mitmachen. Eine Eintrittskarte, ohne selbst aufs Karussell zu dürfen. Doch schon das Lernen durchs Beobachten ist unbezahlbar.

Zwei Wochen später sitze ich im tristen Kölner Unigebäude und folge einer Geschichtsvorlesung. Zumindest versuche ich es. Ich kann kaum still sitzen und frage mich, was ich hier eigentlich mache. Bald schwänze ich die meisten meiner Veranstaltungen. Die gewonnene Zeit nutze ich, um meinen neuen Plan B zu verfolgen. Wo kann ich meinen Bachelor nutzen und mich sogar in irgendeiner Art ausdrücken? Radio! An der Uni erfahre ich von Kölncampus, dem Hochschulradio, bei dem man eine Ausbildung durchlaufen kann. Das ist es! Ich bewerbe mich und werde genommen. Das Programm dauert ein halbes Jahr, ich lerne zu schneiden und darf direkt auf Sendung. Uniradio eben. In den Airchecks lerne ich konstruktive Kritik kennen, die in der Schule und auch im Studium oft zu kurz kam. Da hieß es nur: bestehen oder durchfallen. Wie, ist uns egal. Hier ist die Atmosphäre locker und offen, ich bin umgeben von Leuten, deren großer Traum es ist, beim Radio arbeiten zu dürfen. Eine der älteren Mentoren erzählt uns Azubis: »Ich arbeite seit fünf Jahren darauf hin, zum Radio zu kommen. Ist superschwierig.« Ich stutze. Also, diese Geduld werde ich nicht aufbringen. Ich habe schon zu viele Abzweigungen genommen und Kompromisse gemacht. Warum soll ich es nicht einfach nach sechs Monaten probieren? Ich höre endlich auf, die Erfahrungen anderer Menschen zu meinen eigenen zu machen, und baue stattdessen auf mich selbst. Ein wichtiger Schritt. Also schicke ich meine Bewerbung ab.

Das Warten auf die Zu- oder Absage des Radiosenders beginnt. Ich jobbe in einem Café mit ätzender Chefin und gehe nur noch sporadisch zur Uni. Meine Freund*innen fehlen mir, sie wohnen mittlerweile alle in Berlin. Es ist Winter, und es ist, als gewänne eine schwere graue Wolke die Macht über mich. Zwar nagt die Absage der UdK nicht nachhaltig an mir, aber die fehlende Perspektive. Es fühlt sich an wie Abrechnungstag, und mein Konto, auf das ich eine falsche, nicht passende Währung eingezahlt habe, kennt keine Gnade, keine Alternativen. Ein bitterer Realitätscheck, der mich die Konsequenzen von einem falsch eingeschlagenen Studiengang und utopischen Träumen spüren lässt. Zu lang habe ich gewartet, Wünsche in mir unterdrückt und fleißig funktioniert, dass ich jetzt kaum noch Energie habe, mich selbst zu beflügeln und mich von keinem Hindernis entmutigen zu lassen. Ich bin gestolpert, und statt aufzustehen, bleibe ich liegen. Buchstäblich.

Ich verbringe meine Tage im Bett in meinem WG-Zimmer und finde alles scheiße. Meine Freund*innen und ehemalige Kommiliton*innen sind längst im Masterstudiengang oder in richtigen Jobs. Alle scheinen zufrieden zu sein und sich etwas aufzubauen. Ich bin 26, habe mich für die falschen Berufe qualifiziert und meinen Traum in noch unerreichbarere Ferne gerückt. Ich habe mir alles verbaut. Nachdem ich jahrelang kein Selbstmitleid empfunden habe, tue ich es jetzt umso mehr. Ich gebe auf. Dann können die mich halt alle mal.

An manchen Tagen stehe ich gar nicht erst auf, sondern sehe mir TEDx-Talks und Reden aus Harvard an und habe Endzeitstimmung. Ich habe alles falsch entschieden, bin selbst schuld und fühle mich wie die größte Versagerin, eine Loserin. Keiner in meinem Umfeld kann es nachempfinden. Nachdem ich YouTube gefühlt durchgeschaut habe, entdecke ich eine amerikanische Serie: *Girls* von Lena Dunham. Illegal streame ich die erste Folge und bin verliebt. Nicht nur, dass die Autorin, Regisseurin und Darstellerin Lena heißt, nein, sie ist auch noch wie ich von 1986, und viele der Dialoge und Erfahrungen kommen mir bekannt vor. Es ist, als hätte jemand Teile meiner Geschichte und Gedanken verfilmt. Ich fühle mich verbunden, verstanden und inspiriert. Das Binge-Watching kann beginnen. *Girls* ist das Licht, das meinen ganzen Tunnel erhellt. Ich studiere Lena Dunham, jedes Interview, jeden Film, den ich finden kann. So wie sie will ich auch schreiben und Regie führen und spielen. Und das werde ich. Natürlich nicht so fett und erfolgreich wie sie, aber das macht ja nichts.

An einem neuen grauen Tag, an dem ich mich gegen Negativität entscheide, ziehe ich als unterstützenden Stimmungsaufheller meine Wonder-Woman-Unterhose an. Harte Zeiten erfordern eben harte Maßnahmen, und wenn das eine Baumwollunterhose mit aufgedrucktem Cartoon ist, dann gibt es Hoffnung. Immer. Wonder Woman und ich laufen gerade durchs Agnesviertel, um einzukaufen, als mein Handy klingelt. Eine unbekannte Kölner Nummer. Eigentlich gehe ich da nicht dran. Wofür gibt es schließlich die Mailbox?! Doch heute ist Lena 2.0, aka Lena Wonder Woman, am Steuer, und ich nehme den Anruf mutig entgegen.

»Hi, hier Anja. Wir fanden deine Bewerbung superspannend und wollen dir daher eine Hospitanz als freie Autorin anbieten.«

Es ist offiziell: Ab heute ist die Wonder-Woman-Unterhose mein Glücksbringer.

»Hier kannst du sitzen. Der Bereich ist für alle freien Autoren. Es gibt keine festen Sitzplätze. Komm einfach früh, dann hast du einen Platz sicher«, weist mich Hannes, ein Jungredakteur in s.Oliver-Pulli, ein.

»Cool, danke«, lächele ich mit zusammengepressten Lippen.

»Ja, du kannst im Prinzip direkt loslegen, wenn ich mal O-Töne brauche, denk ich an dich. Ansonsten schlag einfach Themen vor – aktuell und relevant.«

Dann verschwindet s.Oliver-Hannes, und ich setze mich zwischen zwei freie Autorinnen.

»Hi! Ich bin Lena.«

»Hey, ich bin Katja. Ich bin schon seit zwei Jahren hier.«

Ich bin mir nicht sicher, ob sie ihr Revier markiert oder einfach Small Talk betreibt.

»Cool.« (Sidenote to myself: Das waren drei »Cool« zu viel in den letzten zehn Minuten. Unangenehm!)

»Also recherchiert ihr jetzt alle so drauflos? Und wann startest du hier morgens genau?«

»Ich bin immer ab acht da, da sind die besten Plätze noch frei, aber das Recherchieren geht natürlich früher los ... Das ist das Erste, was ich nach dem Aufwachen mache, und das Letzte vorm Einschlafen. Macht halt aber auch superviel Spaß hier, ne, wir sind hier einfach alle ein bisschen craaazzzzy.«

Das »Crazy« singt sie, und ich denke mir meinen Teil. Wirklich niemand, der wirklich crazy ist, behauptet das von sich selbst. Das sagen immer nur die Leute, die ganz normal sind und mit hoher Wahrscheinlichkeit am Auto einen Sticker mit »Abi 2005« kleben haben. Die nächsten Stunden sitze ich zusammen mit den freien Autor*innen wie Legehennen in einer Reihe, nur dass ich nichts lege. Ich gehe alle Nachrichtenseiten durch, und bei jeder Entdeckung sagt Katja: »Ah, das hat der Manu schon direkt heute Morgen eingereicht.« Um das hier zu meistern, müsste man es lieben, aber das tue ich nicht. Ich mache erst mal Mittag und hole mir fettige Pommes. Auf dem Rückweg verschlucke ich mich, weil ich rennen muss, um nicht zu spät zu kommen. Keine gute Idee, aber dafür kommt mir endlich ein guter Einfall: Atmen! Das ist relevant und immer aktuell. »Wie atmen wir richtig?« Ich bin begeistert und mache mich direkt an die Recherche. Um die Ecke finde ich eine Atemtrainerin, die ich interviewen könnte, um O-Töne einzufangen. Freudig und ein bisschen stolz gehe ich einmal quer durch das moderne WDR-Glashaus. Alles ist in Weiß gehalten, und es gibt betont modische Sitzgelegenheiten, die jedoch eher kühl und steril wirken. Büro bleibt eben Büro. Hannes sitzt auf einem Sitzsack.

»Hey, Hannes?! Ich habe ein Themenvorschlag.«

»Jau, super. Hau raus!«

»Atmen«, sage ich und ziehe meine Augenbrauen vielsagend nach oben.

»Mh?« Er schaut mich irritiert an.

»Also: Wie wir richtig atmen. Das machen wir im Alltag ja fast alle falsch, und ich habe sogar schon eine Atemtrainerin recherchiert, die ich interviewen könnte.«

Schweigen.

Hannes weiß offensichtlich gar nicht, wo er anfangen soll. Dann ringt er um Worte: »Ich finde das ja interessant, wofür du dich so begeistern kannst, aber das ist wirklich gar nicht aktuell oder catchy.«

»Was gibt es denn Relevanteres und Aktuelleres, als zu atmen?«

»Also, pass mal auf, wenn sich gestern Abend ein Prominenter in einer Talkshow verschluckt hätte und im besten Fall daran gestorben wäre, dann wär Atmen relevant und aktuell. Wir brauchen Anknüpfungspunkte.«

Irgendwie desillusioniert mich dieses Gespräch. Obwohl ich nachvollziehen kann, was Hannes meint, fühle ich mich nicht wohl damit, immer nach den Skandalen und News zu tanzen. Das ist doch auch genau der Grund, warum mir Radiohören keinen Spaß macht. Ich muss über meine Inkonsequenz lachen.

In den nächsten Wochen sitze ich zwischen den Autor*innen, recherchiere Themen, die abgelehnt werden oder mir eine Minute früher von einer Autorin weggeschnappt wurden. Es macht mir keinen Spaß, und die junge Art des Senders trifft nicht meinen Nerv. Auf mich wirkt es oft so, als würden sich die Mitarbeitenden hier ständig gegenseitig bestätigen müssen, dass sie ganz nah am Puls der Zeit sind: »Wir sind cool, oder?! Und crazy. Richtig abgefahren. Voll verrückt.« Nein, Torben, und jetzt zieh dein Kappi ab und steh zu deinem schütteren Haar.

Da es mit den Themen bei mir nicht so recht klappt, darf ich Umfragen machen. Dafür laufe ich mit Mikrofon durch die Kölner Einkaufsstraße und brauche mich kaum um Passant*innen zu kümmern, besonders junge Leute werden von dem Logo magisch angezogen.

Nach ein paar Wochen bin ich mir sicher, endlich eine Topidee zu haben. Ich ahne zwar die mögliche Kritik, aber genau wie »Atmen« halte ich es für ein wichtiges Thema. Also gehe ich vorbei an Sitzsäcken und weißen Wänden zu Hannes. »Spielplätze für Erwachsene.« Mehr sage ich nicht.

»Geil, du meinst Kletterparks, oder? Aber warte mal, da war der Frank letzte Woche schon.«

»Nee, ich meinte wirklich Spielplätze für Erwachsene. Ich glaube, die gibt es nämlich nicht, und ich halte es für einen großen Fehler, dass wir aufhören zu spielen. Also wirklich reine Spielplätze, ohne Fitnessanspruch oder Eventmarketing.«

Jetzt fasst sich Hannes an die Stirn und atmet laut aus. »Lena, unsere meisten Hörer schalten uns auf dem Weg von oder zur Arbeit ein. Mach was über die Grillwürste der Saison oder das Feierabendbier mit Geschmack.«

Frustriert gehe ich zurück auf meinen Platz.

Wenig später kommt Hannes zu uns und fragt laut in die Runde: »Wer hat Lust auf einen Selbsttest? Ab wie viel Alkohol kannst du kein Fahrrad mehr fahren?« Alle grölen volle Zustimmung. Marike, die eine Woche nach mir angefangen hat, kreischt besonders laut auf und springt hoch. »Ich, ich, ich, ich!« Sie bekommt die Reportage und fährt wenig später stolz mit Aufnahmegerät und Alkohol in den Venen im Kreis Fahrrad.

Ich bin raus! Grillwürste und Saufen, das sind einfach nicht meine Themen. Warum nur hänge ich in der A-Strecke fest? Die B-Strecke am Abend ist super, voller spannender, interessanter Themen. Da hätte ich sicherlich besser reingepasst. Mit schlechter Laune rotze ich noch einen letzten Versuch hin: »Pfeifen auf zwei Fingern für die WM.« Ich drücke auf Senden und ziehe meine Jacke an. Für heute mache ich Feierabend. Es ist zwar erst vierzehn Uhr, aber was soll's. Mein PC fährt gerade herunter, als Hannes zu mir kommt.

»Lena, du hast es verstanden. Megaidee, mit dem Pfeifen. Genau so! So machen wir das!«

»Wie? Echt jetzt?«

»Ja, das freut mich so, dass es jetzt klick gemacht hat bei dir. Und super, dass du auf zwei Fingern pfeifen kannst.«

»Ja, klar«, lüge ich eiskalt. Ich kann absolut nicht auf zwei Fingern pfeifen. Als Kind hatte ich mal eine kurze erfolgreiche Pfeifphase, nachdem ich in der Micky Mouse eine Anleitung gelesen hatte. Aber das ist schon über zwanzig Jahre her.

»Pass auf, wir machen das direkt morgen mit der Moderatorin.«

O mein Gott! Von der bin ich Fan.

»Schickst du mir bis heute Abend noch ein paar O-Töne rüber? Und dann sehen wir uns morgen um zwölf Uhr.«

»Klar.«

Ich ziehe meine Jacke wieder aus, fahre den Computer hoch und suche O-Töne, die ich zusammenschneide. Dann formuliere ich noch ein paar Fragen und gehe schließlich nach Hause, wo ich das Pfeifen auf zwei Fingern ausprobiere – erfolglos. Am nächsten Morgen schau ich mir noch ein YouTube-Tutorial an, und zumindest einmal kommt ein Ton. Die meiste Zeit aber atme ich nur laut und spucke durch die zwei Finger. Na, super.

Im Sender angekommen habe ich das erste Mal eine Aufgabe. Um kurz vor zwölf kommt Hannes zu mir und sagt: »Wir gehen direkt live, wenn du dir das zutraust?«

»Klar!«, sage ich selbstbewusst und überspiele meine größte Sorge: Bitte, bitte, lass mich das Pfeifen hinbekommen!

»Super! Viel Spaß.«

Dann sitze ich neben der Moderatorin im Studio und schwitze mein synthetisches Kleid durch. Sie ist unfassbar sympathisch und freundlich, es ist eine reine Freude und Ehre für mich.

»Noch, drei, zwei, eins«, ruft die Regie. Das rote Licht geht an, und die Moderatorin beginnt: »Heute bei uns Reporterin Lena Kupke, die uns das Pfeifen auf zwei Fingern erklärt.«

Haha, denke ich noch und antworte souverän, die Schweißflecken wachsen: »Ja, das ist supereinfach, ihr müsst nur mit den Zeigefingern ein auf dem Kopf stehendes V formen, es in den Mund legen, die Zunge ein wenig nach hinten und unten schieben, und los geht's.«

Sie probiert es, erfolglos. »Na, dann zeig du uns doch als Profi, wie das Pfeifen klingt.«

»Klar.« Ich setze an und fühle mich, als raste ich mit Karacho auf einem Fahrrad ohne Bremsen einen Berg hinunter. Bitte, lass es klappen, denke ich, während ich gespielt sicher lächle und meine Finger »gekonnt« in den Mund stecke. Dann kommt der große Augenblick: »Sch«, ist alles, was ich herausbekomme, während ich das Mikro mit einem Sprühnebel Spucke benässe.

»Oh, Lena, du kannst ja auch nicht pfeifen. Man, ey, du hast heute Morgen so auf dicke Hose gemacht.« Und damit zieht sie den Musikregler hoch, und meine Zeit ist um. Aber sie lacht, und ich stimme mit ein. Scheitern ist einfach oft amüsanter als ein reibungsloses Gelingen.

Hannes kommt zufrieden auf mich zu: »Super! Wir haben schon ganz viele Hörernachrichten bekommen. Die finden dich alle megasympathisch und das Nichtpfeifen superlustig. Gut gemacht.« Und dann hebt er die Hand für ein High five, und ich schlage ein. Einfach mal weggehighfived, den Hannes in seinem frechen T-Shirt. Das war mit Abstand mein schönste Erlebnis beim Radio. Live sprechen und dann noch mit dieser großartigen Moderatorin. Also, das könnte ich jeden Tag machen.

In der folgenden Nacht stehe ich um halb zwei nachts in Jariks WG-Küche und rede mit Amelie, die ich beim Workshop an der Studiobühne kennengelernt habe. »Du willst doch immer noch Schauspiel machen, oder?« – »Ja!« – »Da ist morgen so ein offenes

Casting, ich schick dir den Link jetzt einfach mal per Whats-App. Vielleicht hast du Lust.« – »Boah, danke. Mega! Komm, darauf stoßen wir an.« Drei Stunden später liege ich betrunken im Bett, das sich zu drehen scheint, und stelle meinen Handy-wecker auf zehn Uhr, damit ich pünktlich um elf Uhr beim Casting sein kann.

Mein Handywecker klingelt, und ich snooze. Aua, mein Kopf. Ich glaube, ich muss kotzen. Erst mal ins Bad. Fürs Duschen habe ich jetzt keine Zeit mehr, also mache ich mich kurz frisch und gehe mit schwindeligem Katerkopf zum Casting. Amelie hat mir nur die Uhrzeit und die Adresse geschickt. Ich weiß noch nicht einmal, worum es geht. Als ich ankomme, scheint das Casting schon zu laufen, denn im Flur sitzen junge Mäd-chen und Jungs und starren angespannt auf die geschlossene Tür. Die Mädchen tragen alle starkes schwarzes Augen-Make-up. Eine spricht mich an: »Auf welcher Schule warst du? Ich war auf der Folkwang.« – »Äh … auf keiner.« Abwertend schaut sie mich an: »Und dann sprichst du für die Hauptrolle vor?! Krass!« »Ja«, sage ich nur und schaue nach unten. Mein Kater ist zu stark, um eine spritzige Antwort zu liefern. Alles prallt an mei-nem dumpfen Kopf ab, und irgendwie ist das gerade genau das Richtige, weil ich mich dadurch nicht verunsichern lasse. Dann öffnet sich die Tür, und ein Mann mittleren Alters mit großer bunter Brille sieht freudig in den Flur. Sein Blick bleibt an mir hängen: »You are next«, sagt er mit amerikanischem Akzent. »Come on in.« Ich folge ihm, drinnen sitzt hinter einem Tisch noch ein weiterer etwa fünfzigjähriger Mann. »Hi. How are you?« Fragt er mich mit deutschem Akzent. »Good, actually I am having a hangover, but I'm good.« – »Aw, I like you«, sagt der Ami. Ich mache wirklich alles falsch, hake alle No-Gos für ein Casting ab: Anstatt zu sagen, dass ich mich freue, erzähle ich von meinem Kater. Außerdem bin ich unvorbereitet und un-informiert. Alles unverzeihliche Fehler, die jedoch zu meinem Vorteil werden. Ich bekomme zwei Texte in die Hand gedrückt, die ich sofort performen soll. Durch meinen Kater laufe ich erst gar nicht Gefahr, aufgedreht zu spielen, und so wird meine Darstellung authentisch. Danach muss ich das Ganze noch einmal auf Englisch spielen.

Es funktioniert, noch am selben Abend bekomme ich die Rolle. Alles ist wahnsinnig aufregend, und was besonders wichtig ist, dass ich Charlie kennenlerne. Er spielt eine Nebenrolle, und sein Gesicht kommt mir direkt bekannt vor. Natürlich! Ich habe ihn schon in zwei Stücken an der Studiobühne gesehen. Er kann mir sicherlich verraten, wie ich es schaffen kann, auch dort spielen zu dürfen. Getragen von der positiven Erfahrung und der unkomplizierten Offenheit am Set spreche ich Charlie einfach an.

»Cool! Ja, der eine Regisseur sucht gerade sogar. Ich bin auch in der Produktion. Wenn du magst, frag ich einfach mal?«

»Gerne! Danke.«

Was? So einfach soll das laufen? Ich kann es kaum fassen.

Kurze Zeit später bin ich auf dem Sommerfest der Studiobühne, um dort den Regisseur Sascha kennenzulernen. Er steht gerade im Garten am Grill und wendet Würstchen. Ich gehe zu ihm: »Hey, ich bin Lena, danke, dass ich vorbeikommen durfte.«

»Hey, freut mich! Du, ich hab gar keine Lust auf so ein klassisches Casting. Erzähl einfach mal was von dir.«

Ich berichte ein bisschen von den Kursen, die ich an der Studiobühne besucht habe, vom Sommernachtstraum, und auch meine Arbeit beim Radio erwähne ich kurz. Nach etwa fünf Sätzen unterbricht Sascha mich: »Du bist dabei! Ich vertrau Charlies Empfehlung, und ich find dich cool. Freu mich! Herzlich willkommen in der Produktion!« – »Ah, danke! Oh, ich freu mich so!« – »Ja, cool! Dann nimm dir ein Bier, da müssen wir doch drauf trinken. Die anderen sitzen da drüben. Dominik macht das Kostüm, Angela ist die Assistenz, und Charlie kennst du ja schon.« Mein Herz überschlägt sich fast, und ich bekomme mein Lächeln gar nicht mehr aus dem Gesicht. Da sitze ich nun im Garten der Studiobühne und bin Teil einer Produktion. Bald spiele ich genau auf der Bühne, auf der ich, seit ich vor einem Jahr das erste Stück gesehen habe, stehen möchte. Prost!

Kurz darauf findet die erste Probe statt. Wir drei Schauspieler*innen, Charlie, Mark und ich, sind gerade angekommen. »Macht euch schon mal warm, dann fangen wir gleich an«, ruft uns Sascha von der Zuschauertribüne zu. Warm machen? Was meint der damit? Bloß keine Panik, einfach mitmachen, sage ich mir innerlich. Ich darf auf keinen Fall auffliegen! Wie haben das die Schauspieler*innen in Bochum noch gemacht? Ach ja ... Also laufe ich ein paar Runden und mache dann einige leichte Dehnübungen. Bemüht unauffällig beobachte ich parallel, was die beiden anderen machen. Als Charlie anfängt, die Lippen zu prusten und alle Vokale durchzugehen, fällt mir eine Übung vom Radio ein. Ich werfe den Kopf in den Nacken und stöhne ein hohes »Oh« aus, bis ich den Kopf auf die Brust sinken lasse und aus dem hohen »Oh« ein dunkles »Ja« wird. Eine Übung zum Einpendeln, um eine Kopfstimme zu vermeiden. Niemand stört sich an meinen orgasmusähnlichen Sounds, und das gefällt mir sehr. Ich weiß nicht, wie, aber ich mogle mich unbemerkt durch alle Warm-ups. Ist das das Erwachsenenleben? Durchbluffen? Ich lerne die Lektion immer öfter: Souveränität bei Ahnungslosigkeit auszustrahlen gehört zum Älterwerden dazu. Still lächele ich in mich hinein und denke an mein vierzehnjähriges Ich, das bei Dr. Kessler schon souverän vorgab, jede Nacht die Zahnspange zu tragen.

Die Proben sind anstrengend, aber machen riesigen Spaß. Damit ich stimmlich mit den Männern mithalten kann, bekomme ich Sprachtraining, um mein volles Volumen auszuschöpfen. Schließlich will so eine Theaterbühne gut gefüllt sein. Stark und voll reden zu können, Raum einzunehmen hilft mir später auch privat. Auf der Bühne gibt es keinen Platz für Selbstzweifel, die müssen überspielt werden. Auch das nützt mir einige Male in anderen Bereichen.

Die Premiere ist ein Erfolg, und wir werden für den Kölner Theaterpreis nominiert. Der Anspruch und der Inhalt von Theater in Kombination mit freiem Ausdruck und Kreativität ziehen mich in ihren Bann. Ich verbringe meine Zeit nur noch dort. Zum Radiosender gehe ich seit Probenbeginn nicht mehr.

Auf mein erstes Stück folgen nahtlos zwei weitere. Ich habe Glück, dass alle bezahlt werden. Natürlich reicht es nicht, um meinen Lebensunterhalt komplett zu bestreiten, weswegen ich parallel Englisch unterrichte, privat und an der Volkshochschule. Unvorbereitet, aber mit guter Stimmung mogle ich mich auch hier durch. Außerdem fange ich an, am Empfang von einem Yogastudio zu arbeiten, um die teuren Gebühren für die Kurse zu umgehen. In der VHS sammele ich lustige Anekdoten, und im Yogastudio tauche ich ganz in diesen sehr speziellen Kosmos ein. Während mich die VHS nervt, mag ich den Yogakosmos, auch wenn mir dort Selbstironie und Selbstkritik fehlen.

Ich fahre nicht in den Urlaub und lerne, mit wenig auszukommen. Das bedrückt mich, aber nie im Leben würde ich meinen Alltag gegen einen abgesicherten Bürojob eintauschen. Also bleibe ich in meiner feuchten, dunklen Miniwohnung und arbeite rund um die Uhr.

Das Theater verzaubert mich so, dass ich Lust bekomme, meine eigenen Stücke zu schreiben und zu inszenieren. Doch ich habe keine Ahnung, wie. Das Gefühl ist ganz ähnlich wie damals, als ich das erste Theaterstück in der Studiobühne sah und dachte: »Das will ich auch machen. Nur wie?« In der dritten Theaterproduktion zeigt sich ein Weg. Ich darf eine Minipassage selbst schreiben, verlasse mich auf mein Bauchgefühl und verfasse kurzerhand eine Parodie auf *Sturm der Liebe*. Ein kurzer Monolog: »Robert war heute Morgen so süß zu mir. Wie er mir die Croissants ans Bett gebracht hat mit extraviel Butter. Ich muss endlich anfangen, ihm zu vertrauen. Aber wann findet er nur den Mut, zu mir zu stehen und Alexandra zu verlassen?

Nur, weil sie jetzt blind ist und ich seine Halbschwester bin. Dani hat recht. Ich muss endlich anfangen, ihm zu vertrauen. Und bis ich Robert für mich habe, habe ich ja immer noch Croissants mit extraviel Butter.« Die Passage wird zur lustigsten Stelle im ganzen Stück, und meine Idee ist geboren: Ich will ein Format daraus entwickeln. Endlich zahlen sich die zehn Jahre zuschauen aus. Mittlerweile habe ich mir beim Leiter der Studiobühne Respekt erarbeitet. Das lässt er mich ganz unverblümt wissen: »Erst dachte ich: ›Wieder so eine Schauspielerin, eine von vielen‹, aber du hast was. Da ist etwas Besonderes.« So stimmt er gleich zu, als ich ihm meine Idee pitche. Für das Fünfzehnminuten-Festival an der Studiobühne schreibe ich die erste kurze Folge meine Theatertelenovela und spiele sie zusammen mit meiner liebsten Schauspielfreundin Victoria. Das Publikum kreischt vor Lachen und applaudiert im Stehen. In der nächsten Mitgliederversammlung darf ich daher mein Konzept für weitere Folgen vorstellen. Die Besetzung ist für mich direkt klar: Victoria und ich spielen weiterhin die Hauptrollen. Zusammen sitzen wir in der Runde, während ich meine Idee verkaufe. Per Handzeichen wird abgestimmt. Reiner Nervenkitzel. Ohne ein Zögern gehen alle Hände in die Höhe. Ich atme auf und kann mein Glück kaum fassen: Ich darf inszenieren. Da ich es als Serie anlegen möchte, bekomme ich direkt sechs Programmplätze. Für ein halbes Jahr darf ich jeden Monat eine neue Folge meiner Theatertelenovela aufführen. Wahnsinn. Ich werde permanent im Spielkalender der Studiobühne stehen. Von der schüchternen Schauspielerin, die sich durchmogelt, werde ich zur Chefin, die ein komplettes Team zusammenstellen muss, Entscheidungen trifft, Kostenpläne und Probenpläne erstellt und sechs Theaterstücke schreibt, bei denen sie selbst Regie führt. Vor zwei Jahren saß ich noch auf den Zuschauerbänken und habe mich gefragt: »Wie schaffe ich es, dass ich da auch mitspielen darf?« Jetzt bin ich genau dort angekommen und habe noch dazu Herzensfreund*innen gefunden. Ich bin glücklich.

Am Anfang geht vieles schief, Leute springen ab, Kostüme gehen kaputt, Bühnenbildmaterialien sind schwierig zu beschaffen, doch nichts davon schmälert meine Freude und meinen Willen. Jedes »Nein« sehe ich als Chance, ein passenderes »Ja« zu suchen. Es funktioniert. Die ganzen Oprah-Winfrey-Videos, die ich mir in meinem Tief rauf und runter geschaut habe, kommen zum Einsatz: Jedes Nein ist ein Ja in die richtige Richtung, und würde ich das laut aussprechen, müsste ich über mich selbst die Augen verdrehen und lachen. Doch so bekomme ich das beste Team der Welt und bin ziemlich zufrieden.

Die Theatertelenovela nenne ich *Orkan der Gefühle*, und sie bekommt sogar dank Henning, dem Tontechniker und Musiktalent, einen eigenen Titelsong. Neben Victoria und mir gibt es immer eine dritte Gastrolle. Jeden Monat schreibe ich ein neues Stück, caste den Gast, probe mit den Schauspieler*innen und führe das Stück auf.

Jede Vorstellung ist ausverkauft, über sechs Monate. Es ist trashy und humorvoll, und ich schreibe alles, was ich immer spielen wollte. Endlich bin ich nicht mehr abhängig von Regisseur*innen und Produzent*innen.

Zu keinem anderen Zeitpunkt meines Erwachsenenlebens bin ich so schnell so sehr gewachsen wie im *Orkan der Gefühle*. Ich habe einfach gemacht. Souveränität bei Ahnungslosigkeit eben. Wenn du etwas wirklich willst, dann tue es einfach. Warte nicht darauf, abgeholt zu werden. Der Sprung ins kalte Wasser hat mir bei meiner Entwicklung immer geholfen.

In diesem Sinne hier der Veranstaltungstext zur dritten Folge:

Willkommen zur dritten Folge der brandneuen Theatertelenovela *Orkan der Gefühle*.

Überlebt Robert die Folgen seines Fallschirmabsturzes? Verkraftet Nina all das Drama? Und rutscht Dani in die Alkoholsucht?

Schaut zu, wie das verrückte Partyflittchen Dani versucht, ihre beste Freundin, die süße Blumenfee-Nina, auf andere Gedanken zu bringen, und welche Rolle dabei der mysteriöse Zauberer spielt.

Mit *Orkan der Gefühle* wird eine Telenovela von der Mattscheibe auf die Theaterbühne gebracht, die sich zwischen Hommage und Parodie bewegt. Lacht und leidet mit Nina und Dani und erlebt den Orkan der Gefühle mit je einer neuen Folge am 1. Montag und Dienstag des Monats! Einstieg jederzeit möglich!

Die Hoffnung stirbt zuletzt. What is meant to be will always find a way.

Stand-up-Comedy, meine On-off-Beziehung, und warum eine Krankschreibung manchmal die beste Entscheidung ist.

Es ist zwei Uhr nachts, und ich liege wach. Mein Geist ist unruhig und rattert. Was könnte in meinem nächsten Theaterstück passieren? Welche Dialoge möchte ich schreiben? So schnell die Gedanken durch meinen müden Kopf fliegen, so träge liegt mein Körper im Bett. Schließlich lande ich in einer scheinbaren Endlosschleife auf YouTube. Immer wieder sehe ich mir Videos von Amy Poehler, Lena Dunham und Kristen Wiig an, jeden Sketch, jedes Interview. Amy Poehler ist über die letzten Monate meine Inspiration geworden. Klug, kreativ und beeindruckend teilt sie ihre Gedanken, schreibt eigene Serien, Filme und spielt in ihnen die Hauptfiguren. In dieser Nacht aber taucht in der Seitenleiste plötzlich noch eine Amy auf. Amy Schumer mit Stand-up-Comedy. Neugierig klicke ich drauf, ahnungslos, was mich genau erwartet. Nach wenigen Minuten bin ich gefangen und gefesselt von Amys Direktheit, Schonungslosigkeit, von der Kunst, Tatsachen und Tabus witzig und unterhaltend zu verpacken. So offen über Privates zu performen, das würde ich mich nie trauen.

Wer sind diese Frauen, die selbstverständlich Raum einnehmen, die Realität abbilden oder überspitzen und so witzig und schlau unterhalten? Sie ziehen mich an und inspirieren mich. Wie sieht das eigentlich in Deutschland aus, in der Stand-up-Comedy? Klar, Caroline Kebekus kenne ich, aber wen gibt es da noch? Mit diesen Fragen lande ich irgendwann im NightWash-YouTube-Kanal. Ein Kosmos, der mir neu ist. Wie viele Künstler*innen es dort gibt und wie wenig davon Frauen sind! Wo sind da die Themen aus meinem Freundeskreis, meinem Umfeld? Trotzdem mag ich die Atmosphäre im Waschsalon, alles sieht lässig aus und scheint freundschaftlich. Bis auf die YouTube-Kommentare. Doch die sind noch bedeutungslos für mich. Irgendwann wird mir ein Video vom NightWash Talent Award angezeigt. Neugierig google ich den Wettbewerb. Jeder kann sich bewerben, es braucht nur ein Video, und der Waschsalon ist sogar in Köln. Mmh, denke ich, belasse es aber dabei und schlafe mit meinen Freundinnen, den Amys, ein.

Am nächsten Morgen denke ich nicht weiter darüber nach. Stand-up-Comedy wohnt im hintersten Teil meines Kopfes. Es ist nämlich nichts für mich. Mir wäre das viel zu privat, und allein mag ich auch nicht auf der Bühne stehen, schließlich liebe ich Teamarbeit und vor allen Dingen meine Schauspielfreundin Vicky.

Je länger ich im freien Theater arbeite, desto mehr sehne ich mich dann doch nach finanzieller Absicherung. Mein Ehrgeiz, mehr zu schaffen und weiterzukommen, treibt mich zwar an, aber ich bin unzufrieden, wenig Geld zur Verfügung zu haben. Meine Eltern müssen mir oft aushelfen, was sehr an mir nagt. Ich arbeite so viel, und trotzdem reicht es nicht. Die Geldsorgen rauben mir Nerven und Schlaf. »Du musst immer weiterstrampeln. Wenn du nichts machst, passiert nichts. Wie im Hamsterrad«, fasst mein Vater meine Situation passend zusammen. Meine Mutter sorgt sich: »Warum hast du dir so etwas Anstrengendes ausgesucht? Du brauchst ein bisschen mehr Ruhe. Als Kind warst du so schön ruhig. Jetzt bist du immer rastlos.« Was soll mir auch Rast bieten? Ich habe verstanden, dass ich beruflich alles selbst stemmen muss. Niemand nimmt dir etwas ab, keine Entscheidung, keinen Tagesablauf, keine Struktur. Damit komme ich zwar gut zurecht, aber mir Auszeiten, freie Tage, freie Wochenenden zu gönnen schaffe ich nicht. Wann und wie viel Geld ich überwiesen bekomme, kann ich nie vorhersehen. Das ist nervenzehrend und die Kehrseite der Freiheit.

Während Freund*innen Festanstellungen annehmen, sich Möbel kaufen, Urlaube planen und Geschenke springen lassen, verreise ich jahrelang nicht, kaufe keine Möbel und habe wenig Klamotten. Meiner Zufriedenheit über meine Arbeit tut das keinen Abbruch, aber es nervt. Ab und zu ruft die Bank an und ermahnt mich: »Sie sollten etwas zurücklegen.« Irgendwann bin ich so sauer und antworte: »Wovon denn?« Danach rufen sie nicht mehr an. Eine Schauspielfreundin, die zehn Jahre älter ist und permanent in Engagements steckt, sagt mir irgendwann weinselig: »Wenn ich jetzt in Rente müsste, hätte ich einen Anspruch von 36 Euro.« Sie lacht und nimmt den nächsten großen Schluck. Scheiße. Die freien Theater in Köln sind voll von schlauen, couragierten Menschen, die wertvolle Arbeit leisten. Mit frischen und interdisziplinären Ansichten. Keine Menschen, die um sechzehn Uhr den Bleistift fallen lassen. Sie ackern das Jahr durch und bekommen kaum finanzielle Wertschätzung. Kein Wunder, dass der schreckliche Ausdruck »brotlose Kunst« so tief verankert ist.

Schließlich kosten mich die finanziellen Sorgen so viel Energie, dass ich nach Sicherheit strebe und mich dazu entscheide, eine Bewerbung als Storylinerin fürs Fernsehen abzuschicken. Das Format, für das gesucht wird, ist eine grauenvolle Scripted-Reality-Sendung. Die TV-Produktion sitzt in einer Vorstadt von Köln, direkt neben einer Wurstfabrik. Schon beim Bewerbungsgespräch schreit alles in mir »Nein«. Meine Mutter rät mir, auf meine Intuition zu hören, doch ich muss endlich mal die Gewissheit haben, dass am Ende des Monats ausreichend Geld auf meinem Konto ist. Als ich die Zusage für zunächst ein halbes Jahr bekomme, nehme ich an und betrete die Hölle. Jeden Tag fahre ich mit der Bahn raus aus der Stadt, sitze neben Kolleg*innen in einem hässlichen grell beleuchteten Büro und atme Wurstabfallluft ein. Bei jedem Lüften und selbst bei verschlossenen Fenstern sickert der Fleischgeruch in das riesige Bürogebäude. Irgendwie passt es, und ich sehe hier ein weiteres Kapitel im ironischen Drehbuch meines Lebens und ein Zeichen, dass ich absolut fehl am Platz bin. Ich fühle mich ähnlich wie in der Schule eingesperrt.

Wir sind zwölf Storyliner*innen, die die Folgen schreiben. Unsere Aufgabe lautet: Erfindet möglichst viele Katastrophen, Krankheiten und Grausamkeiten und schreibt sie nieder. Eine Arbeit, die viele von uns krank machen wird. Neun Stunden pro Tag recherchieren wir Unfälle und Gewalttaten, um Material zu haben. Anfangs versuche ich, das Beste daraus zu machen, bei sanften Fällen zu bleiben und den Figuren sprechende Rollennamen zu geben. Nur für mich. Um mich bei Laune zu halten. Meine Folgen gehen zunächst durch, doch nach und nach verlangen die Chefs härtere Scripts. Ich soll einen Fall über Kindesmissbrauch schreiben. Das erste Mal in meinem Leben bekomme ich einen Zahnpilz. Ich bin mir sicher, dass es an der Arbeit liegt. Natürlich will ich nicht verdrängen oder ignorieren, dass so grausame Tatsachen wie Kindesmissbrauch in unserer Welt Realität sind, aber die skrupellose Instrumentalisierung für eine Fernsehshow widert mich an. Es geht nicht um Journalismus oder Aufklärung, sondern um Clickbaiting und Quoten.

An einem Mittwoch werden wir alle zu einer riesigen Konferenz gerufen. Der Sender ist extra 600 Kilometer angereist, um uns eine »Zuschauersafari« zu präsentieren. Ich halte den Titel und die Einführung zunächst für Ironie und bin amüsiert, in einem realen Olli-Dittrich-Sketch zu sitzen. Doch schnell vergeht mir das Lachen und wird abgelöst von Entsetzen. Völlig ironiefrei stellen die zwei Typen vom Sender, eine Frau und ein Mann, uns die PowerPoint-Präsentation von Zuschauer*innen, die sie zu Hause besucht haben, vor: »Das waren ganz schrecklich arme Menschen, aber die Wohnung war gar nicht schmuddelig. Also, ganz herzallerliebst hat die Frau noch gebügelt, und hier, da sehen wir, wie sie auf dem Bett liegt. Im Jogginganzug natürlich. Also ganz arme Menschen, aber nett. Gut, trinken wollten wir da trotzdem lieber nichts, haha.« Dabei zeigen sie uns Fotos von Menschen in Positionen und aus Winkeln, die die Menschen entwürdigen. Für so einen Scheißverein will ich sicher nicht arbeiten.

Meine Folgen werden schlechter, und ich verbringe die Arbeitstage damit, aus dem Fenster zu starren und mir Serien, Lieder und Videos anzusehen, die mich an mich und meine Werte erinnern. Alles, was ich vor Ort nicht schaffe, muss ich abends zu Hause nachholen, aber das ist mir immer noch lieber und wird zu meiner Selbstschutz-Strategie. Ich schreibe diese schrecklichen Geschichten lieber in der Geborgenheit meines Betts als neben der Wurstfabrik und in Gesellschaft von Menschen, die sich an Leid und Tragik erfreuen. Da ich mich weigere, gewisse »Register« zu ziehen, werden meine Geschichten bald kritisiert. Ich scheine nicht die Einzige zu sein, die unglücklich ist, denn es gibt so viele Krankmeldungen, dass die Chefetage nun schon ab dem ersten Tag und nicht wie im Vertrag festgelegt ab dem dritten Tag ein ärztliches Attest einfordert.

Das einzig Gute an dem Job ist die finanzielle Sicherheit. Dank ihr schlafe ich nachts besser und ruhiger. Ich kann mir endlich etwas gönnen: gutes Essen, Klamotten, und wenn ich mit Freunden ausgehe, bestelle ich ohne Bauchschmerzen und muss nicht verzichten. Ich gehe viel ins Theater. Doch als ich an einem Abend auf einem Rainald-Grebe-Konzert bin, fühle ich mich wie die größte Verräterin und bin mir selbst fremd. Was mache ich da nur für einen Dreck? Ich hab so gute Sachen erschaffen, womit ich Fröhlichkeit in die Welt geben konnte, und jetzt? Ist das der Preis für Geld? Bin ich jetzt ein Arschloch?

Schließlich halte ich es nicht mehr aus und gehe zu meiner Hausärztin. Sie schreibt mich für eine Woche krank, und diese Woche soll mein Leben ändern. Ich verlasse ihre Praxis mit gefühlten zwanzig Kilo weniger Ballast und imaginären Flügeln, die mich nach Hause tragen. Schnell springe ich noch beim Supermarkt rein und kaufe mir alles, was ich haben will. Nur zehn Minuten später liege ich in Chill-Klamotten im Bett, habe sämtliche Snacks um mich herum ausgebreitet und starte meinen Lieblingsfilm *Bridesmaids*, als mein Handy summt: »Hey Schnucki, steht unser Open-Mike-Date für heute Abend noch?« Shit, die Verabredung mit Amelie hatte ich ja total vergessen. »Lust habe ich auf jeden Fall, aber ich habe mich gerade krankschreiben lassen (mir geht's gut!). Und Köln ist ja bekanntlich ein Dorf ...« – »Ach, ist doch schon dunkel, wenn wir uns treffen, und in der Bar ist es sicher schummrig.« – »Stimmt. O. k., cool. Freu mich! Bis später, Küsse ohne Zunge.« Super, das ist das wohl schönste Krankfeiern meines Lebens. Ich kuschle mich ein und genieße Kristen Wiig.

Am Abend sitzen Amelie und ich dicht gedrängt auf Bierbänken in einem dunklen und feuchten, schlauchförmigen Keller. Es riecht modrig, und die Atmosphäre vibriert. Wir haben das Glück, noch Sitzplätze zu bekommen. Nachdem ich mich unauffällig auffällig umgesehen habe, bin ich sicher, dass hier niemand ist, der jemanden kennt, der jemanden kennt, mit dem ich arbeite. Und selbst wenn, schließlich hasse ich den Job, und mein Vertrag läuft in wenigen Wochen ohnehin aus, also kann ich mich auch entspannen.

»Ähm ... gerade hat ein Künstler für heute Abend abgesagt. Wenn also spontan jemand aus dem Publikum will? Es ist ja jetzt ein Platz frei geworden. Fühlt sich jemand spontan berufen?«, fragt der Moderator zwei Minuten vor Showbeginn ins Publikum. Er lacht und glaubt offenbar nicht, Erfolg mit seiner Frage zu haben. Doch Amelie sieht mich direkt entschlossen an und fragt: »Willst du?« – »Ja!«, nicke ich, ohne groß nachzudenken, sogar ohne einmal durchzuatmen. Noch geschockt von meiner Antwort bin ich zu langsam, um selbst aktiv zu werden. Amelie hebt entschlossen und gut sichtbar ihren Arm: »Hier, hier ist jemand.« Alle drehen sich zu der Stimme aus dem Nichts um. Auch der Moderator reagiert höchst überrascht: »Wirklich jetzt?« – »Ja, Lena will.« Und dabei zeigt Amelie auf mich, während ich verlegen lächle und rot werde. »Jetzt kannst du endlich mal Stand-up-Comedy ausprobieren.« Amelie scheint völlig überzeugt und sicher zu sein.

»Das kann ich doch gar nicht! Ich hab doch gar nichts vorbereitet, und ich hab das doch noch nie gemacht.« Ratlos schaue ich sie an.

»Egal! Dann probierst du das jetzt einfach. Hier ist doch niemand, den wir kennen.«

Es sind genau diese »Scheiß drauf«-Einstellung und dieser Schubs, von dem ich nicht wusste, dass ich ihn brauche, der mich aber mitmachen lässt.

»Super, Lena … Du bist dann in der zweiten Hälfte dran«, ruft der Moderator mir zu. »O. k.«, sage ich und versuche, möglichst selbstsicher und lässig zu klingen. Gar kein großes Ding, haha, belüge ich mich selbst. Dann beginnen meine Gedanken zu rattern, und ich tippe wirre Stichworte in meine Notizen-App. Was kann ich nur erzählen? Ohne Text und dann noch ganz allein auf der Bühne? Ach, du Scheiße, was habe ich mir da eingebrockt? »Okay, am besten fang ich mit was aus dem Orkan an? Ich nehme einfach einen Monolog, und dann improvisier ich mit unterschiedlichen Frauenfiguren, oder?« – »Ja, das ist super. Mach das so! Das wird gut.« Amelie ist die beste Mutmacherin der Welt. »Und schlimmer als das da kann es nicht werden.« Dabei nickt sie nach vorne zur Bühne, wo gerade ein Mann Mitte fünfzig mit Gitarre sitzt und aus seinem wirklich traurigen Tagebuch vorsingt. Richtig: nicht vorliest, sondern vorsingt. Er schafft es, keinen Ton zu treffen, weder stimmlich noch instrumentalisch. Das gibt mir Hoffnung. Auch, wenn es mies ist.

Und dann habe ich mit zittrigen Beinen meinen ersten Stand-up-Auftritt. Der Monolog am Anfang gibt mir etwas Sicherheit für die folgende Improvisation. So ohne Plan fühle ich mich zwar wohl, aber unsicher auf der Bühne. Doch sobald ich anfange, bin ich ganz im Moment. Als die ersten Lacher kommen, fühle ich mich wie eine Surferin, die eine gute Welle reitet. Nicht, dass ich jemals auf einem Surfbrett gestanden hätte, aber ich bin im Flow: Adrenalin ist wirklich eine wirksame Droge. »Danke«, beende ich meinen Auftritt und ernte Applaus, der mir nach den beschissenen letzten Monaten wie Honig herunterfließt. Mmh, davon will ich mehr. Nicht vom Applaus, aber von dem Lachen. Aufgedreht und euphorisiert setze ich mich wieder auf die Bierbank neben Amelie, die mich direkt umarmt. Instinktiv wissen wir beide, was gerade passiert ist. Eine neue Tür hat sich geöffnet, eine neue Idee ist entstanden, durch das liebevolle und pragmatische Zutrauen meiner Freundin und durch einen Zufall. Danke an dieser Stelle an den Künstler, der abgesagt hat.

Noch Stunden später fühle ich mich energiegeladen und voller Schwung. Ich muss unbedingt direkt wieder auftreten. Also schreibe ich nachts um halb eins den Veranstalter von Kunst gegen Bares in Köln an. Am nächsten Tag wache ich mit folgender Nachricht auf: »Für Mittwoch hat jemand abgesagt, den Platz kannst du haben.« Was ist das für ein Glück? Normalerweise wartet man monatelang. Ich stehe sofort auf und schreibe mein erstes Zehn-Minuten-Set. Weil ich noch gar nicht weiß, was ein »Set« überhaupt ist und dass Stand-up-Comedy sich live auf der Bühne entwickelt, verfasse ich mehr oder weniger einen Theatermonolog. Drei Tage später stehe ich im Artheater auf der Bühne und »performe«. Amelie sitzt im Publikum und filmt mit dem Handy. Es ist eine Mixshow unterschiedlicher Kunstformen – Musik, Comedy, Poetry-Slam, Theater, und es läuft gut für mich. Ich erzähle noch nichts allzu Privates, und es ist mehr Rollenspiel und Sketch als Stand-up-Comedy. Ich reagiere noch nicht spontan aufs Publikum. Es sind die ersten Schritte, und die beflügeln mich. Vor allen Dingen nachdem ich seit Monaten in meinem Vollzeitjob den ganzen Tag ruhig auf einem unbequemen Stuhl sitzen muss und meine einzige Eigenleistung darin besteht, Auftragsdrehbücher zu schreiben, die mir missfallen. Jetzt schreibe und zeige ich endlich wieder etwas ganz Eigenes, und das tut so gut. Wie im Theater, nur dass die Produktionswege hier viel kürzer sind. Es braucht kein Engagement, kein Theater, keine Finanzierung, kein Ensemble, keine Casterin, keine Produktionsfirma, es braucht nur mich – und diese Schnelligkeit liebe ich. Nicht nur aus Ungeduld, sondern auch wegen all der Jahre, in denen ich auf der Stelle getreten bin, sehe ich kaum Raum für zeitliche Toleranz. Now or never. Stand-up-Comedy ist daher auf ganz pragmatische Weise attraktiv für mich, und so plumpse ich glücklich auf den Stuhl neben Amelie. Puh, mein erster Auftritt, das wäre geschafft. Nach der Show kommen ein, zwei Stand-up-Comedians auf mich zu, die schon länger dabei sind, loben meinen Auftritt und geben mir direkt Adressen von Open Mics, die auf Comedy spezialisiert sind. Abgefahren, ich wusste gar nicht, dass es so etwas gibt. Es ist, als öffnete sich eine Luke in eine Untergrundwelt, von der ich noch nicht mal wusste, dass sie existiert.

Ich bin so angefixt, dass ich im Rausch noch nachts das Video als Bewerbung für den NightWash Talent Award losschicke. Durch die Anonymität des Internets traue ich mich, mein Video tatsächlich abzuschicken, und damit lege ich meine neue Route fest. Meine Zielscheibe ist aufgehängt, und in der Mitte hängt Stand-up-Comedy.

Rückblickend denke ich, dass ich allein durch den *Orkan der Gefühle*, meine Theatertelenovela, das nötige Selbstbewusstsein hatte, einfach zu machen und mich zu trauen. Wie oft sah es kurz vor der Premiere so aus, als würden wir nicht rechtzeitig fertig werden, und am Ende stand dann doch immer alles.

Nach der Woche, in der ich krankgeschrieben war, kehre ich im wahrsten Sinne gesund zur Arbeit zurück. Getragen von einem heimlichen Plan, der mich stärkt und sortiert. Ich habe keinen Ehrgeiz, meinen auslaufenden Vertrag zu erneuern, und das spiegelt sich in meinen lieblosen Storybüchern wider. Also wird mein Vertrag nicht verlängert, und seltsamerweise bin ich froh, dass ich daher nicht aktiv kündigen muss. Ich habe gerade keine Lust auf Auseinandersetzung mit diesen Leuten, noch sehne ich mich nach Genugtuung, ich will hier einfach nur smooth raus. Nadja, meine Vorgesetzte, beugt sich zu mir herunter, als sie die Entscheidung verkündet. Ich rieche Nikotin und Kaffee und schaue in ihr solariumgebräuntes Gesicht, das sie zu einer Grimasse verzieht, die Mitleid ausdrücken soll: »Lena ist doch mehr Theater.« Ich denke, na, das ist doch mal ein Kompliment, und die schönste Art, »gekündigt« zu werden. Außerdem waren mir Menschen, die Anwesende in der dritten Person ansprechen, schon immer suspekt.

Meine nun frei gewordene Zeit investiere ich in meine Zukunft. Dank der zugesteckten Adressen kann ich die paar Open Mics für Stand-up-Comedy, die es in NRW gibt, anschreiben und bekomme schnell Termine. Ich lerne nach und nach Comedians kennen, fast ausschließlich Männer, beziehungsweise Jungs in Jogginghosen und mit Käppis, und bin ganz erstaunt von dieser Parallelwelt. Bisher dachte ich, dass ich schon viel aus dem Kölner Kulturleben kennen würde. Doch es ist wie immer: Erscheint einmal etwas Neues im Wahrnehmungshorizont, taucht es plötzlich von allen Seiten auf. Ich sehe und höre nun überall von Stand-up-Comedy. Auf der Bühne werde ich mutiger, freier und spontaner. So zurückhaltend ich privat bin, so schlagfertig bin ich bei meinen Auftritten. Beim Small Talk im Supermarkt werde ich rot und verlegen, mit Mikrofon in der Hand werde ich extrovertiert und souverän.

Nach meiner dritten Performance, bei einem Open Mic in einer Kölner Kneipe, kommt eine Redakteurin von RTL auf mich zu, die mich für eine neue Show casten möchte. Außerdem meldet sich ein großes Management, das sich mit mir zum Frühstück treffen möchte. Aus der RTL-Show wird zwar nichts, aber für das Frühstück mit den zwei Männern des Managements bekomme ich bald einen Termin. Die Neugierde lässt mich zusagen. Ich esse ein belegtes Brot für satte zwölf Euro, trinke einen Ingwertee für vier Euro und stehe Rede und Antwort. Das Ganze wirkt wie ein einziges Verkaufsgespräch, was es in Wahrheit ja auch ist. Möchten Sie das Produkt Lena Kupke kaufen, und möchte Lena Kupke Ihnen vertrauen? Das sind die Fragen, die auf unserem kleinen, runden Frühstückstisch liegen, der eindeutig zu eng bemessen ist für drei Personen. Und auch das spiegelt schon die Metaebene. Die zwei Männer fordern mich nonverbal zu »kessen« Sprüchen raus, schließlich bin ich auf dem Prüfstand. »Ist sie wirklich funny und schnell?« Die beiden Hobby-Fußballspieler meinen, dass ich »ordentlich Pfeffer unterm A****« habe (natürlich als Kompliment gemeint, *zwinker, zwinker*) und dass ich, sollte ich keine anderen Pläne haben und mich voll auf die Comedy konzentrieren, die nächste Carolin Kebekus werden könnte. Mir bleibt das Brot fast im Hals stecken. Da haben die Jungs wohl einige Schritte übersprungen. Warum muss eigentlich Carolin Kebekus als einzige Schablone für weibliche Comedy instrumentalisiert werden? Und warum muss es überhaupt diese Vergleiche geben? Mein ganzes Bauchgefühl sagt Nein, doch ich lasse mir noch nicht in die Karten schauen. Nicht aus Souveränität, sondern aus Unsicherheit, wie ich dieses Frühstück, das einem ganz unangenehmen Date ähnelt, nett beenden könnte. Dass ich unbedingt nett bleiben möchte, nervt mich selber, diktiert mir aber meine höfliche Erziehung. Eigentlich sollte ich einfach aufstehen und sagen: »Tut mir leid, das passt nicht. Aber danke für das teuerste belegte Brot meines Lebens. Tschüss!« Den Mut habe ich nicht, also bleibe ich sitzen und trinke meinen Ingwertee aus, der noch viel zu heiß ist und dessen kantiges Holzstäbchen (der Ingwer muss schließlich aufgespießt sein) mir bei fast jedem Schluck beinahe ins Auge sticht. Dann ist das Ende nah. Thomas und Thorsten zahlen fürs Frühstück, ich verabschiede mich und fahre mit meinem Fahrrad nach Hause. Die nächste Carolin Kebekus?! Die spinnen! Wie unseriös kann man denn sein?!

Dieses Gespräch trägt dazu bei, dass mich die Comedy-Szene nach nur drei Monaten hauptsächlich nervt. Die Open Mics sind voller lauter, nerviger Jungs und Männer, die sich permanent batteln und einen abgraben. Wer ist schneller, witziger und erfolgreicher? Ein nicht enden wollender Schwanzvergleich. Lasst mich in Ruhe. Doch es sind nicht nur die anderen Comedians und das ganze Drumherum, das mich stört. Ich gefalle mir nicht mehr auf der Bühne, ich werde zynisch und sarkastisch und entferne mich von meiner kindlichen Freude. Das Theater, mein Team dort, Menschen, mit denen ich auf einer Wellenlänge bin, und meine Freund*innen fehlen mir. So passend, wie ich mich besonders im *Orkan der Gefühle* gefühlt habe, so unpassend fühle ich mich in der Stand-up-Comedy. Ich habe das Gefühl, dass ich mir für diesen Kosmos einen Schutzschild, eine Distanz schaffen muss, die jedoch zu meiner eigenen Entfremdung führt. Es ist nicht tragisch, noch landet kein Video von mir für immer im Internet, aber ich bin vor jedem Auftritt traurig und schlecht gelaunt. Wie ein bockiges Kind muss ich mich selbst motivieren, mir etwas zurechtlegen, um dort hinzugehen und zu spielen. Es macht mir keinen Spaß.

Die anfängliche Euphorie ist verflogen. Ich vermisse die Teamarbeit, ich vermisse einen Gemeinschaftsgeist, ich vermisse den Zauber vom Theater, wenn alle Beteiligten zusammenkommen, jeder sein Bestes beisteuert und etwas Wundervolles entsteht. In der Comedy kämpft jeder für sich. Ständig bin ich allein in zugigen Backstages und schütze mich vor der Kälte, den Anmachsprüchen und Angebereien der »Kollegen« mit einer dicken Jacke. Bei fast keinem Auftritt der anderen Comedians muss ich lachen. Erst später, in Berlin, fühle ich mich wohl und bin begeistert von den Comedians. Doch das weiß ich jetzt mit NRW als einzigem Erfahrungshorizont noch nicht und auch nicht, wie sehr sich die Comedyszene in den kommenden Jahren hier noch positiv entwickeln wird. Hier und zu diesem Zeitpunkt sind das nicht meine Themen, nicht mein Humor. Was mache ich hier eigentlich? Ob die Freundin von Sascha dicker geworden ist und er gern mit seinen Freunden säuft, weil Männer das so machen, haha, interessiert mich nicht. Und auch nicht Theos Selbstverliebtheit, die sich zeigt, weil er über seine eigenen Witze zu laut und zu lange lacht und jeden Auftritt überzieht, obwohl wir eigentlich alle die gleiche Minutenanzahl Bühnenzeit haben. So voller Negativität mag ich mich selbst nicht. Ich beschließe aufzuhören. Aufzuhören, bevor ich richtig angefangen habe. Doch dieses Kapitel will ich nicht weiterschreiben. Alles zu ironisieren und sich selbst zu verbraten macht bitter. Ich muss raus, etwas anderes sehen. Von meinem furchtbaren Storyliner-Job habe ich noch einiges Erspartes, und so entscheide ich kurzerhand, nach Bali zu fliegen. Größer könnte ein Kontrast nicht sein. Vom Sarkasmus und Zynismus in eine Hippiewelt. Ich lasse mich darauf ein, komme ausgeruht und optimistisch zurück. Die Freundlichkeit, die ich im Urlaub wiederentdecke, hat mir gefehlt. Die vier Wochen auf Bali haben mich nicht nur tiefenentspannt, sondern mir auch die nötige Distanz geschenkt. Bei meiner Rückkehr ist mir daher klar, dass ich mir keine neue feste Anstellung suchen werde, sondern wieder selbstständig arbeiten werde. Mein Verlangen nach finanzieller Sicherheit ist zwar groß, aber nicht um jeden Preis. Im schlimmsten Fall scheitere ich lieber an dem, was mir Spaß macht.

Auch an meinem Entschluss, mit der Stand-up-Comedy aufzuhören, will ich festhalten. Ohne die ständige Bewertung, die mir dort widerfahren ist, fühle ich mich besser. Doch diese Entscheidung steht auf so wackeligen Beinen, dass ich sie bei der nächsten Verführung direkt revidiere. Sie erreicht mich in Form einer angesehenen Produktionsfirma. Für ein neues Format sind sie auf der Suche nach einer lustigen, frischen Frau, wobei frisch immer unbekannt meint. Und unbekannt meint immer zeitlich verfügbar und kostengünstig. Ihre Castinganforderung ist ein Live-Stand-up-Auftritt, und ich sage zu. Meine Inkonsequenz ärgert mich sehr und lässt mich mit mir hadern. Lasse ich mich verführen von hypothetischen Chancen, oder gehe ich mit dem Flow? Eine Antwort habe ich nicht, aber es erst gar nicht zu probieren fühlt sich auch falsch an.

Ich bin sehr froh, dass ich mittlerweile kompromissloser und konsequenter geworden bin. Die Comedy- und die Filmbranche sind voller Verführungen, die immer wieder den Durchbruch, die nächste Chance versprechen. Darauf zu reagieren ist einfach, doch oft nicht gut, und oft landet man dadurch in unpassenden Formaten. Nein zu sagen ist gerade bei finanzieller Not und einem Mangel an Alternativen schwer. Schaffst du es trotzdem, bist du umso gestärkter und zufriedener. Zumindest ist das meine Erfahrung.

Zu diesem Zeitpunkt, bei diesem Castingprozess lasse ich mich noch einmal verschlucken. Zwar weiß ich aus dem Schauspiel, wie unwahrscheinlich es ist, eine Zusage auf ein Casting zu bekommen, aber das gezielte und konkrete Interesse an mir lässt mich hoffen. Und das sind genau Castings – ein Spiel mit Hoffnungen. Der Castingprozess durchläuft weitere Stufen, die ich alle meistere. Auch wenn ich merke, dass das Projekt nicht zu mir passt, traue ich meinem Bauchgefühl nicht, sondern gerate ins Wanken: »Was ist, wenn mich das weiterbringt? Ist nicht alles eine Chance!?« Und ganz ehrlich, wer weiß das schon im Vorhinein? Spätestens, wenn du mittendrin steckst, merkst du ganz deutlich, ob es stimmig ist oder nicht.

Als der entscheidende Anruf kommt, ob ich die Rolle bekomme oder nicht, sitze ich an meinem Küchentisch, den ich aus meiner alten WG »geklaut« habe. »Hey Lena, hier ist Flo …« Ich weiß sofort, dass ich raus bin. Ich wusste es schon bei »Hey«. Flo druckst herum. An seiner Atmung kann ich hören, dass es ihm tatsächlich leidtut und es keine Heuchelei ist. »Wir finden dich alle ganz toll. Es war echt ein Kopf-an-Kopf-Rennen zwischen dir und einer Kollegin, und wir haben uns letztendlich nur für sie entschieden, weil sie eine internationale Ausrichtung hat. Wir haben uns nicht gegen dich, sondern nur für jemand anderes entschieden.« Was für ein pathetischer Satz! Ob er sich den vorher zurechtgelegt hat? Seine Betroffenheit gibt der beruflichen Absage eine unangenehme Intimität, sodass ich mich tatsächlich wie gekorbt fühle, was ich mir allerdings nicht anmerken lasse. »Kein Problem. Ihr werdet für euer Projekt die richtige Entscheidung getroffen haben, und dann ist es auch richtig für mich.« – »Boah, danke, dass du so toll reagierst.« – »Klar, dann bis dann.« – »Dürfen wir dich wieder anfragen?« – »Klar.« Dann legen wir auf, und ich kann endlich mit Kloß im Hals losschluchzen. Die Tränen laufen. Genau deshalb wollte ich diese ganze Branche nicht mehr. Ständig diese Abhängigkeiten, dieses Warten, das Hoffen, das Ausmalen und dann die Enttäuschung. Eine Achterbahnfahrt der Gefühle. Die können mich mal. Mich ärgert, dass es dieses Mal so knapp war und ich so viel Zeit und Energie investiert habe.

Sosehr mich die Unberechenbarkeit meiner Selbstständigkeit nervt, so sehr genieße ich genau diese Aufregung, das Kribbeln, das bei jeder neuen Chance sofort einsetzt. Gut, mittlerweile bin ich wesentlich bedachter und freue mich erst, wenn der Vertrag unterschrieben ist. Von beiden Seiten. Doch die Möglichkeit, immer wieder mit anderen Menschen an unterschiedlichen Projekten zu arbeiten, ist wahnsinnig bereichernd, und ich kann mir nicht vorstellen, mit immer denselben Kolleg*innen in immer denselben Räumen zu arbeiten. Auch, wenn ich dafür Unsicherheit und keine festen Arbeitszeiten habe. Von Flo und der Absage lasse ich mich jedenfalls nur kurz runterziehen. Nicht aufgeben. Weitermachen. Nicht warten. So schnell lasse ich mich garantiert nicht entmutigen. Ich will selbst machen, anstatt in der Abhängigkeitsschleife zu stecken. Ausgerechnet am Abend der Absage habe ich noch einen Open-Mic-Auftritt. So verheult und angeschossen möchte ich garantiert nicht auf die Bühne. Doch ich gehe, aus Trotz und weil ich wieder daran erinnert wurde, was das Gute an Stand-up-Comedy ist: Autonomie. Die Befreiung aus den Abhängigkeiten von Produktionsfirmen. Ich mag das Gefühl, selbstbestimmt und unabhängig zu arbeiten, nicht auf Angebote, Castings und Drehbücher warten zu müssen. Das ist Freiheit. So wird Stand-up zu meiner On-off-Beziehung. Wut, Frust und Enttäuschung machen den Weg zu einer gewissen »Fuck It«-Einstellung frei, und genau davon profitiert mein Auftritt. Ich will weder gefallen noch abliefern. Das erste Mal in der Comedy nutze ich die Bühne für mich und nicht umgekehrt. Zum Glück filme ich den Auftritt und fahre versöhnt und gestärkt mit einem guten Video nach Hause.

Am nächsten Morgen bekomme ich eine E-Mail vom Night-Wash Talent Award: »Liebe Lena, danke für deine Bewerbung. Leider funktioniert dein Video-Link nicht. Magst du mir gerade einen funktionierenden schicken? Ich freu mich auf dein Video. Liebe Grüße, Mareike.« Ich hüpfe vor Freude und liebe das Leben, das immer weitergeht. Besser könnte es nicht laufen, denn meine Aufnahme von gestern ist natürlich viel besser als das Video von meinem Stand-up-Debüt. Also lade ich die Datei schnell hoch und schicke sie Mareike. Zehn Minuten später klingelt mein Handy, und Mareike gratuliert mir zur Einladung zum NightWash Talent Award 2016 in ein paar Wochen. Ah, ich bin glücklich. Nie hatte das Sprichwort »Wo sich eine Türe schließt, öffnet sich eine andere« ein passenderes Timing. Mein Ziel ist also klar, und wie eine Sportlerin für einen Wettkampf will ich mich vorbereiten. Dabei hasse ich Wettkämpfe, doch ich will mein Bestes geben, und dafür muss ich nach Berlin, denn dort kann man dank etlicher Open Mic Shows jeden Tag auftreten. Alle Kölner warnen mich vor der Berliner Szene – sie soll falsch und unfreundlich sein. Ich mache die gegenteilige Erfahrung. Hier fühle ich mich tausendmal wohler als in Köln, und das, was die Comedians da auf der Bühne machen, schaue ich mir freiwillig gern an. Endlich kann ich lachen. Das sind spannende Gedanken und Geschichten. Es herrscht Gemeinschaft und es gibt hilfreiche Ratschläge. Jeden Abend bin ich in einer schummrigen Bar, mit zwei Wertmarken in der Tasche, einem voll aufgeladenen Handy und einem Zettel mit Stichworten. Ich liebe es. Berlin ist zwar wie immer zu stressig für mich, und die langen Wege durch die Stadt nerven, aber hier erlebe ich das erste Mal, wie ein Leben als Stand-up-Comedian aussehen kann. Hier ist es möglich. Wenn auch auf Open Mics. Jetzt weiß ich, dass mein Hadern in Köln nicht an der Stand-up-Comedy lag, sondern an dem Umfeld. Den passenden Rahmen gefunden zu haben macht einen riesigen Unterschied.

Wie immer, wenn ich viel erlebe, keine Zeit habe, das Erlebte zu sortieren, und vor allen Dingen nicht in die Natur rauskomme, werde ich krank. So holt mein Körper sich die nötige Ruhe. Ich wohne in einer Jungs-WG eines Freundes. Mein temporärer Mitbewohner heißt Julian, kommt gerade aus Indien, ernährt sich ausschließlich von frisch gepressten Säften und räuchert die Wohnung zweimal am Tag mit Salbei. Mein Bali-Ich kann das alles nachempfinden und sagt Sätze wie: »Find ich super, dass du mit Salbei räucherst und nicht mit Palo Santo – wegen der Abholzung.« Keinem von uns kommen die Gespräche komisch vor, und so bitte ich Julian, als ich mit Kopfschmerzen im Bett liege, um Medikamente. Mit seiner halb aufgeknöpften Vintagebluse steht er in meiner Zimmertür und sagt trocken: »Willst du eine Kopfschmerztablette oder Koks? Ich hab noch ein paar Gramm da.« Dit ist Berlin, denk ich und werfe mir die Kopfschmerztablette ein. Denn vollgekokst auf der Bühne zu stehen klingt eher nach einem Privatsender-Moderator in der Midlife-Crisis, und dafür habe ich noch etwas Zeit. Kurz bevor ich die Haustür ins Schloss fallen lasse, ruft Julian mir noch zu: »Wenn du nachher noch Sex willst, kannst du einfach in mein Zimmer kommen.« – »Oh, danke, Julian. Sehr freundlich.« Und damit schließe ich die Tür und fühle mich wie das größte Landei in einer Großstadtserie. O Berlin.

Zurück in Köln kommt der Tag des NightWash Talent Awards. Aufgeregt und glücklich nehme ich alle Hürden und schaffe es bis ins Finale. Ich gewinne nicht, und das ist in Ordnung. Das Beste, was dir in diesem Wettbewerb passieren kann, ist ohnehin, dass du mit gleich zwei Videos online gehst und eine Chance bekommst, viral zu gehen. Meinen Videos ist das nicht vergönnt, dafür lerne ich das erste Mal abscheuliche YouTube-Kommentare kennen. Alle aus der Branche haben mich gewarnt und darauf vorbereitet, und trotzdem trifft es mich eiskalt. Ich liege im Bett, gerade ist mein erstes Video hochgeladen worden, und scrolle vorsichtig runter in die Kommentarspalte. Mir bleibt das Herz fast stehen. Fremde, anonyme Menschen beleidigen und beschimpfen mich auf übelste Weise. Was ist das für eine Welt? Wie Freiwild werde ich einem unbekannten Empfängerkreis ungeschützt serviert und habe keinerlei Einfluss auf das, was sie schreiben. Die verletzenden Sätze sind im Internet, für immer. Für jeden lesbar. Das Gefühl, ohne Schutzschild in einer öffentlichen Arena zu stehen, halte ich kaum aus. Wie kann etwas, das maximal Freude bringen soll, solche widerlichen Auswüchse, solche Ungerechtigkeit heraufwirbeln? Das lasse ich nicht mit mir machen. Da bin ich raus. Ich lasse mich doch nicht von irgendwelchen Arschlöchern beschimpfen. All diese Gedanken und dieser Zorn jagen durch mich hindurch, und es braucht Jahre, um es tatsächlich als das zu begreifen, was es ist. Ein nicht zu beachtendes Abfallprodukt.

Auch wenn meine Videos nicht viral gehen, sind sie sehr gut geklickt, und ich bekomme viele Folgeaufträge. Meine Ambivalenz bezüglich der Stand-up-Comedy bleibt erhalten, quält und füttert und verführt mich mit Hoffnung. Sie ist wie eine Affäre. Ich habe meine ersten Fernsehauftritte, mache jede Menge Fehler, lerne und muss wiederholt erleben, dass ich als Frau in veraltete Rollenbilder gezwungen werden soll. Immer deutlicher wird mir bewusst, dass ich mich dem nicht unterwerfen will, sondern durch aktives Gestalten entgegenwirken muss. Ich

möchte mich nicht auf Bewertung von Äußerlichkeiten einlassen. Ich möchte als weibliche Comedian nicht im Schatten
eines verqueren Schönheitsideales interpretiert werden.

Die Auftritte im Fernsehen führen dazu, dass ein großes
Management mich unter Vertrag nehmen möchte. Wieder treibt
mich die Neugierde an. Bei einem verklemmten Kaffee erzählt
mir das routinierte Management, wie es zu laufen hat: Die
Ochsentour gehört zur Karriere dazu, das bedeutet lieblose Veranstaltungen mit einem Abo-Publikum, das nicht ferner von
deinem Publikum sein könnte, ständiges Reisen, ein Leben in
der Bahn oder einem billigen Hotel. Ziel dieses Ablaufs ist –
nach einigen Jahren –, auf große Tour zu gehen, denn im Live-
Geschäft liegt die Kohle. Fernsehen zahlt zu schlecht, das ist nur
als PR hilfreich. »Und noch ein ganz wichtiger Punkt, liebe
Lena: Was du machst, ist ja eher für Frauen, also wir müssten
dann schauen, dass wir themenmäßig die Männer auch irgendwie abholen. Das wäre sonst verschenkt, wir sind in der Zielgruppe einfach am besten breit aufgestellt.« Breit aufgestellt?
Zielgruppe Männer? Frauenthemen? Das begegnet mir leider
nicht zum ersten Mal. Zu oft habe ich gehört: »Das ist aber eher
Frauen-Comedy, was du machst.« Komisch, dass ich noch nie
mitbekommen habe, wie einem männlichen Kollegen gesagt
wird: »Das ist aber eher so Männer-Comedy, was du machst –
wie du da vom Urologen, deiner Vaterschaft, deinem Körper und
deinem Liebesleben erzählst.« Das passiert nicht, denn Comedy
von Männern gilt als universell. Mich macht das so wütend.

Ich trinke den Kaffee aus, sage höflich Danke, verabschiede
mich und gehe. Es ist nicht nur die plumpe Einsortierung in
Geschlechterschubladen, die mich abschreckt. Ich weiß auch,
dass mich diese Art von Tourleben nur unglücklich machen
würde. Bei den Kolleg*innen, die das leben, habe ich oft genug
mitbekommen, wie wenig Zeit sie mit ihrer Familie verbringen
können, wie einsam und teilweise sogar depressiv sie werden.
Ständig allein, undankbare Veranstaltungen und ein ungesunder

Schlafrhythmus. Nein danke. Für mich gibt es in diesem Moment nur eine Konsequenz: Ich höre auf. Mal wieder.

Die ständige öffentliche Bewertung, die Tatsache, dass jeder offizielle Auftritt immer gleich auch eine Bewerbung für einen Folgeauftrag ist, das ständige Auf-dem-Prüfstand-Stehen, ist mir zu anstrengend. Genau wie der Lebenswandel, den ein Tourleben fordert.

Nur meinen eigenen Open Mic moderiere ich einmal in der Woche weiter. Zum Glück bin ich damals dem Impuls eines Berliner Kollegen gefolgt: »Mach doch einfach dein eigenes Ding.« Obwohl ich mir das Moderieren anfangs nicht zugetraut habe und mich der Gedanke, spontan aufs Publikum reagieren zu müssen, in Schweiß hat ausbrechen lassen, habe ich es einfach probiert. Schließlich weiß ich mittlerweile, dass bei anfänglicher Ahnungslosigkeit und Ungeübtheit nur eines hilft: einfach machen. Die Shows moderiere ich zusammen mit einer Comedy-Kollegin, die ich sehr lieb gewonnen habe. Endlich eine Freundin in der Stand-up-Comedy, obwohl wir beruflich nichts voneinander haben, weil wir nie zusammen gebucht werden. Schließlich reicht laut Veranstalter »eine Frau pro Show«. Als ich sie frage, ob sie mit mir meinen Open Mic »Komischer Klub« moderieren möchte, sagt sie deshalb gleich zu. Über drei Jahre etabliert sich die Show, und ich liebe es, vor allen Dingen Frauen und Newcomerinnen eine Bühne geben zu können. Ich bereite nichts vor, teste nichts, quatsche einfach mit dem Publikum, greife Themen aus dem Stand-up der Kollegen auf und verliere jegliche Angst vor Crowd-Work – also die Interaktion mit dem Publikum – und Improvisation. In diesem kleinen Rahmen versuche ich, genau das zu machen, was ich vermisse: Frauen einen Platz zu geben und sie nie anzumoderieren mit »Sie ist hot«. Es funktioniert, das kleine, feine Publikum ist hungrig und dankbar nach universellen Themen – von Frauen. Der Komische Klub platzt aus allen Nähten.

Durch diese Präsenz tritt das ein, was ich mir insgeheim gewünscht habe: Ich bekomme Castingeinladungen aus der Filmbranche und werde für eine ZDF-Kinderserie besetzt. Das Spielen macht mir Spaß, und das Team ist toll. Doch auch da zählt für den Sender die Social-Media-Reichweite. Da ich diese nicht habe, wird die Rolle auf zwei Frauen verteilt: eine YouTuberin und mich. Mir wird offen gesagt: »Du kannst gut spielen, deswegen bist du hier, aber du bringst ein zu kleines eigenes Publikum mit.« Langsam kann ich nur noch mit den Augen rollen, es ist immer die Unbekanntheit, die mein neues Hindernis ist. Um meine Social-Media-Reichweite zu erhöhen, müsste ich wesentlich mehr posten, doch dafür fehlen mir das Mitteilungsbedürfnis und der emotionale Exhibitionismus, ständig etwas aus meinem Leben oder meinen Gedanken teilen zu wollen.

Nach zehn Monaten Stand-up-Aus sehe ich in meinem Kalender vier Termine für Berlin, wo ich doch noch einmal kleinen Auftritten zugesagt habe. Ich stehe auf der Bühne und bewege mich viel sicherer und ausgeruhter. Oh, wie mir eine Bühne und das Lachen eines großen Publikums gefehlt haben. »Ich will das wieder«, denke ich, als ich von der Bühne gehe, und meine On-off-Beziehung schaltet mal wieder auf on. Was mich wundert, ist, dass ich besser geworden bin. Wie kann das sein? »Na, durch den Komischen Klub«, erklärt mir meine Kollegin. Natürlich! Ohne es zu forcieren, habe ich zehn Monate geübt. Mir wird noch mal klar, dass Stand-up-Comedy nur live auf der Bühne geübt werden kann und dass es so viele Parameter gibt, die einen Auftritt bestimmen, dass allein Übung und Geduld helfen. Der Komische Klub war für mich die beste druckfreie Schule und hat mir geholfen, mehr Sicherheit und Vertrauen in mich zu gewinnen.

Zurück in Köln gehe ich direkt auf ein Open Mic. Dieses Mal habe ich nur lose Gedanken, als ich auf die Bühne gehe. Ich habe keine Ahnung, wie ich was erzählen werde, und verlasse mich auf das, was ich die letzten zehn Monate gemacht habe:

spontan zu sein. Es funktioniert, und es ist so ein schönes Gefühl zu beobachten, wie die eigenen Ideen aufgehen. Eigene Themen, ein Anliegen auf die Bühne bringen zu können und das Ganze in Humor zu wickeln macht mich glücklich. Im Publikum sitzt wieder eine große Produktionsfirma, und schon am nächsten Tag bekomme ich einen Fernseh- und viele Live-Auftritte.

Schnell werden es immer mehr Fernsehauftritte und Termine, und mit meiner eigenen Weiterentwicklung genieße ich es in vollen Zügen. Vieles bleibt dafür nach wie vor ätzend. Anmoderationen wie: »Jetzt kommt eine Frau … und sie ist heiß«, Shows mit dem Namen »Ladies Night«, in denen – ganz gewagt – nur Frauen auftreten, während es nie eine Show gibt die »Gentlemen Night« heißt. Hier wird mit zweierlei Maß gemessen. In sogenannten Mixed Shows besteht die Gefahr, mit Kollegen aufzutreten, die sich humortechnisch am anderen Ende des Spektrums bewegen. Oft warte ich ungläubig hinter der Bühne auf meinen Auftritt, während auf der Bühne ein Künstler zu einem Trash-Lied singt oder tanzt und das Publikum es liebt. Dann möchte ich meinen Kopf gegen die Wand hauen und den Auftritt abblasen.

Kein Wunder, dass ich immer wieder denke: »Ne, da habe ich keinen Bock drauf.« Was für einen Riesenunterschied es macht, vor dem passenden Publikum zu spielen, erfahre ich erst, als ich wieder kurz davor bin hinzuschmeißen. In einem wunderschönen Theater in Berlin habe ich im Rahmen einer Produktion für die öffentlich-rechtlichen Sender einen Auftritt, den ich von der ersten bis zur letzten Sekunde genieße. Das Publikum scheint meine Sprache zu sprechen. Ich stehe auf der Bühne und denke: »Wenn das so sein kann, dann möchte ich es immer machen.« Und ich tue es. In passenderem Rahmen. Endlich verabschieden sich die Ambivalenzen, und aus der On-off-Beziehung wird eine glückliche Ehe. In der Produktion lerne ich einen etablierteren

Comedian kennen, dessen Arbeit ich sehr schätze und der mich in seine Liveshow einlädt. Und auch dort macht mir meine Arbeit einfach nur Spaß. Ein eigenes Publikum zu erspielen, den richtigen Rahmen zu finden, das sind die wirklich harten Hürden im Stand-up. Wobei – wenn wir gerade von Hürden sprechen …

»Hallo, Lena, wir benötigen für unsere nächste Show eine Frau. Hättest du an dem Tag Zeit? Freue mich, von dir zu hören«, schreibt mir irgendeine Petra, um mich für eine große Comedy-Veranstaltung anzufragen. Ich lese die E-Mail, als ich gerade gut gelaunt nach Hause komme und das Gefühl habe, dass alles für mich läuft und ich alles im Griff habe. Ich fühle mich unstoppable, Beyoncés *Run the World (Girls)* läuft in Schleife, und von dieser unverschämten Anfrage lasse ich mich garantiert nicht runterziehen. Also hole ich aus zum verbalen Gegenangriff:

»Hallo Petra,

da habe ich aber Glück, dass ich eine Frau bin, wo ihr doch eine Frau sucht. Wahnsinn! Ich dachte schon, es geht um meine Leistung, aber das wäre ja verrückt! So eine herrlich unreflektierte und dreiste E-Mail habe ich lange nicht mehr bekommen. Und das auch noch von einer Frau. Oder ist diese E-Mail vielleicht in eine Zeitreisemaschine gefallen und stammt aus den Achtzigerjahren? Wenn das der Fall ist, lass mich dir sagen: Es wird (bis auf einige ignorante Ausnahmen) besser. Frauen werden aufgrund ihrer Leistung angefragt und nicht ihres Geschlechts. Das kannst du dir wahrscheinlich gar nicht vorstellen. Überlege außerdem mal, wie amüsant es umgekehrt klingt: ›Wir brauchen noch einen Mann, kannst du?‹ Ist das nicht komisch?

Liebe Grüße durch die Zeit zu dir ins Hoch der Ungleichberechtigung und Unreflektiertheit, die Hoffnung stirbt zuletzt, Lena«

Und damit ärgere ich mich doch, denn ihre Anfrage ist leider kein Einzelfall, was bedeutet, dass noch viel Wissen geteilt werden muss. Genauso wie die Tatsache, dass der Humor und die Themen von männlichen Comedians als universell gelten. Wir sind leider noch nicht genug mit lustigen, lauten Frauen auf der Bühne sozialisiert. Wir sollen immer noch hübsch, lieb und still sein. Stand-up-Comedy ist für mich wie eine lebende Gender-Studie: Allein auf der Bühne zu stehen – das hat viel mit »Raum einnehmen« zu tun. Und das ist ein noch recht männlich besetztes Terrain. Schön oder fuckable zu sein, das sind die Kategorien, in die weibliche Comedians unter ihren Videos und in Anmoderationen eingeordnet werden. Eine Kategorie, die es für die männlichen Kollegen kaum gibt.

Ich hadere nicht mit der Stand-up-Comedy, sondern dem Drumherum – dem Exponiertsein, der Bewertung durch einen unbekannten Empfängerkreis im Internet. Ich wünsche mir rasche, progressive Entwicklung und den Zugewinn vieler Frauen frei von einschränkenden patriarchalen Strukturen. Ich versuche mein Bestes, zur neuen Weiblichkeit beizusteuern, auch weil ich mir mithilfe der nötigen Distanz auf Bali versprochen habe, mir selbst treu zu bleiben.

Bali. This is not an Eat-Pray-Love-Thing.

»Ah, ich hab gebucht! Call me Bali, bitch!«, tippe ich hastig in mein Handy und sende es an meine beste Freundin. Endlich! In fünf Wochen fliege ich für einen ganzen Monat nach Bali. Ich war noch nie da, und überhaupt ist das der erste Urlaub seit Jahren. Mit diesem Ausblick scheinen die ersten Enttäuschungen im Comedy-Business nur noch halb so schlimm, und auch die Erinnerung an die Arbeit bei der nach Wurstluft stinkenden Produktionsfirma verblasst schon. Wenigstens habe ich mit dem Schreiben der unwürdigen Skripte genug Geld verdient, um mir endlich diesen Urlaub leisten zu können.

Vier Wochen auf Bali, Yoga machen und mit mir allein sein. Durch meine Yoga-Freund*innen weiß ich von einem wunderschönen Yogastudio, und ich liebe die Aussicht darauf. Ich habe Lust auf Meditation, Spiritualität, leckeres veganes Essen (okay, darauf habe ich immer Lust) und bin offen für alles, was mich sonst noch erwartet. Nur auf den berüchtigten Bali Belly (Euphemismus für Durchfall) kann ich gut verzichten. Für mich soll es eine Auszeit sein, und da ich allein reise, ist die Wahrscheinlichkeit, andere Menschen auf derselben Wellenlänge zu treffen, erhöht. Natürlich muss ich dabei auch an Elizabeth Gilbert und ihr *Eat Pray Love* denken, und da sehe ich mich wirklich nicht. Ich muss mich nicht finden, weil ich mich nicht verloren habe und im Übrigen an dieses Konzept auch gar nicht glaube. Ich bin einfach gespannt auf die Zeit und springe voller Offenheit in das Abenteuer.

Ich hatte so lange keine Auszeit, dass ich es kaum erwarten kann. Einfach allein ganz weit weg sein. Weit weg von den Erfahrungen in diesem grässlichen Job, in dem alle Kolleg*innen entweder ständig krank sind, weil die Arbeit dort einfach krank macht, oder abgebrühte Arschlöcher sind. Weit weg auch von dem Anfang der Stand-up-Comedy, die mir gerade mit ihrem Zynismus, Sarkasmus und ihrer Bitterkeit sehr destruktiv vorkommt. Meine kindliche Freude und Zufriedenheit will ich mir nicht nehmen lassen. Dafür ist das Leben zu kurz und zu schade. Also, auf geht's ins Abenteuer. Ohne große Planerei und nur mit einer Hotelbuchung für die ersten Nächte.

Nach über zwanzig Stunden Anreise komme ich endlich am Hotel in der spirituellen Hauptstadt Ubud an. Völlig erschöpft und glücklich zugleich warte ich an der Rezeption. Die Mitarbeiterin ist sehr freundlich. Direkt neben dem Empfang sitzt ein kleines etwa vierjähriges Mädchen, das mich aufmerksam beobachtet. Kurz entschlossen forme ich mit meinen Händen einen Vogel, dem ich beim imaginären Fliegen zusehe. Das ist der Beginn unserer Freundschaft. Bekanntschaft mit Kindern zu schließen ist so wunderbar unkompliziert.

In meinem Zimmer angekommen richte ich mich etwas ein, öffne meinen Rucksack, als müsste die Kleidung nach der langen Reise einmal durchatmen. Dann checke ich kurz alle Ecken und sehe unterm Bett nach, ob auch keine Eindringlinge in meinem Zimmer sind. Wie eine ungeschickte Geheimagentin bewege ich mich schnell und zackig, tollpatschig, aber allzeit angriffsbereit. Nach diesem Manöver, bei dem ich erleichtert feststelle, dass außer einigen Insekten niemand im Raum ist, bin ich völlig erledigt. Bevor ich wie ein schwerer Sack umkippe, mache ich mich noch kurz im Bad frisch. Dann lege ich mich aufs Bett und schlafe ein.

Schon wenige Stunden später ist es früher Morgen. Die Sonne ist noch nicht aufgegangen, und ich genieße die beruhigende Dunkelheit. Ich tapse zum Fenster, spüre die hohe Luftfeuchtigkeit und lausche den Klängen des Urwalds. Ungewohnte Geräusche, Piepsen, Zirpen und Rufe, der Soundtrack dieser Reise. Ich atme tief ein und lächele dabei – die neuen Gerüche stimmen mich ein und lassen mich fast platzen vor Freude, hier zu sein. Wie ein Schwamm sauge ich jeden Sinneseindruck auf und will am liebsten mit meiner neuen Umgebung verschmelzen. Teil von ihr sein. Es ist immer wieder die Natur, die mich so glücklich macht. Die Sonne geht schnell auf, sodass mein Zimmer mit einer sanften und warmen Helligkeit durchflutet wird. Erst jetzt, nachdem ich immerhin einige Stunden geschlafen habe, sehe ich mich mit wachen Sinnen um. Das Zimmer ist weiß und mit wenigen Holzmöbelstücken atmosphärisch eingerichtet. Es gibt ein großes Himmelbett mit Moskitonetz, einen kleinen Schreibtisch und einen übersichtlichen Kleiderschrank. Das ist mehr, als ich brauche, aber ich fühle mich direkt wohl. Neben den neuen Eindrücken steigen Vorfreude und Aufregung in mir auf. Was werde ich hier alles erleben? Wo fange ich an? Was mache ich zuerst? Es gibt keine Pläne oder vorgelegte Routen, weil ich so etwas als Einengung und als dem situativen Flow und Abenteuer im Weg stehend empfinde. Ich weiß nur, dass direkt nebenan ein großes Yogastudio ist, das ich unbedingt besuchen möchte. Zunächst geht es für mich jedoch zum ersten Frühstück, was mich tatsächlich sehr nervös macht. Ich bin gestresst von der Vorstellung, dass ich als Alleinreisende angesprochen werden könnte und dann zu höflich bin, um deutlich zu machen, dass ich mein erstes Frühstück allein genießen möchte. Ich mag ausgesuchte Gesellschaft, und ehrlich gesagt bin ich nicht um die halbe Welt geflogen, um mich direkt vereinnahmen zu lassen. Erst mal möchte ich hier alles unabhängig auf mich wirken lassen. Kein Platz und kein Nerv für Small Talk.

Da ich schon jetzt die Feuchtigkeit spüre, ziehe ich mir eine kurze Sporthose und ein Top an und gehe schüchtern zur Rezeption. Die freundliche Mitarbeiterin von gestern ist wieder da. Sie heißt Tinaa, und wir werden uns so gut verstehen, dass wir uns noch Jahre nach meinem Aufenthalt dort schreiben. Wenn man in Tinaas Gesicht schaut, schaut man in die Sonne, bloß ohne sich zu verbrennen. Sie strahlt Offenheit und Wärme aus, und umgekehrt geht es ihr mit mir ganz ähnlich. Sie erklärt mir, wo es das Frühstück gibt – direkt um die Ecke am Pool. Ich gehe los und sehe andere Gäste dort sitzen – ausschließlich Frauen und die meisten von ihnen allein. Sofort bin ich nervös und stolpere – fremde Menschen in neuen Umgebungen schüchtern mich einfach immer ein, und ich fühle mich wie die Neue in der Klasse. Daher lege ich mir eine »Strategie« zurecht, um mich wie damals in der Schule davor zu drücken, drangenommen zu werden – eine Taktik, die ich perfektioniert habe. Zwar ist die Situation hier – ein Frühstück im Paradies (der Kitsch ist im positiven Sinne absolut zutreffend) – vollkommen freundlich und wohlwollend, doch trotzdem macht mich allein die Vorstellung, Small Talk zu betreiben, extrem angespannt. Kurz überlege ich, einfach um die andere Ecke zu biegen und zu fliehen. Draußen auf den Straßen könnte ich sicher ein anonymes Frühstück einnehmen und entspannt essen, ganz ohne Ausweichtaktik. Mein Gedankenkarussell rattert, und ich muss über die Absurdität schmunzeln. Wie spielend leicht ich gestern Abend mit einer Vierjährigen Kontakt aufgenommen habe und an welche Hindernisse ich mit Erwachsenen gerate ist schon sehr amüsant. Ich nehme all meinen Mit zusammen und gehe beziehungsweise stolpere zum Frühstück. Nun gibt es für mich zwei Möglichkeiten: Entweder ich nutze den deutschen Ruf und gebe die Unfreundliche, die einfach nicht grüßt, was die Möglichkeit, angesprochen zu werden, meiner Einschätzung nach extrem verringern würde, oder ich bleibe mir treu und sage freundlich Hi. Ich entscheide mich für Version zwei. Nur mit »Hey« statt mit Hi, wobei ich die Augenbrauen merkwürdig hochziehe und dann in meiner Bewegung einfriere. So stelle ich mir einen Schlaganfall vor. Warum habe ich außerdem Hey statt Hi gesagt? Warum? Wenn ich Schwedin wäre, o. k., aber ich komme aus Köln.

O Mann, ich schäme mich für mich selbst, während die Frauen nur kurz zurücknicken. Puh, das ist also noch mal gut gegangen.

Dann nehme ich mir schnell einen schwarzen Tee, obwohl ich eigentlich lieber Wasser trinken möchte, aber am Wasserspender steht gerade schon eine andere Person, und ich will jeden möglichen Erstkontakt zumindest heute, am ersten Morgen, umgehen. Mit Tee und einem Obstsalat setze ich mich an einen Tisch und muss nach diesem ganzen Stress erst mal ordentlich durchatmen. Doch meine Strategie läuft weiter: schnell mein Tagebuch aufschlagen und so tun, als würde ich schreiben oder lesen, um keinerlei Gesprächsbereitschaft zu signalisieren. Meine eigene Verkopftheit und Verkrampfung gehen mir gewaltig auf die Nerven, und ich wünschte, ich wäre so eine ganz entspannte Hippietante, die mit allen redet, superopen und easy ist. Irgendwo wohnt diese Tante ja auch in mir, nur hat sie eben auch eine sehr strenge Gouvernante. Diesen Gedanken folgend heben meine Augen sich von meinem Alibibuch und erspähen die Umgebung.

Pool, einzelne Tische, Palmen und die anderen Gästinnen, offensichtlich auch alles allein reisende Frauen. Unter ihnen befindet sich Abigail, wie sich später herausstellen wird. Die Frauen sind zwischen zwanzig und fünfzig Jahren, schätze ich, und strahlen einen unaufdringlichen, angenehm gesunden Lebensstil aus. Die Körper sind durchs Yoga geformt, und aus ihren prallen, reinen Poren strahlt die vegane Ernährung samt Zucker- und Glutenverzicht. In Deutschland wäre mir das vielleicht zu viel, aber hier herrscht eine Entspannung ganz fern von Schaulaufen. Mein Obstfrühstück und ich schwitzen. »Das ist gesund«, denke ich, während ich in Gedanken über mein Reiseziel versinke.

Nach knackigen zehn Minuten ist die Frühstückszeit für mich vorbei, und ich kann mich endlich aus der offenen Angriffsfläche verkrümeln. An der Rezeption sitzt wieder das kleine Mädchen und schaut mich mit großen Augen an. Sie formt mit ihren

Händen unbeholfen etwas, was vermutlich der Vogel sein soll, den ich ihr gestern vorgemacht habe. Ich freue mich und führe ein kleines Puppentheater mit meinen Händen für sie auf. Tinaa sieht uns und sagt lächelnd: »She likes you. Normally Ayu is very shy.« Haha, denke ich, das kommt mir bekannt vor.

Nachdem die ersten Tage vergangen sind, in denen ich staunend die neue Umgebung erkundet, viel geschwitzt und erfolgreich Abigail, die sich als besonders penetrant erwiesen hat, abgehängt habe, kann ich mich langsam auf fremde Menschen einlassen. Außerdem ruft besagte Abigail mir jedes Mal, wenn sie mich sieht, unüberhörbar hinterher. »Lena, Lena, what are you up to? Any plans for today? I don't have a plan.« I don't have a plan either, das ist ja die Idee von Urlaub, denke ich und versuche, so höflich wie möglich zu entkommen. Schließlich siegt Abigails Hartnäckigkeit, und ich schenke ihr mein Ohr. Darauf hat sie nur gewartet. Sofort redet sie ohne Punkt und Komma, und ich bin mir relativ sicher, dass sie zu den Personen gehört, denen es nicht auffällt, wenn man während eines Telefonats mit ihnen einfach das Handy weglegt und etwas anderes macht. Doch leider geht das in der analogen Welt nicht so einfach, und so weiß ich schnell eine Menge über sie, ohne je danach gefragt zu haben. Abigail war als Teenager stark übergewichtig, hat dann erfolgreich in einem Summercamp abgenommen, ist mit ihrem Highschool-Sweetheart verheiratet und hatte letztes Jahr einen überraschenden Erfolg mit einem Buch, welches von Elizabeth Gilbert gelobt wurde. Jetzt ist sie auf Bali, um ihr zweites Buch zu schreiben und vor ihren Eheproblemen zu fliehen. Außerdem hat sie die größte Medikamentensammlung, die ich je gesehen habe, welche sie mir stolz präsentiert. Von Valium über Schlaftabletten – Abigail hat alles da und ist seltsam stolz darauf.

Um ein gemeinsames Frühstück mit ihr komme ich nicht mehr herum. Irgendwie mag ich sie in ihrer ganzen schrägen Art auch auf gewisse Weise. Sie fühlt sich in etwa wie die anstrengende kleine Cousine an, die auf Familiengeburtstagen alle nervt und nur mit Augenrollen akzeptiert wird, nachdem die Erwachsenen die anderen Kinder immer wieder ermahnen: »Ihr dürft die Rosa nicht ausschließen, ihr müsst sie mitspielen lassen. Nicht die Tür abschließen vor der Rosa.« Das ist in etwa Abigail. Obwohl sie auch die Alkoholiker-Tante sein könnte, deren Sucht gnadenlos ignoriert wird und die diesen Freifahrtschein in vollen Zügen auskostet. Etwa wie Hamlet, der unter der Behauptung, verrückt zu sein, alle Konventionen über Bord und jedem die Wahrheit an den Kopf wirft. Okay, angesichts der zu engen Leggings, die die Alkoholiker-Tante trägt und so der Verwandtschaft ihren Camel Toe aufzwingt, hinkt dieser Vergleich vielleicht etwas. Jedenfalls sitze ich nun mit einer frischen Mango am Pool, sehe der mit einer Schwimmnudel kämpfenden Abigail zu und lausche ihrem Monolog.

Abigails Sorgen sind ihre Schreibblockade, ihre Glutenunverträglichkeit und vor allen Dingen ihre Affäre mit einem spanischen Professor. Während sie getragen von der Schwimmnudel durch den Pool gleitet, ruft sie mir zu: »I feel like everyone has an affair.« Well, o. k., Abigail. Ich bin noch zu romantisch, um das zu akzeptieren. Von diesem ehrlichen Geständnis mit Stolz erfüllt steigt sie aus dem Wasser und teilt mir mit: »I feel like I need a Snickers.« Ich muss lachen. Ob absichtlich oder unabsichtlich, Abigail liefert perfekte Unterhaltung, und letztlich sind mir so exzentrische, durchgeknallte Leute immer lieber als eine langweilige Mareike, die ihren kompletten Urlaub durchgeplant und mindestens zwei Reiserücktrittsversicherungen abgeschlossen hat. Trotzdem werden mir Abigails Monologe auf Dauer zu viel, und ich genieße lieber Ruhe. Mit mäßigem Erfolg, denn am darauffolgenden Morgen treffe ich Abigail zwangsläufig wieder am Pool, wo sie gerade mit einem älteren weißen Mann spricht. Erleichtert atme ich auf, doch freue mich zu früh, denn sobald sie mich erblickt, ruft Abigail mit beiden Armen wedelnd: »Lena, Lena, come on over.« Da mir keine Ausrede einfallen will, gehe ich also kurz zu ihnen. Der Mann ist Brite, lebt seit etwa fünf Jahren auf Bali und bietet Aura-Reading an. Er hat Abi, wie er sie nennt, angeboten, ihre Aura zu reinigen. Dafür brauchen sie allerdings einen ruhigen Raum, und da Abigail mit dem Typen nicht allein in ihrem Hotelzimmer sein möchte, fragt sie mich, ob ich mitkomme. Ich muss lächeln. Das Ganze scheint mir sehr ambivalent – sie will ihm ihre Aura anvertrauen, während sie gleichzeitig Angst vor ihm hat.

Es gibt unter Frauen ein unausgesprochenes Abkommen, sich spätestens bei Angst vor Übergriffen zu solidarisieren. Natürlich begleite ich die beiden also auf Abigails Zimmer. Der selbst ernannte Aura-Leser, Michael, bedeutet Abigail, sich aufs Bett zu setzen, während ich mich in eine Zimmerecke verkrümele und die beiden beobachte. Die ganze Situation ist grotesk und kommt mir wie eine Filmszene vor. Abigail soll ihre Augen schließen, was sie auch tut, jedoch nicht, ohne mir vorher zuzurufen: »Lena, you stay here, alright?!« Oh, wow, sie muss wirklich große Angst haben, und ihre Sorge führt allmählich auch zu meiner Beunruhigung. »Sure«, rufe ich etwas zu zittrig zurück. Michael greift die Spannung souverän auf: »It's good that you feel safe.« Er ergänzt in meine Richtung: »Lena, good to have you here. Abigail feels safe with you.« Okay, danke, Michael! Well, I don't feel safe with you either, denke ich.

Ehe ich mich aber in diesen Gedanken verstricke, fängt er an, Abigails Kopf abzutasten. Nicht wortwörtlich, denn er berührt sie nicht, sondern greift in die Luft und tastet ihren Körperumriss auf Distanz ab. Dabei murmelt und grummelt er. Wie er da so schwingend und stöhnend und mit geschlossenen Augen um Abigail tanzt, muss ich loslachen. Ich versuche, das Lachen wie früher in der Schule hinunterzuschlucken, scheitere und pruste los. »I am sorry«, sage ich leise. Ich schwanke zwischen dem unterdrückten Lachen und meinem schlechten Gewissen, seine Arbeit und Abigails Behandlung zu stören. Doch der Aufruf, nicht lachen zu dürfen, ist ja quasi ein Garant für einen Lachanfall, meine Beherrschung stößt an ihre Grenzen. Los, hol die Meditationsskills rein, oder denk an deine Theatererfahrung, ermahne ich mich selbst und bin erleichtert, als ich mich erfolgreich beruhigen kann.

Die »Behandlung« dauert vielleicht 10–15 Minuten und wird nur einmal durch Abigails Einwand »I feel pain« unterbrochen. Michael ignoriert es, und sie schweigt danach auf wunderbare Weise. Ich frage mich, ob ich hier gerade einem abgedrehten Schauspiel oder einer magischen Heilung beiwohne, und tendiere stark zur ersten Vermutung. Schließlich verstummt Michael und friert mitten in einer Schwingbewegung ein. Ich muss erneut ein Lachen unterdrücken und kneife meine Lippen fest aufeinander. »I am done«, sagt er pathetisch, woraufhin Abigail ihre Augen öffnet. »Thank you ... that was quite intense. I am not sure what you did, but I think I feel energized ...« Dann sehen wir beide zu Michael und stellen erschrocken fest, dass er zehn Jahre älter aussieht als vor der Behandlung. Völlig erschöpft murmelt er: »It was very intense ... I think I need to rest now.« Es wirkt tatsächlich so, als hätte er all seine Lebensenergie verloren. Selbst seine Körperhaltung hat sich verändert. Voller Erstaunen beobachte ich, wie er sich innerhalb von wenigen Sekunden verabschiedet und immer wieder murmelt: »I need to rest.« Na, das ist offensichtlich, Michael, denke ich mir.

Wir begleiten ihn nach unten zu seinem Scooter, und während er schnell seinen Helm aufzieht, überlege ich, was hier gerade passiert ist. Doch ich bleibe ratlos zurück, und auch Abigail scheint irritiert und auf einmal wahnsinnig müde, sodass auch sie sich hinlegen möchte. Mir wird bewusst, dass ich vielleicht doch nicht so offen und vorbehaltlos bin, wie ich es vor meiner Abreise von mir dachte. Oder bin ich einfach grundsätzlich skeptisch? Sind die Leute zu rational, fehlt mir was. Werden esoterische Methoden ausgepackt, muss ich dann doch wie ein Teenager hysterisch lachen. Vielleicht bin ich ja die gesunde Mitte? Hab ich mich gerade selbst als gesunde Mitte bezeichnet? O weh. Ist das der Einfluss des Alleinreisens?

Langsam denke ich, dass es hierum geht: Abigail und viele andere Alleinreisende möchten gesehen werden. Sie flüchten aus geschäftigen Welten und kommen hierher, um Zeit und Raum zu haben und um im Kern gesehen zu werden. Ich glaube, dass der Erfolg vieler selbst ernannter Heiler allein auf diesem Wunsch beruht – gesehen zu werden. Michael hat Abigail gerade zumindest seine volle Aufmerksamkeit geschenkt und sie damit berührt.

Der Wunsch, gesehen zu werden, ist etwas ganz Natürliches, und offensichtlich ist dieses Bedürfnis bei mir befriedigt, denn auf dieser Suche bin ich nicht. Kurz frage ich mich daher, ob mir die Legitimation fehlt, hier zu sein. Schließlich sitze ich im fetten Liebesnest meiner Familie und Freund*innen. Aber ich bin hier auch nicht in Therapie, sondern im Urlaub, verwerfe ich den Gedanken schnell. Obwohl es sich ehrlich gesagt langsam ziemlich nach ganzheitlicher Therapie anfühlt. Holy Shit! Ich will doch einfach nur Entspannung, Abstand und Inspiration. Vielleicht kann mir dabei das benachbarte Yogazentrum, das inmitten von Reisfeldern steht und ein großes Angebot an alternativen Heilmethoden und Wellness anbietet, helfen. Das Angebot ist beeindruckend: Jeden Tag gibt es achtzehn verschiedene Kurse, von Yoga über Meditation, Sound Healing, Shamanic Breath Work, Tibetan Bowl Meditation, Gong Bath Meditation bis zu Ecstatic Dance. Parallel dazu werden Workshops, Trainings und Retreats angeboten. Außerdem gibt es innerhalb der Anlage ein Ayurvedisches Zentrum, welches ebenfalls der Heilung gewidmet ist. Indonesische und internationale Lehrer*innen unterrichten das ganze Jahr hindurch. Einige von ihnen sind Heiler*innen, die private Stunden anbieten.

Ich stehe am Eingang vor vier großen Tafeln, auf denen das gesamte Kursangebot aufgelistet ist. Die Auswahl erschlägt mich fast. Ich weiß gar nicht, wo ich anfangen soll. Alles spricht mich an, und alles verspricht die Einführung in neue Welten und unbekanntes Wissen. Unentschlossen kaufe ich mir eine einmonatige Flatrate-Karte, sodass ich zumindest am täglichen Programm teilnehmen kann. Die Karte stolz in der einen Hand und meine Yogamatte unter dem anderen Arm erkunde ich das große Gelände.

Das Yogazentrum sieht aus wie ein riesiger Abenteuerspielplatz aus mehrstöckigen Holzhäusern und erinnert mich irgendwie an Neverland von Peter Pan in dem Film *Hook*. Die gesamte Anlage ist durch verschlungene Wege miteinander verbunden. Es gibt Studios, Unterkunftsmöglichkeiten, Behandlungszimmer und ein Café. Es riecht nach Dschungel, Räucherstäbchen und einem sehr angenehmen ökologischen Moskitoschutz, der überall frei verfügbar ist. In der Mitte findet sich eine riesige Open-Air-Holzbühne mit einer Tanzfläche, Platz für Handstandsübungen und Versammlungen. Darüber ist das Restaurant und Café mit vielen Tischen und Sitzmöglichkeiten und dem freien Blick auf die Anlage, den Dschungel und die Reisfelder. Hier werden die köstlichsten Mahlzeiten zubereitet und serviert. Alles frisch, lokal, vegan und clean. Neben dem offenen Kochfester gibt es eine Vitrine mit Süßem: rohe Schokolade, Bliss Balls, Kakaonüsse, Leinsamencracker und andere gesunde Snacks. Ich fühle mich wie in einer Wunscherfüllung.

Yogafans aus aller Welt laufen und sitzen herum. Ich habe noch nie so viele attraktive Menschen auf einem Haufen gesehen. Die ganzen Federohrringe, bauchfreien, gehäkelten Tops, Piercings, Tattoos, muskulösen Körper, ausgefallenen Frisuren wirken wie aus einem Filmset für eine erwachsene Adaption der Lost Boys aus Nimmerland. So schön es anzusehen ist, so sehr schüchtert es mich in meinen pragmatischen Sportklamotten ein, und ich fange an, mich etwas unwohl zu fühlen. Etwa so muss es sein, als Einzige unverkleidet zu einer Mottoparty zu kommen. Kurz überdenke ich meinen »Stil«, aka das Sporttop, das ich seit vier Jahren trage, und spiele mit dem Gedanken, mich einen Make-over zu unterziehen. Meine Wechseltops habe ich kurz vor der Abreise im Sale gekauft. Was bedeutet, dass mir die drei Tops, die ich als ausreichend für eine vierwöchige Reise empfand, zu groß sind. Und zwar nicht auf eine sexy oversized Weise, sondern auf eine unvorteilhafte. Wie gut, dass ich zur Innenschau hier bin. Angesichts der ganzen Attraktivität um mich herum leicht zu vergessen. Alle scheinen stilsicher und schön zu sein. Ich schwanke zwischen Faszination, Beobachtung, der Gefahr, mich zu vergleichen, und der Sehnsucht nach Raum für mich, ganz ohne solche Ablenkungen. Darauf erst mal ein großes Ginger-Cashew-Curry-with-extra-steamed-Veggies. Lecker!

Nach und nach fallen mir jedoch auch etliche Frauen auf, die sehr mager sind und sich ängstlich einen Salat mit Tahini-Dressing bestellen, um dann den Salat mit nur einem Tropfen des Dressings anzumachen. Wie triggernd diese Gesellschaft und die ständige Präsenz von Essbarem erst für sie sein muss. Sie tun mir leid.

Nachdem ich bereits einige Yogastunden besucht habe, bin ich jetzt auf dem Weg zu der ersten großen Gruppenmeditation im Zentrum. Der Kurs findet in einem riesigen Holzstudio statt, dessen eine Front komplett verglast ist und den Blick auf den angrenzenden Dschungel und eine Buddhastatue freigibt. Wir sind etwa dreißig Teilnehmende, die sich in einen großen Kreis setzen. Am Kopf des Kreises, mit dem Rücken zur Fensterfront, sitzen der Meditationsleiter und zwei Musiker mit Harmonium und Gitarre. Ein Guru und seine Band, denke ich. Die Stimmung ist aufgeregt und andächtig zugleich. Die Gruppe ist bunt gemischt, aus jeder Ecke ertönt eine andere Sprache. Während einige sich unterhalten, sitzen andere bereits mit geschlossenen Augen im Schneidersitz. Diese Angeber*innen. Ich schaue mich um und tue dann so, als würde ich mich wohlfühlen, ganz entspannt. Was bedeutet, dass ich mit angewinkelten Beinen dasitze und vor mich hin starre.

Meine Beobachtungssensoren sind aktiv und studieren alles. Dabei wollte ich offen sein, aber jetzt fällt es mir bei dieser Selbstdarstellung doch schwer, nicht zu bewerten. Es ärgert mich, gleichzeitig denke ich mir: »Das ist ein Geschenk, hier ist ja wahres Comedy-Gold, besser könnte man sich das gar nicht ausdenken.« Automatisch speichere ich mir Gestik, Mimik, den ganzen Habitus des Lehrers und zweier besonders penetranter Teilnehmer*innen ein. Noch während der Beobachtung begreife ich: Comedy braucht Bewertung. Erst durch Bewertung kann ich etwas in den Vergleich setzen und entkontextualisieren. Damit ist Comedy wirklich der absolute Gegenentwurf zu Meditation oder Achtsamkeit. Wenn ich eine Bianca, die auf ihrem Kleinwagen einen »Abi 2002«-Sticker pappen hat, nicht bewerte, entsteht kein Joke, dann ist es einfach Bianca mit einem Aufkleber auf dem Auto, ohne Geschichte und Stereotyp. Na, super! Was mache ich denn jetzt mit meinem Sprudel der Weisheit? Muss ich mich entscheiden? Meditation oder Comedy-Material? Diese vielen inneren Selbstgespräche fangen übrigens an zu nerven. Mir ist heiß. Ich atme ein paarmal tief durch. Irgendwie will doch jeder Mensch nur gesehen werden, und die hier haben sich offensichtlich das Yogastudio zur Präsentation ausgesucht, denke ich und bin dann direkt von dieser spürbaren Bedürftigkeit genervt. Schüttele ich mich gerade frei? Kommt noch mal alles hoch, damit ich gleich alles loslassen kann? Oder überinterpretiere ich meinen Schweißausbruch?

Schließlich unterbricht der Lehrer meine Gedanken mit seiner Begrüßung. Bodhi beschäftigt sich seit über dreißig Jahren mit Meditation. Er ist komplett in Weiß gekleidet, trägt einen Rauschebart sowie einen weißen Turban und lächelt permanent. Kein aufgesetztes, sondern ein authentisches Lächeln. Nachdem Bodhi uns etwas über seine Biografie und Spiritualität erzählt hat, erklärt er uns, was uns erwartet. Mittels einer speziellen Atemtechnik wird er uns in einen ekstatischen Zustand versetzen. Dafür sollen wir unsere Hände in ein bestimmtes Mudra bringen und seinen Anweisungen folgen. Wir werden sehr lange intensiv und schnell atmen. Im angestrebten ekstatischen Zustand werden wir intensive Gefühle erleben und sollen alles rauslassen – Schreie, Tränen, Lachen. Manche Menschen erfahren sogar Orgasmen, meint er, während er lächelnd in die Runde schaut und auf mehrere hungrige Blicke trifft.

Je höher Bodhi die Erwartungen hängt, desto skeptischer werde ich. Von seinen Beschreibungen fühle ich mich so eingenommen, dass da kaum noch Raum für eigene Erfahrungen zu sein scheint. Ich lasse kurz meine Schultern kreisen, um seine Worte abzuwerfen, was nicht gelingen will. Also verspreche ich mir, nicht enttäuscht zu sein, falls ich nichts spüren werde. Seine Verheißungen erfüllen den Raum, und auf einmal scheint es, als warte hier eine Reihe Erwachsener wie kleine Kinder freudig auf den Weihnachtsmann, an den sie fest glauben. Bodhi schafft eine Hierarchie, eine Überlegenheit, die vielleicht auch einfach nur als Einladung zu verstehen ist. Sicher ist jedoch, dass er ordentlichen Druck aufbaut und damit fast Reaktionen erzwingt, denn alles andere würde ja ein Scheitern bedeuten, oder? »Sie oder er ist noch nicht so weit und muss noch viel lernen.« Mit seinen Worten, Blicken und theatralischen Pausen drängt er uns in die gewünschte Richtung, er lenkt uns, und der Auftrag wird unmissverständlicher klar: Wir sollen ausflippen, um den Zustand der Trance zu inszenieren. Manipulation, die ihre Wirkung entfalten soll.

Bodhi schaut lächelnd in die Runde und hat mit jedem kurz Blickkontakt. »I don't know how the magic works, but it works«, sind seine letzten Worte, bevor wir alle die Augen schließen und die Übung beginnt. Der ganze Raum atmet schnell und laut, und mir wird ganz schwindelig von diesem Rhythmus. Es fühlt sich ähnlich wie Hyperventilation an, daher nehme ich eigenverantwortlich und entgegen dem geleiteten Takt etwas Tempo heraus. Ich will spüren, was mit mir passiert und ob sich etwas tut. Doch bevor ich die Möglichkeit bekomme, irgendetwas zu fühlen, höre ich grauenhafte Schreie. Eine Männerstimme schreit immer wieder: »Jesus Christ. Fuck. Jesus Christ.« Das Ganze klingt so Furcht einflößend, dass ich die Augen halb öffne, um zu sehen, von wem die Laute kommen und ob Gefahr droht. Die Ausrufe stammen von einem dicklichen, etwa Mitte fünfzigjährigen Mann in Hawaiihemd. Er sieht aus wie ein »Jürgen«, und Jürgen gibt wirklich alles. Da wir noch ganz am Anfang der Meditation sind, erscheint es mir fast unmöglich, dass Jürgen schon in Trance ist. Und so wirkt er auf mich wie ein Faker oder einfach wie jemand, der den Raum hier nutzt, um alles rauszulassen. »Fuck! Jesus Christ!«, brüllt er wieder.

Ich schließe die Augen und versuche, bei mir zu bleiben. Eine meiner schwersten Aufgaben. Doch keine Chance, schon gesellen sich weitere Töne dazu. Eine Frau schreit und weint. »Ah … ah!«, kreischt sie. Auch das erinnert mehr an eine Laientheatergruppe, die gerade die Aufgabe gestellt bekommen hat, wütend zu sein, als an ein authentisches Meditieren. Es sind schließlich gerade erst wenige Minuten vergangen. Dann folgt lautes, hysterisches Lachen. Langsam wächst das Ganze zu einem Feuerwerk des menschlichen Soundsystem. Die Gefühlsausbrüche wirken wie eine Selbstinszenierung und keinesfalls wie eine tiefe Meditationserfahrung. Je expressiver, desto mehr klingt es wie: »Seht her, ich zeig euch, wie erleuchtet ich bin. Ich bin zwar erst seit zwei Tagen hier und habe erst drei tiefe Atemzüge genommen, aber ich fühle es.«

Wut steigt in mir hoch, weil laute Menschen die Situation an sich reißen. Und eigentlich bin ich sauer auf mich, dass mich das hier wirklich wütend und sogar aggressiv macht. Plötzlich werde ich von einer ganzen Wutlawine mitgerissen. Sie lässt mich kaum Luft holen und scheint mich nicht loslassen zu wollen. Gedanken fliegen durch meinen Kopf: Ich bin wütend, dass es mir nicht gelingt, mich nicht von Jürgens und der Lautstärke der anderen stören zu lassen. Ich bin wütend, dass ich einer Situation ausgesetzt bin, in die ich mich freiwillig begeben habe, und mich darin dennoch gefangen fühle, weil ich zu »höflich« bin, um zu gehen und zu sagen: »Macht euren Scheiß alleine, und Jürgen, ich hab echt keine Lust, mir dein Geschrei anzuhören. Und Bodhi, ich lass mich nicht manipulieren.« Ich fühle mich wie ein Feuerball, der alles um ihn herum anzünden will, und bin überrascht von der Aggression, die in mir schlummert. Gäbe es einen Boxsack, ich würde ihn so lange verkloppen, bis mir meine Hände wehtäten. Mein Herz pocht, und ich spüre einen tiefen Druck auf meinem Kiefer, Hals und bis runter zur Leiste. Eine Wutlawine.

Endlich ist die Meditation vorbei, und ich warte nur darauf, platzen zu können. Als Bodhi nach Feedback fragt, beginnt ein junger Typ in Batikklamotten und mit einem Dutt, mit weicher Stimme sehr langsam zu sprechen: »First of all, I wanna thank you all. It was amazing being part of this and I love that we are all in this together. Thank you for sharing.« Dann faltet er seine Hände zusammen, legt sie an die Stirn, vermutlich vor sein Drittes Auge, und schließt mit: »I love you. Honestly.« Alle scheinen gerührt und grüßen mit Namaste. Ich wünsche mir einmal mehr eine Kamera, die heimlich filmt. Also ehrlich: Wie viel Klischee kann man sein?! Diese offensichtliche Selbstbeweihräucherung und Inszenierung macht mich immer wütender. Mir ist klar, dass ich es rauslassen muss, also melde ich mich und werde direkt drangenommen. Meine Entschlossenheit überrascht mich selbst, schließlich verhalte ich mich zu Hause äußerst selten konfrontativ. Doch nun platzt es aus mir heraus. Der Hippie-Schleimspur meines Vorredners ausweichend schaue ich mit festem Blick in den Kreis und sage laut: »I heard some loud noises and, to be honest, I got quite annoyed by it. It felt so fake and at one point I caught myself thinking ›Shut the fuck up‹.« Wow. Das hat gesessen. Mein Herz klopft so stark, dass ich das Gefühl habe, es springt mir gleich aus der Brust. Ich blicke in entsetzte Gesichter. Doch da ist noch etwas anderes: Mitleid! Blicke, die mir im übertragenen Sinne die Hände reichen und sagen: »Oje, du hast noch so viel zu lernen. Du stehst wirklich noch ganz am Anfang.« Auch der Guru lächelt eklig überlegen und sagt schließlich: »Thank you for your honesty.« Okay, diese

Diplomatie gefällt mir. Gleichzeitig übernimmt er damit keinerlei Verantwortung für seinen Unterricht, und das finde ich ziemlich einfach und bequem.

Nach der Meditation warte ich draußen auf Bodhi. Ich habe das Bedürfnis, auch noch einmal persönlich mit ihm zu sprechen. Was ich sagen oder hören will, weiß ich selbst nicht genau. Doch da ist eine neue hartnäckige Konfrontationslust in mir, die mich antreibt. Bodhi sieht mich direkt, bleibt vor mir stehen und beginnt unmittelbar zu sprechen: »If something annoys you, it is something in you. It is never the other person. It is something that happened to you as a child.«

»What could it be?«, frage ich zurück.

»It's in you. It'll come to you through meditation. Come back tomorrow.«

»Okay.«

Er nickt und zieht weiter, scheint fast zu schweben. Seine einfach so rausgehauenen »Weisheiten« finde ich ziemlich übergriffig. Für mich ist auf einen Schlag klar: Das möchte ich nicht so stehen lassen. Natürlich komme ich morgen wieder. Diese Blöße gebe ich mir nicht, auch wenn mich das ordentlich Überwindung kosten wird. Ich habe keine Ahnung, wem ich hier etwas beweisen will, aber ich habe den Drang, den Lärm da zu lassen, wo er herkommt, und der Grenzverletzung etwas entgegenzusetzen. Bodhis autoritäres, herrisches Gehabe stört mich. Gleichzeitig frage ich mich, warum ich so stark reagiere. Eigentlich könnte ich doch einfach darüber lachen, mich über eine witzige Anekdote mehr freuen und das Ganze abhaken. Doch irgendwie ist es noch nicht abgeschlossen für mich. Also steht mein Plan: Wenn die anderen hier rumschreien und weinen, dann kann ich das auch. Dieser Drops ist noch nicht gelutscht, liebe Hippiefreund*innen, ihr Selbstdarsteller*innen.

Auf dem Weg zum Hotel lasse ich die Meditation Revue passieren und frage mich, inspiriert von Bodhis Fragen: Wie habe ich als Kind gelernt, mit Wut umzugehen? Mir fällt sofort eine

Situation ein, in der ich ungefähr fünf Jahre alt war und das Kindergartenabschlussfest boykottierte, indem ich nicht wie die anderen Kinder fröhlich spielte, sondern mich stattdessen unter einem Tisch verkroch und in meinen Kakao spuckte. So ein Verhalten war absolut nicht aussagekräftig für mich, umso erschrockener war meine Mutter, und ich weiß noch, wie peinlich ihr mein Verhalten war. Ich hingegen war wütend, weil ich mich so unwohl fühlte und einfach nur nach Hause wollte. Doch dafür fehlten mir natürlich noch die Mittel, ich konnte nur innerhalb meiner Ressourcen handeln, und das war Bockigkeit. Die Reaktion meiner Mutter wiederum zeigte mir, dass es nicht gut ist, sauer und bockig zu sein, und ich bitte lieber so artig und fröhlich wie die andern Kinder sein sollte. Oje, vielleicht war das der Trigger? Hatte ich gerade, fast dreißig Jahre später, wieder das Gefühl, dass alle brav das angeleitete Spiel mitspielen, nur ich nicht?

Ich habe also die Erfahrung gemacht, Wut und Abgrenzung lieber zu unterdrücken und mich wohlerzogen zu verhalten. Und jetzt sitze ich dreißig Jahre später im Dschungel und bin irritiert beim Theater, das Jürgen in seinem Hawaiihemd veranstaltet. Wenigstens konnte ich meinem Ärger freien Lauf lassen. Sehr gut! Ich klopfe mir imaginär auf meine Schulter – vielleicht ist das hier doch so ein Eat-Pray-Love-Ding?

Zurück im Hotel, kommt eine junge Frau, die mir bisher noch nicht aufgefallen ist, auf mich zu: »Hi, I am Julia from Austria.«

Das ist doch mal ein netter Gesprächseinstieg.

»Hi, I'm Lena from Germany«, antworte ich dankbar für die Einfachheit ihrer Begrüßung.

»O super, dann können wir ja Deutsch reden. Boah, ich wollte dir nur sagen, dass ich auch gerade in der Meditation war und es so mutig fand, dass du ehrlich gesagt hast, was du dachtest. Mir ging's genauso – das kam mir alles so fake vor. Ich wollte dir nur schnell Danke sagen.«

Was für eine überraschende Bestätigung und Egomassage, die

ich etwas überrascht annehme. Der Zuspruch tut unendlich gut. Schließlich ist es für mich eine neue Erfahrung, mich nicht immer nur beziehungsschonend zu verhalten. Wie oft habe ich gedacht: »Lieber niemanden vor den Kopf stoßen oder gar unhöflich wirken«, und damit lieber ertragen, dass am Ende ich leide und nicht die andere Person, die ich eigentlich kritisieren möchte. Stolz und gefühlt zwei Zentimeter größer gehe ich in meinen Flip-Flops auf mein Zimmer. Ohne zu stolpern.

Am nächsten Tag gehe ich wieder zu Bodhis Meditation. Dieses Mal fühle ich mich vorbereitet. Ich habe einen Plan. Bodhi beginnt seine Stunde exakt wie die gestrige. Auch Jürgen und der Dutt-Hippie sind wieder da. Jürgen schaue ich kampfbereit an. Lieber Jürgen, heute leiste ich dir Gesellschaft, und glaub mir, in mir stecken viele eingesperrte Schreie. Sobald die Atemphase beginnt, mache ich mich bereit. Meine Haut kribbelt, und mein Herz schlägt schnell, ich bin so nervös wie vor einem Auftritt. Das hier hat rein gar nichts mit Spiritualität und Meditation zu tun, dessen bin ich mir bewusst. Doch ich spiele nach den gestern erlernten Regeln. Jürgen legt bereits los: »Jesus Christ!! FUCK!!!« Okay, denke ich und atme noch mal tief ein. Dann beginne ich zu lachen, erst leise und dann immer lauter, ich teste meine eigene Schamgrenze und durchbreche sie. Dann schreie ich, und die Schreie werden zu Gekreische. Niemand stoppt mich, und auf einmal denke ich daran, wie wir als Kinder meistens in unserer Lautstärke gebremst werden. Jetzt lasse ich alles raus, und gleichzeitig tun mir die Leute leid, die sich heute durch mich gestört fühlen, so wie ich mich gestern gestört gefühlt habe. Doch letztendlich fühle ich mich befreit, entspannt und ein wenig beschämt zugleich.

Bevor wir Feedback geben dürfen, leitet uns Bodhi noch einmal an: »Rub your palms to create some fire. Place it one inch before your eyes. Rub your palms again. Place the fire wherever you need some love.« Ich halte meine warmen Handflächen vor meinen Hals und meinen Kiefer.

In der Feedbackrunde meldet sich wieder der junge Hippe mit dem Dutt. Wie gestern bedankt er sich und sagt dann etwas, was mich peinlich berührt. Er habe die Schreie gehört, und er schicke dieser Person ganz viel Liebe für das, was sie erlebt hat. Dabei nickt er mit gefalteten Händen in die Runde. Natürlich meint er mich. Oh, ist das unangenehm! Ich fühle mich ertappt, ein bisschen wie eine Betrügerin. Seine Aufmerksamkeit und Empathie haben mich schachmatt gesetzt und lassen mich wie eine Verräterin fühlen.

Nach der Meditation stehe ich im Vorraum, und meine Blicke treffen die der Assistentin, die Bodhi dieses Mal begleitet hat. Sie kommt auf mich zu und fragt mich, wie es meinem Kiefer und Hals geht. Ich bin erstaunt. Sie muss gesehen haben, wie ich mir zum Schluss die Hände vorgehalten habe. »A little tense«, untertreibe ich. Sie sieht mich ruhig an: »If the heart didn't express itself through the throat, it gets stuck in the jar.« Diese Fernanalyse habe ich nicht erwartet. Ich frage mich, ob sie das oft macht. Sie nutzt meine Verwirrung und dreht mir eine private Sitzung an, um mein »Trauma« zu befreien. Ich bin so verdattert und überrumpelt, dass ich zusage. Schon wieder ein Übergriff! Natürlich sage ich ihr später vom Hotel aus ab. Wenn ich daran denke, dass weniger gefestigte Menschen solchen ungefragten und unqualifizierten Analysen, die sich im schlimmsten Fall sogar als professionelle Diagnosen verstehen, ausgesetzt sind, wird mir mulmig.

Dieser ganze Input und mein emotionales Auspowern haben mich hungrig gemacht, und so schlendere ich auf der Suche nach etwas Essbarem durch die wild befahrenen Straßen Ubuds. Auf der linken Seite entdecke ich ein verstecktes kleines Café. So versteckt, dass es mir vorher noch nie aufgefallen ist. Ich trete ein und erblicke die Kuchentheke meiner Träume. Besonders der vegane Schokokuchen lacht mich an – Jackpot! Ich bin im Kuchenhimmel angekommen. Das ist die Sprache meines Herzens.

Der Besitzer, ein älterer Balinese, ist sehr freundlich, und während ich seinen Schokokuchen esse und lobe, setzt er sich zu mir und erzählt mir von Ubud. Er ist hier geboren und erklärt mir, dass Ubud »heilen« bedeutet, weil es hier schon immer die meisten Heiler des Landes gab. Wenn also in der Vergangenheit jemand krank war, wurde er nach Ubud gebracht. Mittlerweile ist es nicht mehr so einfach, an den passenden Heiler zu kommen. Sein Bruder vermittelt deshalb. Damit es nicht zur Enttäuschung kommt. Ich verstehe den Wink mit dem Zaunpfahl, die charmante Akquise, aber gehe nicht darauf ein. Der Mann scheint es mir nicht übel zu nehmen und erzählt unberührt weiter. Er erwähnt den High Priest, der besonders unter den Yogis in aller Munde ist. Mit dem Boom von Elizabeth Gilberts Bestseller *Eat Pray Love* gebe es einen regelrechten Hype auf ihn. Doch der High Priest sei dem Geld verfallen, und seine verschobenen Prioritäten hätten ihm seine Kräfte genommen. Tragisch, denke ich. Da schreibt Elisabeth Gilbert einen Selbstfindungsroman, woraufhin Julia Roberts auf der Kinoleinwand mit dem Fahrrad durchs Reisfeld fährt, und schon ist das Übel im paradiesischen Bali und zerstört den Zauber der Heilung. Ist das Entzauberung durch Globalisierung und Vermarktung? Kapitalismus und Kommerzialisierung als Widerspruch von Heilung.

Meine Gedanken werden vom Redefluss des Cafébesitzers unterbrochen. Yoga gab es. Schon vor dem Boom auf Bali, aber mit der touristischen Ausschlachtung kam der Bedarf an veganen, glutenfreien Speisen, erklärt er mir. Also hat er seine Kuchenauswahl komplett darauf umgestellt. Gerade als er mir sagt, wie viel Fett veganer Kuchen braucht, um saftig zu werden, schiebe ich mir einen extragroßen Bissen in den Mund. Ernährung scheint sein Thema zu sein: »Please don't eat white bread! Only use palm sugar. Brown rice is o. k., white rice makes you tired«, ermahnt er mich leidenschaftlich. »Okay, thank you«, antworte ich. Heute scheint wirklich Tag der ungefragten Ratschläge zu sein, aber seinen nehme ich gerne an.

In den nächsten Wochen nehme ich an zahlreiche Kursen im Yogazentrum teil. Am liebsten mag ich die tibetanische Klangschalenmeditation. Sie findet unter einem Bambusdach im oberen Stock eines riesigen Holzstudios statt. Zu den Seiten ist es geöffnet und lässt den Blick auf die dunkle Nacht und die Geräusche des Dschungels frei. Es gibt kein elektrisches Licht, nur Kerzen, die auf dem Boden verteilt sind, uns den Weg weisen und in eine friedliche Atmosphäre wiegen. Yogamatten und Decken liegen schon bereit. Sie sind nach vorne ausgerichtet, wo im Halbdunkeln Wakuha, ganz in Weiß gekleidet, sitzt und anmutig schweigt. Vor ihr befinden sich in einem Halbmond arrangiert zahlreiche Klangschalen, die sich in Größe und Form unterscheiden. Wakuha ist eine spirituelle Heilerin, die angenehm bodenständig aussieht und das, was sie vertritt, auch ausstrahlt. Ich vertraue ihr und fühle mich gut aufgehoben. Keine Spur von Bodhis Manipulationsversuchen. Ohne große und lange Begrüßung sollen wir uns hinlegen oder hinsetzen und die Augen schließen. Jede Schale klingt und vibriert auf eigne Weise. Die Klänge sind wunderschön und helfen mir zu entspannen. Als würden meine Gedanken eingefangen und auf einem Klangteppich sanft gewiegt werden. Ich genieße, lausche den Schalen und dem Dschungel und fühle mich durch die offene Architektur und die unaufdringliche Art der Meditation mit meiner Umgebung verbunden. Gegen Ende spricht Wakuha in die Stille, ich verstehe nur »… holy water …« und zucke trotzdem vor Schreck über die kalten Wassertropfen, die mich sogleich treffen, zusammen. Heimlich blinzle ich und sehe, wie sie durch die Reihen geht und uns mit einer Art Besen benässt. So ist zumindest sichergestellt, dass niemand schlafend zurückbleibt. Wir beenden die Stunde im Sitzen und bedanken uns. Voller Ruhe und Freude auf Schlaf wanke ich vom Baumhaus rüber ins Hotel.

Im Hotel sind in der Zwischenzeit auch Ruby und Dolly eingezogen, mit denen ich mich sofort anfreunde. Sie reisen auch allein, und wir verstehen uns auf Anhieb. Ihre Gesellschaft, unser Zusammensein potenziert die Freude und hebt die Stimmung. Wir sind sehr unterschiedlich: Ruby ist ruhig, extrem flexibel und besonnen, Dolly ist laut und extrovertiert, sie moderiert unser Dreiergespann und beflügelt uns, ich sauge die beiden auf, reflektiere und mache ab und zu einen Witz. Jede von uns hat ihre eigene Geschichte. Ruby lässt sich gerade scheiden, Dolly hat ihren Job in London geschmissen, beziehungsweise ihre Kündigung provoziert, und auch ich kämpfe um einen Lebensentwurf. Wir alle sind auf der Suche nach Inspiration, Wissen und Horizonterweiterung. Wir wissen: Es gibt so viele Arten, zu leben und zu denken, so viele Kulturen und Sprachen, die uns Erweiterung unserer bekannten Denkstrukturen schenken können. Wir drei ergänzen uns, ohne Verabredung, ohne Bedingung, ohne Enge. Keiner von uns ist in den Wochen auf Bali klar, wie besonders unsere Bande ist und dass wir noch fünf Jahre später in Kontakt stehen werden. So schön es ist, allein zu reisen, so schön kuschelig fühlt es sich an, sich anzulehnen und auf einen Plan mit aufzuspringen.

Ruby lerne ich als Erstes kennen. Sie spricht mich am Pool an und fragt mich, ob ich mit ihr eine Reisfeldwanderung im Sonnenaufgang machen möchte. Ich sage sofort zu.

Am nächsten Morgen gehen wir um sieben Uhr in der Früh los. Wir laufen durch die wunderschöne Natur und schwitzen in der aufgehenden Sonne. Wir reden wenig, sondern genießen schweigend die Aussicht. Ich liebe es, dass sie nicht durchquatscht, die Natur wie ich am liebsten in Stille genießt, und freue mich sehr über unsere Bekanntschaft. Nach etwa anderthalb Stunden entdecken wir einen Organic Herbal Shop, in dem wir uns mit Lippenpflege, Peelings und Aromatherapy-Rollern eindecken. Inmitten der Natur, umgeben von Palmen und Reisfeldern, kaufen wir nachhaltige Naturprodukte in recycelbarem Papier verpackt. Alles riecht so gut, dass ich noch Jahre später nach etwas Ähnlichem suchen werde. Vergeblich. Die

Verkäuferin bietet uns einen Kräutertee an, den wir als Verschnaufpause nutzen. Sie ist in unserem Alter und erzählt uns, dass ihre Schwester die Firma vor ein paar Jahre gegründet hat und es mittlerweile mehrere Filialen gibt. Ein erfolgreiches, weiblich geführtes Familienunternehmen. Darauf noch mal zwei Bliss-Aromaroller.

Sosehr mich das nachhaltige und umweltbewusste Konzept anspricht, so sehr stolpere ich über meine eigene Doppelmoral. Der Verzicht auf Plastiktüten, die Verwendung von natürlicher, purer Kosmetik und der Genuss von lokalem, veganem Essen sind absolut richtig, aber über die Auswirkung der Flüge, die uns hierhergebracht haben, spricht niemand. Ich kann noch so viel Plastik vermeiden, den CO_2-Ausstoß des Langstreckenfluges kann ich damit nicht wettmachen. Kurz vor meiner Abreise habe ich mit einem meiner besten Freunde darüber gesprochen, dass ich diesen Flug nicht vertreten kann und die Reise trotzdem mache. Er hatte die Sicht, dass eigentlich jedem Menschen maximal zwei Langstreckenflüge zustehen dürften. Ich habe meine also verbraucht. Klimamäßig unverantwortlich zu reisen ist ein Problem, und trotzdem kann ich jede*n verstehen, die*der Bali wiedersehen möchte. Angesichts der Schönheit des Landes verwundert es mich nicht, dass viele nach der Reise einen Umzug in Angriff nehmen. Ich begegne einigen, die kurz in ihr Heimatland zurückfliegen, um ein Visum zu beantragen, und dann auf unbestimmte Zeit zurückkommen. In einem Workshop erzählt mir eine junge Frau, dass sie für vier Wochen hier war und nun seit einigen Monaten hier lebt. Jeden Morgen, wenn sie mit dem Roller von ihrem Airbnb-Haus durch die Reisfelder zum Yoga fährt, kann sie ihr Glück gar nicht fassen.

Etwas zu verlassen, was man nicht mehr aushält, spiegelt vielleicht bestimmte gesellschaftliche Entwicklungen, in denen auch ich mich wiederfinde. Auch ich bin schließlich auf der Suche nach einer positiven Zukunftsvision. Zwar trage ich Optimismus und Zuversicht stets in mir, aber andere Lebensentwürfe zu entdecken ist für mich wahnsinnig bereichernd und beflügelnd.

Für mich gibt es hier zwei Welten. Da ist einmal Bali als Ort, und dann sind das Yoga und die Meditation. Beides genieße ich in vollen Zügen, und von beidem will ich mich am Ende nicht mehr trennen. Ich will auch hier leben. Zumindest für eine Zeit. Mich faszinieren diese unkonventionellen Lebensentwürfe, und unterbewusst war ich wohl genau nach diesem Realitätscheck auf der Suche. Ich muss kein Nullachtfünfzehn-Leben führen, denn es gibt so viele schöne Orte auf der Welt. Andere haben es vor mir getan, und ich kann es auch. Ich möchte nie mehr in so einer grauenvollen Anstellung wie in der Filmproduktionsfirma gefangen sein. Mein Traum ist es, von meiner Kreativität zu leben. All diese Leute, vorrangig Frauen, die hier auf Bali ihr Leben individuell gestalten, ihren eigenen Weg gehen, machen mir Mut und sind mir Inspiration. Nicht so eng denken, sondern weit. »Open up«, sagt auch Ruby zu mir, als ich ihr von meinen Gedanken erzähle. Dabei formt sie ihre Hände zu Scheuklappen. Recht hat sie, und, puh, komme ich mir streng vor. Ein Selbstbild, das mir gar nicht gut gefällt.

Ruby und ich wandern noch einige Stunden in den Reisfeldern. Als wir wieder zurück im Hotel sind, lege ich mich erschöpft auf mein Bett. Wie bei einem Kind, das draußen gespielt und sich ausgepowert hat, lassen mich die Eindrücke, die Gerüche und Bilder friedlich einschlafen. Nach fast zwei Stunden wache ich auf und fühle mich ganz verschwommen. Ich trage immer noch meine Sportklamotten und habe einen Bärenhunger. Um wach zu werden, drehe ich zwei Bahnen im Hotelpool. Dann gehe ich rüber ins Yogazentrum, um ein veganes Curry zu essen.

Abends treffe ich Ruby am Hotelpool. Sie kommt gerade vom Yoga und hat Dolly kennengelernt. Dolly ist mir auf Anhieb sympathisch und begrüßt mich mit »Nice to meet you. You are Lena, right?« Wir sind sofort Freundinnen, gehen direkt

zusammen balinesisch essen und entschließen uns, einen Kochkurs zu machen. Schon am nächsten Tag kommen wir für den
Kochkurs zurück in das Restaurant. Wir sind die einzigen Teil-
nehmerinnen, und da der Kurs von drei Balinesinnen gegeben
wird, sind wir eine feine Frauengruppe. Beide Seiten freuen sich
über die kleine Runde. Während wir das Curry zubereiten und
süßen Reis in Bananenblätter einwickeln, unterhalten wir uns
angeregt. Die Köchinnen möchten unser Alter wissen. Als wir
ihnen sagen, dass wir alle um die dreißig sind, staunen sie und
fragen uns, wo unsere Ehemänner sind. »We are single.« – »Oh,
so you live with your parents?« – »No, each of us lives on her
own.« Das blanke Unverständnis schlägt uns entgegen. Auf Bali
leben Familien zusammen, und es ist unvorstellbar, dass ein
»Kind« auszieht, um allein zu wohnen. Erst wenn man einen
Partner gefunden hat, verlässt man das Elternhaus. Sie bemit-
leiden unsere Singlehaushalte, für die sie nur Kopfschütteln
übrighaben. Das sei doch einsam. Manchmal schon, denke ich,
obwohl ich alleine wohnen sehr mag. Je mehr sie über unsere
Lebensweise erfahren, desto amüsierter sind sie und desto öfter
kichern sie vor Verwunderung. Es ist ein respektvolles Ab-
klappern kultureller Unterschiede. Schließlich landen wir beim
offensichtlichen Thema Ernährung. Sie fragen uns nach unseren
Lieblingsspeisen und ob wir auch zu Hause jeden Tag kochen.
Da wir alle Klischee-Yoginis sind, lautet die mit Nachdruck her-
vorgebrachte Antwort ganz langweilig: »Ja.« Die Balinesinnen
erzählen uns, dass viele amerikanische und europäische Menschen mit schlechter Ernährungsweise hierherkommen, um zu
heilen. »Ihr esst nicht gut, und dann werdet ihr krank, und dann
kommt ihr hierher und esst gut«, sagt eine von ihnen trocken.
Sie wird wissen, wovon sie redet, sie wird es so erleben, und ich
bekomme eine leise Ahnung davon, wie krank und verrückt wir
auf sie wirken müssen.

»This is your last night?! Put your favorite dress on. Packen
können wir noch später«, schleudert Dolly mir entrüstet ent-

gegen. Ruby ist bereits abgereist, und ich hatte den Plan, meine letzte Nacht ruhig zu verbringen und gemütlich zu packen. Ich bin froh, dass Dolly das nicht zulässt. Also gehen wir los. Da ich im Gefühl habe, dass es eine spannende Nacht werden könnte, trage ich meine Haare offen und habe ein neues, enges Kleid angezogen. Auf dem Weg nach unten zu Dollys Zimmer treffe ich Abigail. Scheiße, das hab ich befürchtet. »Lena, where are you going?« – »Äh ... just ... I just ... I am about to catch up with Dolly ...« Ah, ist das unangenehm, sie auszuschließen und nicht zu fragen, ob sie mitkommen möchte. Abigail wäre nicht Abigail, wenn sie sich davon irritieren ließe, und so begleitet sie mich mit ihrem für sie typischen Selbstverständnis.

Dolly begrüßt uns mit: »Hey! Abigail, if you wanna join ...« »Sure!«, platzt es aus Abigail heraus. Ich merke Dolly an, dass sie auch nicht begeistert ist, weil Abigail sehr Raum einnehmend ist. Uns ist beiden klar, dass wir nicht die Gespräche führen werden, die wir uns gewünscht haben, und stattdessen den Abend als Zuschauerinnen von Abigails Solo-Performance verbringen werden. Schade.

Wir gehen an einigen Restaurants und Bars vorbei, bis wir nach etwa einer halben Stunde in einem offenen, sehr schönen Restaurant landen. Die vorherigen hat Dolly alle mit »No, we want a vibe. Let's look for something with a vibe« ausgeschlossen. Vibe – hier sind wir. Wir setzen uns auf ein Bambussofa und bestellen Cocktails. Der erste Alkohol nach vier Wochen. Nach der glutenfreien und abstinenten Zeit strahlt unsere gesunde Haut, und der Alkohol entfaltet schnell seine Wirkung, sodass wir alle dieses besondere Girls'-Night-out-Gefühl bekommen. Abigail spricht es aus: »I feel like high school. Ladys, come on, we need boys.« Darauf können wir uns alle einigen, und so schauen wir verlegen und aufgeregt durch den Raum, um den attraktivsten Gast ausfindig zu machen. Es gibt nicht viel Auswahl, aber einer fällt mir sofort ins Auge. Ein Typ, der allein am Tisch sitzt, nur ein Bier und ein Buch vor sich. Der soll es sein.

Abigail ist sofort Feuer und Flamme: »Let's order him a beer.«
Noch bevor wir etwas sagen können, bestellt sie beim Kellner,
der sichtlich amüsiert ist und sich über unsere Aufregung freut.

Gespannt warten wir ab. Als wir sehen, dass unser Komplize
mit dem Bier unterwegs zu unserem Auserwähltem ist, verhalten
wir uns betont unauffällig und simulieren eine Unterhaltung. Es
dauert keine Minute, und der Typ kommt samt Buch und Bier
auf uns zu, bedankt sich und setzt sich direkt zu uns. Er heißt
Daan, kommt aus Amsterdam, ist Pilot und reist ebenfalls allein.
Die Flirterei kann losgehen. Als Daan mich fragt, was ich mache,
und ich den Fehler begehe, »Comedy« zu sagen, zieht er mich nur
noch auf: Deutsche und Comedy. Zum Glück hat der Alkohol
mich noch nicht so sehr im Griff, dass ich nicht mehr schlagfertig
reagieren kann. Wir bestellen einen Cocktail nach dem anderen.
Das Bambusbett, auf dem wir vier sitzen, fühlt sich an wie eine
Blase voller Endorphine, Humor und Lust. Eine gute Mischung.

Als das Restaurant schließt, taumelt unsere Vierergruppe
durch die Straßen Ubuds, bis wir schließlich die letzte geöffnete
Bar entdecken. Nur zwei andere Gäste, ein frisch verheiratetes,
junges Ehepaar, sind dort, aber es gibt eine sich drehende Disco-
kugel und den *Dirty-Dancing*-Soundtrack. Mega! Mittlerweile
sind wir alle ordentlich betrunken, und Daan fordert mich zum
Tanzen auf. Unsere Körper schmiegen sich im Rhythmus der
Musik aneinander. Als *Time Of My Life* gespielt wird, sind wir
fest entschlossen, die Hebefigur aus dem Film nachzuspielen.
Natürlich! Da Daan groß und stark ist, vertraue ich ihm. Ich
nehme Anlauf, er stützt mein Becken und hebt mich in die
Höhe. Zum Glück hält er mich ziemlich fest, denn das Gleich-
gewicht und ich sind gerade wirklich kein gutes Team. Wir
lachen, als ich merke, dass der Ausschnitt meines neuen Kleides
gerissen ist. Dolly hat sich mittlerweile mit dem Pärchen ange-
freundet, sie kommen aus Ungarn.

Als auch diese Bar schließt, ist uns allen klar, dass das noch
nicht das Ende der Nacht sein kann. Zu sechst laufen wir also in

unser Hotel. Der Plan ist folgender: eine Abkühlung im Pool. Abigail erklärt unseren drei neuen Freunden, an welcher Stelle sie sich ducken müssen, um nicht von der Rezeption gesehen zu werden. Kichernd, mit Zeigefinger vor dem Mund und einem lauten »Pscht«. Wir laufen aufgeregt an der Rezeption vorbei, die glücklicherweise unbesetzt ist, dann schnell weiter zum Pool. Es dauert keine zehn Sekunden, und schon sind wir alle nackt im Pool. Daan schwimmt zu mir herüber. Wir knutschen, während sich parallel auch Abigail und die Frau aus Ungarn annähern. Jede*r bekommt zumindest einen Kuss in dieser Nacht.

Irgendwann wird mir ziemlich kalt. So kalt, dass ich eine heiße Dusche brauche. Also schleiche ich mich weg, gehe hoch auf mein Zimmer und stelle mich unter den warmen Wasserstrahl. Ich bin immer noch betrunken und glücklich. Es dauert einige Minuten, bis ich aufhöre zu frieren. Da klopft es an meiner Tür. Triefend nass und nackt stehen dort Daan und Dolly. »Here she is. He missed you«, sagt Dolly und setzt auf Deutsch hinzu: »Der wollte wissen, wo dein Zimmer ist.« Damit macht sie kehrt und verschwindet in der Dunkelheit. Daan und ich steuern aufs Bett zu.

An Schlaf ist in dieser Nacht nicht zu denken. Nur am Morgen träume ich kurz weg und stelle mir unsere Fernbeziehung zwischen Köln und Amsterdam vor: Es ist bescheuert, aber ich liebe diese Gedankenexperimente. Da ist er wieder, der Tanz zwischen gegenwärtigem Genuss und Zukunftsausmalerei. Ein Drahtseilakt, bei dem ich regelmäßig abstürze. Ich denke immer an »morgen«, immer. Auch wenn es mich nervt, kann ich es nicht abschalten. In dieser Nacht aber gönne ich mir ein schönes Morgen: Und so überlege ich mir, wie unsere Fernbeziehung langsam ernster wird, bis ich schließlich auch nach Amsterdam ziehe und in Meeresnähe lebe. Wenn wir streiten, beschimpfe ich ihn auf Deutsch, und unsere Kinder wachsen selbstverständlich bilingual auf. Ab und zu habe ich Heimweh, doch Deutschland ist ja immer noch ganz nah. Dieser Ort, diese Zukunft, die ich mir ausmale, ist wunderschön. Ich bin kurz verliebt in die Idee von uns, in die Fantasie von uns in den Niederlanden. Doch dann werde ich unruhig – in zwei Stunden muss ich los, es ist noch nicht gepackt, und der Kater ist auch bemerkbar. Ich schmeiße Daan unsanft hinaus. Bei Tageslicht fällt mir noch mal auf, dass er wirklich sehr attraktiv ist. Er denkt das Gleiche über mich, spricht es im Gegenteil zu mir auch aus und fragt dann nach meiner Nummer. Bevor ich antworten kann, drückt er mich noch mal gegen die Wand und gibt mir einen gefühlvollen, langen Kuss. Mit meiner Nummer in seinem Handy verlässt er schließlich mein Zimmer.

Nachdem ich gepackt habe, gehe ich nach unten und klopfe an Rubys Tür. »Come in.« Sie liegt nackt auf ihrem Bett und klopft neben sich, als Zeichen, dass ich mich ein bisschen zu ihr unters Moskitonetz gesellen soll. Mein Kopf hämmert, und ich mag gar nicht daran denken, hier wegzumüssen. Schließlich raffen wir uns auf. Dolly verschwindet kurz und kommt mit zwei Gläsern, in denen sich Kopfschmerztabletten blubbernd im Wasser auflösen, zurück. »Oh, danke!« – »Na, sicha«, sagt sie mit ihrem schönen österreichischen Akzent. »Wie war's eigentlich gestern noch bei euch im Pool?«, frage ich. »Wir haben alle ein bisschen geschmust. Urschade, dass du weg bist. Aber Daan steht schon auf dich! War's schön mit ihm?« Sie zwinkert mir zu. Also erzähle ich ihr alle Einzelheiten, bis es an der Tür klopft und die völlig verkaterte Abigail hereinkommt. »Guys ... I think they had sex in my bed ...« Dolly lacht, und dann erzählt Abigail uns, dass das junge Ehepaar mit ihr aufs Zimmer gegangen ist, Sex hatte und sie dabei zugesehen hat, weil sie ansonsten nicht involviert sein wollte. »I think I need a Snickers.« Oh, Abigail, ich werde selbst dich vermissen.

Erst als ich nach Hause komme und mir mehrere Freund*innen sagen: »Deine Stimme ist so klar, rein und fest«, fallen mir selbst die Veränderungen auf. Ich spreche tatsächlich anders, und ich fühle mich sortiert, selbst meine Haut ist rein und strahlend prall. Mal sehen, wie lange ich den Bali-Vibe halten kann. In meiner ersten Nacht zu Hause träume ich davon, wie ich direkt wieder zurückfliege. Als ich aufwache, bin ich traurig, dass es nicht wahr ist. Bis jetzt denke ich oft und voller Sehnsucht an Bali und diese Reise zurück. Trotz der Schattenseiten des Tourismus und vor allen Dingen der verantwortungslosen CO_2-Bilanz von Langstreckenflügen. Fernreisen und klimagerechtes Handeln sind schlicht nicht vereinbar.

Im Laufe meines Urlaubes habe ich mit vielen Balines*innen über das Yogazentrum gesprochen – viele sind froh, dass das Personal ausschließlich aus balinesischen Mitarbeiter*innen zusammengesetzt ist und dass auch einige der Lehrer*innen indonesisch sind. Sie beschimpfen es trotzdem als »Geldmaschine« fern von wahrer Spiritualität. Recht haben sie. So beeindruckend und faszinierend dieser Ort ist, es scheint wie eine Parallelwelt. Menschen aus aller Welt beanspruchen einen Platz Indonesiens, um ihren egoistischen und kapitalistischen Wünschen nachzugehen. Im Grunde hat es koloniale Züge. Wie gestaltet sich ein moralisch vertretbarer Urlaub?, frage ich mich. Ist nicht Tourismus an sich schon ein krankes System? Fragen, auf die ich keine fundierte Antwort finde, sondern eher ein schwammiges Bauchgefühl, das ich kaum in Worte fassen kann. Das Interesse an Kultur, die Begegnung mit Menschen, das Lernen voneinander ist mir wichtig. Dabei will ich keine negativen Spuren hinterlassen – der Flug macht das natürlich schon unmöglich –, sondern im besten Fall sogar positive. Bei diesen Gedanken widere ich mich selbst an, ich klinge wie eine weiße Charity-Johanna, die nach dem Abi ein freiwilliges soziales Jahr macht, das als »Hilfe« verkauft wird. In Wirklichkeit aber werden die Zustände vor Ort geschwächt, da verpasst wird, Autonomie zu unterstützen, und es primär darum geht, Johanna ein gutes Gefühl zu geben. Eine ignorante Person, die Menschen besucht, denen es vermeintlich schlechter geht, um sich selbst besser zu fühlen. Über all das denke ich nach, als ich wieder in Deutschland bin, erholt von meinem Retreat im Dschungel von Bali. Ist das schon Doppelmoral?

Ich frage mich, was es über unsere Gesellschaft aussagt, dass wir auf eine kleine Insel reisen müssen, die als Inbegriff des Paradieses vermarktet wird, um Geschäftigkeit und Strukturen unseres Lebens zu entkommen. Mama Bali ist für uns da, umarmt uns, fordert nichts und ist damit der Gegenentwurf zur kapitalistischen Leistungsgesellschaft. Ich bin trotz meiner Zweifel dankbar für die Reise und die Begegnungen, für die Inspiration und die Abenteuer. Ruby und Dolly habe ich übrigens zwei Jahre später wiedergetroffen, und das war erst der Anfang. Ich bin nie wieder in die Nähe der Wurstfabrik gekommen, lebe mittlerweile von meiner Kreativität, bin selbstständig und verliere mich regelmäßig in der Sehnsucht nach der Ferne.

Was ich dank Liebeskummer, Liebe und Dating gelernt habe und warum bei mir *Single Ladies* in Dauerschleife läuft.

Auf Bali hat mir das kurze Gedankenspiel mit Daan noch einmal gezeigt, dass mein Glück nicht von meinem Beziehungsstatus abhängig ist. Was nicht bedeutet, dass ich keinen Wunsch nach einer Partnerschaft empfinde, im Gegenteil. Für mich stimmt beides, meine Zufriedenheit ist nicht abhängig von einer Beziehung, und trotzdem wünsche ich mir Zweisamkeit.

Wie hat das mit der Liebe und den Beziehungen für mich überhaupt angefangen? Dabei lasse ich Kim, den Frontsänger von *Echt* und meine erste Schwärmerei, mal außen vor, obwohl es mit dreizehn mein größter Wunsch war, ihn zu treffen. Na ja, eigentlich wollte ich nur einen Brief von ihm bekommen, alles andere wäre mir viel zu viel Aufregung gewesen.

Es ist mein erster »richtiger« Liebeskummer, der mich die größte Beziehungslektion lehrt.

»Hey, na?«

»Äh ... hi ... Mit dir hab ich jetzt gar nicht gerechnet?!«

»Ja ... Ich wollt nur sagen, ich hab's mir anders überlegt. Das war irgendwie vorschnell gestern. Ich nehm das zurück. Also, wir sind wieder zusammen?«, stammle ich in mein silbernes Klapphandy.

»Nee ... Ich find, du hattest schon recht mit dem, was du gesagt hast«, sagt Tom zögerlich.

»Ja, aber wie? Also, du willst jetzt nicht wieder mit mir zusammen sein?« Mir bricht die Stimme weg.

»Nein, ich glaub nicht«, antwortet Tom trocken.

»Aber gestern wolltest du doch noch?! Wir lieben uns doch! Du liebst mich doch?«

»… Ich weiß nicht …«

Mein Herz bleibt kurz stehen, und ich vergesse zu atmen: »Aber gestern hast du mir das doch noch gesagt?«

»Ja, Lena, ich weiß nicht. Lass uns mal auflegen jetzt, ich muss auch los. Zur Uni. Die Vorlesung beginnt gleich.«

Das ist also der Startschuss für den ersten Liebeskummer meines Lebens. Ich bin neunzehn Jahre alt und habe gestern Abend mit meinem Freund Tom, mit dem ich seit einem Jahr zusammen bin, Schluss gemacht. Wegen ihm hatte ich mich gegen den Rat meiner Mutter in Saarbrücken auf einen Studienplatz beworben, den ich zu allem Überfluss auch noch bekomme. Nach der Trennung. Hätte ich bloß auf meine Mutter gehört. Ich trenne mich eigentlich nur, weil ich spüre, dass er nicht mehr ganz dabei ist und weil ich mir so fremd vorkomme. Ein präventives Beziehungs-Aus sozusagen. Doch damit habe ich eine Lawine losgetreten, die mich nun überrollt und mir die Luft zum Atmen nimmt.

In Tom war ich zum ersten Mal so richtig verliebt, was meine vorangegangene Beziehung zwar entwertet, aber wenigstens bin ich ehrlich mit mir. Niklas habe ich nicht geliebt, das weiß ich jetzt. Damals war ich noch so jung, dass ich die ganze Aufregung damit verwechselte, verliebt zu sein. Tom ist sehr schön, sehr liebevoll, und wenn wir zusammen sind, denke ich oft: »Jetzt weiß ich, was Liebe ist.« Er füttert diese Fantasie ungefragt und unaufhörlich. Ja, die Beziehung mit ihm ist der Traum eines jungen Vorstadtmädchens. Nur seine Eifersucht stört, genau wie seine genaue Wunschvorstellung von mir. Die erfülle ich meistens und werde mir selbst dabei ein bisschen fremd. Zwei Jahre später weiß ich, dass es wohl doch keine Liebe war, dass ich auch da etwas verwechselt habe. Nur, woher soll man das auch schon wissen? Romantische Liebe scheint mir sehr verwirrend zu sein.

Der Liebeskummer, in den ich nach der Trennung von Tom falle, trifft mich ohne Vorwarnung und völlig unvorbereitet. Schließlich bin ich die Tochter von Eltern, die immer noch verheiratet sind und uns Kinder niemals im Stich gelassen haben. Auch meine Freundinnen sind bis jetzt verschont geblieben. Außer Karla. Aber bei ihr konnten wir anderen es noch nicht nachempfinden. Klar, sie tat uns wahnsinnig leid, aber letztlich standen wir vor ihrem Kummer wie vor einer unbekannten Krankheit. In meinen Liebeskummer trete ich also vollkommen unbedarft und ungeschützt. Bisher gibt es in meinem Leben eine Sicherheit, eine Stabilität. Meine Eltern und mein Bruder sind immer für mich da, und wenn sie etwas versprechen, dann gilt ihr Wort. Eine Verlässlichkeit, die mir großen Schutz bietet. In diesen Kreis habe ich völlig naiv Tom aufgenommen und kann nun gar nicht fassen, dass er sich von einem auf den anderen Tag nicht mehr meldet. Einfach ausgelöscht hat er mich. Wie kann das sein? Was ist denn dann Liebe, wenn sie so plötzlich aufhört? Jeden Tag hat er sich gemeldet und nun gar nicht mehr. Das muss doch auch für ihn zumindest ungewohnt sein? Wie kann ich mich nur je wieder auf etwas verlassen? Ist was falsch mit mir?

Fehler suche ich ausschließlich bei mir. Alle Gedanken kreisen um ihn, anstatt dass ich auf mich selbst achtgebe. Ich kann nicht mehr essen oder schlafen, und selbst das Trinken fällt mir schwer. Nur Alkohol bekomme ich ganz gut runter. Innerhalb von zwei Wochen nehme ich wegen der Appetitlosigkeit sechs Kilo ab, was angesichts der Tatsache, dass ich wirklich immer gern esse, für alle ein kleiner Schock ist. Doch der Kummer sitzt so tief, dass es einfach nicht mehr geht. All meine Energie brauche ich für die Verarbeitung. Ich weine fast unaufhörlich. Nicht dramatisch und laut, sondern leise.

Zum Glück ist meine Freundin Karla, die die Einzige mit Erfahrung ist, voll für mich da. Sie nimmt mich an die Hand und führt mich durch dieses dunkle Tal. Zu wissen, dass sie die Traurigkeit mit mir aushält, ist das größte Geschenk und füllt mich mit Liebe. Sie holt mich mit dem Auto ab, wenn sie Erledigungen macht, übernachtet bei mir und geht abends mit mir feiern. Nur in ihrer Gegenwart und unter Alkoholeinfluss bekomme ich ein paar Bissen herunter. Ich wechsle zwischen Hoffnung und Resignation. Eine Achterbahnfahrt, bei der ich regelmäßig aus der Kurve fliege. Das schlimmste Gefühl löst die Sorge, dass der Liebeskummer nie enden wird, aus. Hätte doch damals nur jemand zu mir gesagt: »Ich verspreche dir, es geht vorbei.« Karla aber steckt noch selbst zu tief in ihrem Kummer: »Das hört nicht auf, ich bin immer noch traurig, obwohl Fin und ich schon ein halbes Jahr getrennt sind. Ich muss nur nicht mehr unkontrolliert losheulen.« Ein kleiner Trost.

Heute bin ich schlauer. Ja, es geht vorbei. Und auch damals ging es irgendwann vorbei. Allerdings schließt sich daran auch eine fiese Gedankenkette für mich an. Denn wenn Liebe einfach verschwindet, sobald sie nicht mehr gelebt und gepflegt wird, was sagt das dann über sie aus? Romantische Liebe oder das, was ich dafür halte, scheint mir ein zu komplexes Feld. Es sind diese Gedanken der naiven, romantischen neunzehnjährigen Lena, die mich jetzt noch zum Schmunzeln bringen.

Der erste Liebeskummer bringt eine fette Goodie-Bag mit, deren Inhalt sich erst rückblickend offenbart. Ich wurde desillusioniert, erwachsener und vor allen Dingen wieder ganz ich selbst. Ohne die ständigen Gedanken daran, was meinem Freund gefallen könnte. Während unserer Beziehung steckte ich in einer unbewussten Selbstverleugnung fest: Ich wollte Tom gefallen, nicht mir. Er sollte mich interessant und cool und geheimnisvoll finden, und natürlich schön. Heute kann ich mir nicht mehr erklären, woher diese Bestrebungen kamen. Warum reichte es nicht, einfach ich zu sein? Ich weiß nur, dass es furchtbar anstrengend war und zu meiner eignen Entfremdung führte. Die Energie, die ich darauf verwendete, ihm zu gefallen, fehlte natürlich an anderer Stelle. Und so schaute ich nicht darauf, wie ich eigentlich bin und was ich gut finde. Der Liebeskummer zog sich zwar ein ganzes Jahr, wurde aber immer erträglicher und schwächer. In diesem Jahr gab es auch Knutschereien, aber nichts Festes. Ich wurde stärker und klarer. Mein Glaube an die Liebe war ungebrochen. Tom war einfach nur der Falsche für mich.

Ich machte mir damals keine tiefen Gedanken darüber, was falsch und richtig bei Beziehungen überhaupt bedeuten sollte und woher dieses Konzept kam. Ich war neunzehn. Alles, was ich wollte, war, verliebt zu sein und Zärtlichkeit zu spüren. Je mehr Liebe, desto besser, dachte ich. Es ging noch um keine gemeinsamen Lebensentwürfe, Wohnungen oder Verpflichtungen. Es ging nur darum, wer wann sturmfrei hat, damit ungestört rumgemacht werden kann. Wir waren wie Kinder, die rausgewachsen waren aus den Versteckspielen und stattdessen »Pärchen« spielten.

Nach Tom kommt David und mit ihm ein neues Verständnis von Liebe. Ich sitze im Probenraum meines Bruders, als er hereinkommt. David probt im Raum nebenan, doch mit meinem Bruder hat er ebenfalls ein Bandprojekt. Unsere Blicke kreuzen sich sofort, und damit beginnt mein Herz wie wild zu schlagen. Ich werde so nervös, dass ich ihn nicht mehr ansehen kann. Also fixiere ich meinen Bruder und höre den beiden zu. »Jo, Junge, was machste heute Abend noch? Sehen wa uns später?!« Wir sehen uns auf jeden Fall noch später, denke ich und merke trotz meiner Unsicherheit, wie David die ganze Zeit zu mir herüberschaut. Etwa fünf Stunden später stehen wir im Club zusammen an der Bar und können nicht aufhören, uns anzusehen. Ich bin benebelt und gelöst von mindestens vier Bacardi Cola, im Hintergrund läuft *Boys Don't Cry*, und wir fangen an zu reden und zu tanzen, bis wir uns bei Sonnenaufgang verabschieden.

Wir sind fast vier Jahre zusammen und lieben uns bedingungslos. So kitschig es klingt, wir sind unsere besten Freunde, und mit niemandem lache ich so sehr wie mit ihm. Oft tut mir der Bauch vor Lachen weh. Wir performen unsere Liebe nicht nach außen, und doch ist für jede*n ganz automatisch und auf unaufdringliche Art und Weise sofort klar: »Die lieben sich und gehören zusammen.« David und ich wohnen in unterschiedlichen Städten, sodass wir uns nur am Wochenende sehen. Ich nehme ihn mit auf die Studentenpartys, bei denen er sich im Wohnzimmer mit Leuten unterhält und ich in der Küche Gespräche führe. Es gibt nie einen Moment des Fremdflirtens oder irgendwelche Spielchen. Es gibt noch nicht einmal das Bedürfnis danach. Nach den Partys sind immer alle in David verknallt, und meine Kommiliton*innen schreiben mir am nächsten Tag: »Bring ihn wieder mit!« Oder: »Hat David heute Zeit?« Ich freue mich und kann sie verstehen. Auf dem Dancefloor breakdanct David, ohne es zu können, außerdem ist er der freundlichste Mensch, den ich bis dahin kenne. In den Semesterferien investieren wir unser durch Nebenjobs mühsam verdientes Geld in Urlaube.

Auf einer Rucksackreise durch Schottland werden wir auf der Fährfahrt zu den Orkney Islands zusammen mit fast allen Mitfahrenden seekrank. Während ich im unteren Sitzbereich synchron mit einer ganzen Gruppe in Tüten kotze (ich hätte vorher definitiv keine Blumenkohlsuppe essen sollen), verlässt David den Sitzbereich mit den Worten: »Boah, wenn ihr jetzt hier alle kotzt, hau ich ab.« Er schafft es bis in die Toilette, wo er sich dann mit zwei anderen torkelnden Männern entleert. Allein das niederländische Pärchen, das sich im Barbereich betrinkt, bleibt seefest. Unsere Reisen schweißen uns noch enger zusammen und zeigen immer wieder, wie verbunden wir sind. In London verlieren David und ich uns zweimal im Gedränge an einer großen Kreuzung auf der Oxford Street, doch finden wir uns kurze Zeit später blind wieder. Wir scheinen eine unsichtbare Verbindung zu haben. In Stockholm warte ich einmal auf ihn, während er in einem riesigen, zweistöckigen Supermarkt verschwindet. Nach fünfzehn Minuten werde ich ungeduldig und gehe ihn suchen. Instinktiv weiß ich, dass er auf der oberen Etage in der rechten hinteren Ecke ist. Meine Beine tragen mich einfach zu ihm. Diese Verbindung wird von uns gar nicht groß thematisiert, weil sich diese Situationen so natürlich anfühlen, dass wir nicht darüber nachdenken.

Doch wir hätten keine ernsthafte Beziehung, wenn es keine Konflikte geben würde. Wir streiten uns immer wieder, genauer gesagt streite ich mich, und David lässt es über sich ergehen. Ich störe mich daran, dass er ein unzuverlässiger Chaot ist und ich daher die Rolle der Erwachsenen übernehmen muss. Eine Rolle, die ich nicht mag. Seine Unzuverlässigkeit ist keine emotionale – für meine Gefühle hat er immer ein offenes Ohr, sondern sie betrifft ganz praktische Dinge, was mich wahnsinnig macht.

Seine Schwächen sickern immer tiefer in unser emotionales Fundament, das langsam Risse bekommt. Meine Schwächen kann David zwar gut akzeptieren, aber ich tue mich schwer damit, über seine hinwegzusehen. Ich bin noch so jung, und zum ersten Mal bekomme ich eine kleine Idee, was Beziehungsarbeit bedeutet. Doch wir beide sind in diesen Dingen noch so unglaublich unreflektiert, auch weil wir frisch von zu Hause ausgezogen sind und uns allein das Beziehungsmodell unserer Eltern vertraut ist. Wir machen uns keine aktiven Gedanken über Beziehungsgestaltung. Wir kennen noch nicht mal diese Begriffe.

Mit der Zeit wird immer klarer, dass wir unterschiedliche Lebensentwürfe haben, die nicht kompatibel sind. Mir graut es vor einer schmerzhaften Vernunftstrennung. Schließlich bin ich ein Herzmensch, und deshalb sehe ich es nicht ein, mich aus rationalen Gründen zu trennen. Was sich allerdings nicht verdrängen lässt, ist die Tatsache, dass Davids Unzuverlässigkeit mich so sehr stört, dass die Beziehung in ein Ungleichgewicht gerät. Die Freude und die schönen Momente werden so rar, dass sie die Schwierigkeiten nicht mehr aufwiegen können.

Nach einer durchfeierten Nacht streiten wir uns wieder am Telefon. Ich fühle mich erschöpft und ausgelaugt von den ewigen Auseinandersetzungen und wage den Sprung die Klippe hinunter. »Ich mache Schluss.« Wir legen auf, und ich rede mir selber ein: »Oh, mir geht's viel besser, ich fühle mich so erleichtert und frei.« Noch während ich dieses Narrativ zu formen beginne, fließen Tränen mein Gesicht hinunter. Auch David geht es sehr schlecht. Meine Mutter begegnet ihm in dieser Zeit einmal, als er meinen Bruder, seinen besten Freund, besucht. »Du verlierst da ein Juwel, Lena«, sagt sie am Telefon. »Der David leidet. Der sieht ganz blass und krank aus.« Danke, Mama! Mir geht es auch nicht besser. Jetzt füttert sie auch noch mein schlechtes Gewissen und nährt die Zweifel, die ich ohnehin habe. Es hat mich solche Kraft gekostet, diese Entscheidung zu treffen, und ich stehe so unsicher dahinter, dass ich verloren durch die Tage wanke. Mein eigener Kummer ist die eine Sache, doch was ich absolut nicht aushalten kann, ist zu wissen, dass David leidet und es ihm wegen mir schlecht geht. Also rufe ich ihn nur wenige Tage nach der Trennung an, wir treffen uns und sind sofort wieder zusammen. Unsere Liebe ist real, genau wie unsere Schwierigkeiten. Schließlich bricht uns die Unfähigkeit, sie zu überwinden, das Genick. Wir streiten, und ich bin so müde, dass ich nur noch aushalte und mir die Tränen die Sicht verschmieren. In meiner Verzweiflung sage ich nach einem weiteren Streit: »David, bitte mach du Schluss, du merkst doch, dass ich es nicht kann.« – »Okay, das mache ich.« Wir stocken, bis David lacht. »Ach komm, das war doch nur Quatsch. Wir sind einfach beide gerade gestresst.«

Eine Woche nach diesem Gespräch fährt er mit der Uni auf eine Exkursion. Als ich ihn verabschiede, gehe ich nach Hause und kann kaum atmen. Ich spüre, dass etwas Schlimmes passieren wird. Mein Körper schmerzt, schon bevor der Geist etwas zu verarbeiten hat.

Einen Tag vor seiner Rückkehr schreibt David mir: »Ich freu mich auf dich.«

Das ist die letzte SMS, die er mir als mein Freund schreibt. Oder vielleicht ist er da schon gar nicht mehr mein Freund. Meiner eigenen Befürchtung zum Trotz halte ich an einem fröhlichen Wiedersehen fest, packe meine Tasche, um ihn abzuholen. Zur Feier des Tages lackiere ich mir sogar die Fingernägel in Knallrot. Gerade als ich aufbrechen will, um die Bahn zu bekommen, klingelt mein Festnetztelefon. Es ist David. Seltsam, dass er nicht auf dem Handy anruft.

»Lena.« Er nennt mich nie Lena. Etwas stimmt nicht. »Lena, ich bin gerade erst zur Tür hereingekommen, ich habe noch meine Klamotten an, war noch nicht duschen und noch nicht auf Toilette. Ich habe auf der Rückfahrt nachgedacht. Ich mache endgültig Schluss. Ich will mir hier in Essen was aufbauen, und das geht nicht mit dir, weil ich hier sitze und dich so schlimm vermisse und weil du dich so sehr an meinen Macken störst. Ich weiß auch nicht, ob ich dich noch liebe. Vielleicht muss ich auch einfach nur schlafen. Unsere Lebensmodelle passen nicht zusammen, du willst ins Ausland, ich habe hier meine Bands, meine Musik, ich muss hierbleiben.«

Ich fühle mich wie einbetoniert. Kann mich nicht bewegen, nicht reagieren. Nur: »Hast du jemanden kennengelernt?«

»Nein.«

»Hast du jemanden kennengelernt?«

»Nein, habe ich nicht.«

»Hast du da jemanden kennengelernt?«

»Ja ... vielleicht.«

»Wie, vielleicht?«

»Ja, also ... vielleicht. Ach, Lena. Da war nichts. Die studiert auch Bio, und wir konnten uns so gut über Tierdokumentationen unterhalten.«

»Wie heißt die?«

»Mona.«

»Bist du jetzt in die verliebt?«

»Was? Nein. Da ist nur irgendwas.«

»Wie, du musst doch wissen, ob du verliebt bist. Hattest du Herzklopfen, als du sie gesehen hast? Du musst mir jetzt alles sagen. War da was?« Ich kann nicht fassen, dass ich ihm alles aus der Nase ziehen muss.

»Nein, da war nichts. Und weiß ich doch nicht, ob ich da Herzklopfen hatte, ne, hatte ich nicht. Wir waren halt manchmal in der gleichen Arbeitsgruppe, und abends haben wir zusammengesessen.«

»O. k.«

»Lena, ich hab noch eine Bitte. Kannst du mir bitte das Foto von uns beiden, das von Kayas Geburtstag, schicken? Ich fand das immer so schön, und ich hätte das so gern.«

Ich bin fassungslos. Was will er denn jetzt noch damit?

»O. k. Ich leg dann jetzt mal auf.«

»O. k.«

Bumm. Ich greife mein Handy und verschicke eine Rund-SMS an meine Liebsten. Dann gehe ich in die Küche, wo ich meiner neuen ungarischen Mitbewohnerin in die Arme laufe. Ich erzähle irgendwas in die Richtung: Ich wollte ja eh schon lange nicht mehr, und jetzt könne ich ja endlich nach Neuseeland oder auch woandershin, ich wäre ja jetzt frei. Das würde sich auch gut anfühlen.

Dann klingelt mein Handy. Die ersten Reaktionen meiner Freund*innen trudeln ein, alle sind fassungslos und ungläubig: »David liebt dich doch so abgöttisch, wie geht es dir denn jetzt?«, und: »Ach, das ist schon besser so.« Ich gehe auf mein Zimmer, um meine Mutter anzurufen. »Hallo, mein Schatz.« – »Mama, der David hat Schluss gemacht, der hat eine andere.« Meine Mutter ist genauso geschockt wie ich. Doch sie schafft es, mich zu trösten, und betont, wie gut das für mich und meine Entwicklung sei, dass sie David zwar lieb habe, aber dass das doch schon lange nicht mehr gepasst habe. Ich lasse mich fallen in die Worte meiner Mutter, gebe alle Verantwortung ab. Klinke mich aus. Mir reicht es. Ich hab das jetzt mal mit dem Erwachsenenleben ausprobiert, aber das ist nichts für mich. Lass mich bitte wieder auf meine Astrid-Lindgren-Kinderwiese, Mama.

Abends gehe ich zu Dana. Seit etwa drei Stunden bin ich nun Single. Das letzte Mal war ich vor sechs Jahren Single, doch das zählt nicht, denn da war ich ja wirklich noch ein Kind. Meine ersten Schritte als ungebundene Frau. Ich mache mich doch ganz gut, oder? Verheult klingele ich bei Danas Sechser-WG. Sie macht auf und schließt mich sofort in ihre Arme, dabei muss ich mich ganz schön hinunterbeugen, denn Dana ist nur 1,58 Meter groß, oder besser gesagt klein. So klein, wie sie ist, so viel Herz hat sie auch. Mit Sorgenfalten auf der Stirn sieht sie in meine verheulten Augen: »Ach Mensch, Süße. Komm rein. Ich hab dir Schokolade gekauft.« Ausgerechnet Erdbeere, das mag ich doch gar nicht, denke ich, aber ich sage nichts, denn diese Erdbeerschokolade ist ein Liebesgeschenk, und da ich grade einen der Hauptliebesspender in meinem Leben verloren habe, erscheint es mir unverschämt, diese Geste der Liebe aufgrund von Geschmacksvorlieben auszuschlagen. Ich tue so, als würde ich mich freuen, dann sinke ich auf ihrem Flohmarktsessel nieder und erzähle. Ich erzähle und schluchze die meiste Zeit. Doch Dana hört geduldig zu.

Irgendwann schleppe ich mich mit hängenden Schultern nach Hause. Nachts wälze ich mich in meinem Bett hin und her und versuche, David anzurufen. Er geht nicht ran. Vierzigmal wähle ich seine Nummer, vierzigmal ignoriert er mich. Mein Herz wird mir herausgerissen. Mein Brustkorb schmerzt. Ich rufe auf dem Festnetz in seiner WG an. Der dicke Tommi, ein Fan von *Star Wars* und der XXL-Schokoladen, hebt ab und sagt mir, dass David gar nicht zu Hause sei. O nein. O nein. Er ist bei ihr! Mein David liegt jetzt in dem Bett einer anderen Frau, zusammen mit einer anderen Frau. Ich bekomme keine Luft mehr.

Endlich ist es spät genug (sieben Uhr), um meine Eltern anzurufen. »Mama, kannst du mich abholen kommen?« Als meine

Mutter einige Stunden später mit dem Auto in meine Straße einbiegt, stehe ich schon mit Reisegepäck und hängenden Schultern bereit für das Survival-Aufpäppel-Abenteuer vor der Haustür. Gegessen habe ich nichts, aber das Thema Essen hat sich jetzt eh erst einmal erledigt. Meine arme Mama sieht auch schon ganz mitgenommen aus. Ihr zerreißt es das Herz, ihre Tochter so zu sehen, und wahrscheinlich ahnt sie schon, was nun für eine Zeit vor mir liegt. Ich setze mich neben sie, in unseren Volkswagen. Dann fährt sie los, bringt mich nach Hause, an einen sicheren Ort, der meiner verletzten Seele den Raum zum Heilen bieten soll.

Zu Hause begrüßt mein Vater mich mit: »Meine Leni, hier kann dir nichts passieren.« Ach, Papa, wenn du das sagst, glaub ich das auch! Mein Bruder ist unterwegs, wahrscheinlich im Probenraum, vielleicht sogar zusammen mit David. Wie soll das nur werden, dass die beiden beste Freunde sind?

In der ersten Nacht schlafe ich mit meiner Mutter im Bett meiner Eltern, sie hat dafür gesorgt, dass mein Vater in mein Zimmer umgezogen ist. Ich liege da und trage einen Frotteeschlafanzug von Aldi, den meine Mutter mir rausgelegt hat. Es ist offiziell, ich bin wieder fünf Jahre alt, und das ist mir ehrlich gesagt gerade sehr recht. Mein Bauch knurrt laut, ich scheine Hunger zu haben, aber spüren tue ich das nicht. Ich kriege kaum Luft, mein Brustkorb fühlt sich viel zu klein an. Die zweite Nacht, seit David nicht mehr mein Freund sein will. Wo ist er? Was macht er? Ich halte das nicht aus. Meine Mutter rät mir, ihm doch eine SMS zu schicken, so würde ich mich nicht aufdrängen und könne doch loswerden, was ich gern sagen würde. Also schreibe ich ihm. Die Hoffnung keimt in mir auf wie ein Feuer, das ganz schwach leuchtet: »Ich vermisse dich unendlich.« Ich weiß, dass er nicht reagieren wird, doch sehne ich trotzdem die ganze Nacht eine Antwort herbei.

Um sechs Uhr, es wird gerade hell, nimmt meine Mutter mich mit runter ins Wohnzimmer. Ich lag eh wach und habe versucht, den Schmerz und den Schock auszuhalten. Meine Mutter gibt mir ein Kreuzworträtsel als Ablenkungsmanöver. Essen kann ich nichts. Ich muss weinen. Mal fühle ich mich ohnmächtig und sitze bloß apathisch herum, dann wieder werde ich rastlos wie ein Tiger im Käfig, der kämpfen muss. Später am Tag wird der Drang zum Kampf zu groß. Ich beschließe, meinen Bruder zu überreden, David anzurufen und zu fragen, wo er gerade mit seiner Coverband spielt. Ich möchte persönlich mit ihm reden, das habe ich verdient. Er soll mir ins Gesicht sagen, dass ich nicht mehr seine Freundin bin. Der kann doch nicht am Telefon mit mir Schluss machen? Nach einiger Überzeugungsarbeit tätigt mein Bruder den Anruf. David geht sofort ans Handy. Wieso ignoriert er dann meine Anrufe? Er verbannt mich, einfach so, von einer Stunde zur nächsten. Wieso spricht er nicht wenigstens mit mir? Ich höre Davids Stimme durch das Handy. Er klingt ganz normal, ganz normal! Ich leide hier Qualen, und er telefoniert ganz normal mit meinem Bruder, alles locker. Sie spielen in Essen.

Schon fast im Befehlston sage ich meiner Mutter, dass sie mich fahren muss. Ihr ist klar, dass ich von diesem Impuls nicht abzubringen bin. Ich werde getrieben, so ohnmächtig und entscheidungsunfähig ich mich auch fühle, so stark ist der Drang, David zu sehen, und wenn ich dafür bis nach Asien fliegen müsste. Mit verheulten, aber geschminkten Augen sitze ich wieder auf dem Beifahrersitz. Nervös geben wir die Zieladresse in das Navi ein. Es sind etwa dreißig Kilometer – die ganze Aufregung tut mir leid für meine Mutter, all die Autofahrten, und jetzt auch noch so spät am Abend, wo ich doch weiß, wie gern sie ruhige Abende hat und wie früh sie normalerweise schlafen geht. Mein Bedürfnis aber hat jetzt absolute Priorität, drängt sogar mein sonst so omnipräsentes schlechtes Gewissen beiseite.

Nach einer Irrfahrt durch die Essener Innenstadt kommen wir schließlich kurz vor der Kirmes auf einem Parkplatz zu stehen. Essen – das heißt, SIE, die Neue, könnte hier sein! Sie wohnt schließlich auch in Essen, und vielleicht will sie ihn jetzt direkt auf der Bühne sehen? Meine Mutter bereitet mich auf diesen Fall vor. Schnell finden wir die Bühne. Da steht er, mit seinem Bass. Mein Herz rutscht mir in die Hose. David sieht mich sofort – die Verbindung steht noch, alle Gesichtszüge entgleiten ihm, er verspielt sich. Dann lächelt er, er lächelt mich an, mein Herz schmilzt, ich freue mich. Doch ich bin auch verunsichert. Nach dem Song winkt er mich zu sich. Aufgeregt und zitternd trete ich an die Bühne, er beugt sich zu mir herunter und sagt: »Wir haben gleich Pause, dann reden wir.« Mein Herz stolpert. Ich leite das Gesagte an meine Mutter weiter. »Dann hol dir doch was zu trinken, und ich warte im Auto, damit ihr in Ruhe sprechen könnt. Und wenn du hierbleibst und du doch in Essen schläfst, dann sagst du mir Bescheid, dann fahre ich nach Hause.« Oh, meine Mutter denkt auch, dass alles wieder in Ordnung kommt. Hat sie Davids Lächeln gesehen? Bevor ich weiter nachdenken kann, erklingt das nächste Lied. Es ist unser Song. David und ich haben ihn bei diversen Karaoke-Abenden gesungen, und auch wenn er kitschig ist, der Text stimmt einfach. »You're simply the best.« Beim Refrain verspielt David sich, Tränen rinnen über sein Gesicht. Das heißt doch wohl, dass er mich noch liebt. Natürlich lieben wir uns! Das mit uns ist die ganz besondere Liebe, eine wahre.

Endlich beginnt die Pause. David steht vor mir und verschränkt die Arme hinter seinem Kopf, er kann mich nicht umarmen, nicht anfassen. Ich versuche es, aber er blockt ab. Dann sieht er mich an und sagt: »Wie schön du aussiehst.« Ich will ihn küssen. Doch er schüttelt den Kopf. »Nein, das wäre jetzt unehrlich.« Meine Knie werden weich, ein dumpfes Hämmern ist in meinem Kopf, ich kann mich auf dieser Erde gerade nicht mehr halten. Mein Plastikbecher mit Bier fällt mir aus der Hand. Ich rieche sein Parfum, es riecht so gut. Alles passiert auf einmal. »Lena, ich muss jetzt mein Leben in Essen durchziehen, und das geht nicht mit dir. Ich kann dich auch nicht sehen und nicht hören! Hör auf, mir SMS zu schreiben. Du zwingst mich damit zu antworten, und das wäre nicht gut. Ich verspreche dir aber, dass wir noch mal in Ruhe miteinander reden.« Sein Vater, der mit ihm in der Band spielt, schleicht um uns herum und ruft schließlich: »Tiger, Pause ist vorbei, du musst wieder auf die Bühne.« Ich scheiße grade auf die Bühne, ist doch eh nur so ein scheiß Kirmeszelt am Arsch von Essen. David teilt mein Gefühl zumindest für ein paar lange Minuten. »Warst du gestern bei ihr? Bitte, ich muss das wissen.« – »Ja.« – »Hast du bei ihr geschlafen?« O Gott, ich halte diesen Schmerz nicht aus. »Ja.« – »Hast du mit ihr geschlafen?« – »Nein.« – »Aber geküsst und gekuschelt?« – »Ja. Ach, Lena, du bist immer noch meine Lena.« – »Wie sieht sie aus? So wie ich?« – »Ich kann doch jetzt mit dir nicht über sie sprechen. Die ist ganz anders, oder vielleicht ist sie ein bisschen wie du?« – »Also deine Lena in Essen.« Das darf doch alles nicht wahr sein, ich stehe vor ihm und merke, wie zerrissen sein Herz ist und wie sehr ich darin wohne.

Irgendwann steht David dann verheult wieder auf der Bühne, und meine Mutter ist plötzlich neben mir. Sie hatte alles beobachtet, weil sie Angst hatte, dass ich ohnmächtig werde, schließlich habe ich seit 48 Stunden nichts mehr gegessen und kaum getrunken.

In Hiesfeld, in Dinslaken, dem kleinen Ort, wo ich und mein Bruder und, ja, auch David aufgewachsen sind, werden in den nächsten Tagen endlose Gespräche über die vergangenen Jahre geführt. Für meine Eltern, besonders für meine Mutter, war David wie ein drittes Kind. Sie kennt ihn, kann seine Körpersprache lesen. Mein Vater sagt: »Lena, der hat für sich einen anderen Weg eingeschlagen, und den geht er ohne dich. Der schiebt das alles unverarbeitet von sich weg. Aber das kommt wieder hoch, irgendwann. Nur jetzt wird er seine Meinung nicht ändern. Der hat das so für sich beschlossen, das ist eine reine Kopfsache.« Meine Mutter ergänzt: »Der David liebt dich, aber ihr habt beide festgestellt, dass ihr zu unterschiedliche Ideen vom Leben habt. Das ist ihm auf der Exkursion klar geworden. Jetzt muss er die Trennung durchziehen, weil er sonst sofort wieder schwach werden würde.«

Und was sage ich, was meine ich? Ich weiß nur, dass ich nicht mehr essen kann, immer mehr abnehme und mich wie verdunkelt fühle. An jeder Ecke lauern Erinnerungen, aus jedem Radio kommt ein mit Erinnerungen beladenes Lied, und ich weine unaufhörlich. Das ist der zweite Liebeskummer meines Lebens, sechs Jahre nach dem ersten, und nur eins kann mich trösten: Die Gewissheit, dass es irgendwann besser wird. Ich muss nur warten. Auch wenn mir das unendlich schwerfällt, habe ich gelernt, was Rod Stewart schon Ende der Siebziger gesungen hat: »The first cut is the deepest.« Liebeskummer wird leichter, ohne leicht zu sein.

Ich bin sehr froh, dass ich den Schmerz nicht verdränge und dass meine damaligen Lebensumstände diese Zeit der Verarbeitung zulassen. Später, mitten im Berufsleben, hätte ich diese Möglichkeit nicht gehabt. Jetzt kann ich den Dingen ihren ungestörten Lauf lassen. Ich muss nur noch meine letzte Prüfung in der Uni ablegen. Logik in Philosophie. Wie soll man sich darauf konzentrieren? Zusammen mit meinem Vater lerne ich jeden Tag einen Minihappen, mehr schaffe ich nicht. Kurz vor der Prüfung sagt mein Vater zu mir: »Das schaffst du«, und zu meiner Mutter sagt er: »Das schafft sie nicht.« Ich bestehe.

Allmählich frage ich mich, ob das mein Muster ist: sich nicht selbst trennen zu können und daher den anderen mit Provokation zu dieser Entscheidung zu zwingen. Schließlich war es bei Tom genauso. Eine Frage, auf die ich keine Antwort finde, was ich akzeptieren lerne. Ganz langsam investiere ich die Zeit, die sonst für David reserviert war, in mich und meine Freundschaften. Ich fahre nach Köln, nehme an der Studiobühne an Schauspielworkshops teil und sehe mir all ihre Theateraufführungen an. Meine Mutter hat recht, es ist gut so, wie es gekommen ist.

Endlich kann ich mich auf mich konzentrieren, und sind dafür die Zwanziger nicht da?

David und ich lieben uns noch Jahre nach unserer Trennung. Einmal treffen wir uns zufällig auf der Straße, sofort werden unser beider Knie weich. Doch wir sprechen es nicht aus, wir wissen, die Entscheidung ist richtig. Es vergehen Jahre, und schließlich ist ganz deutlich: Die Liebe ist vergangen, wir haben uns in so unterschiedliche Richtungen entwickelt, dass wir nicht mehr zusammenkommen könnten. Unsere Liebe hatte ihre Zeit.

Mittlerweile wohne ich in Köln in einer winzigen Zweier-WG, zuerst mit meiner Mitbewohnerin Ella, dann mit Paul. Während mein Liebeskummer längst überwunden ist, kommt Paul gerade aus einer zehnjährigen Beziehung. Vielleicht ist das der Grund, warum wir für ein kleines Zeitfenster die perfekte Beziehung haben, ganz ohne körperlichen Kontakt. Wir sind wie ein altes, verheiratetes Ehepaar. Wenn ich nach einer anstrengenden Theaterprobe nach Hause komme, spielt Paul auf seinem E-Piano und singt dabei. Verdammt gut. Sobald er mich hört, kommt er aus seinem kleinen Zimmer, fragt, wie mein Tag war, und sagt etwas wie: »Komm, ich mache dir eine heiße Zitrone mit Honig. Leg dich doch schon einmal hin.« Ich bin ehrlich, dieses Umsorgtwerden gefällt mir ziemlich gut. Genau wie das respektvolle Miteinander, bei dem wir immer die Balance zwischen Nähe und Distanz halten. Auch meine Mutter ist erfreut. Als sie mich besuchen kommt, hilft Paul beim Tragen ihrer Mitbringsel, und das zufriedene Lächeln auf ihrem Gesicht spricht Bände: »Endlich ist da wieder jemand für Lena.«

Doch unsere ZDF-Vorabendserienromantik hält nicht lange. Nach ein paar Wochen hat Paul eine neue Freundin, und jetzt bekommt sie die heiße Zitrone. Die beiden sind schwer verliebt und pendeln sich in ihrer Fernbeziehung wund. Passend zu ihrer Gefühlsduselei bin ich gerade unglücklich in einen Musiker verliebt. Es ist, als müsste die Waage zwischen Glück und

Kummer in dieser WG ausbalanciert sein. Während ich mir den Drummer aus dem Kopf schlage, verwöhnen die beiden sich mit Sekt und Erdbeeren, und ich kann Ida bei jedem Sex durch die dünnen Wände hören. Sobald sie abgereist ist, berichtet Paul mir unaufhörlich von ihren romantischen Abenteuern, wobei seine Augen vor Freude glänzen. Ich freue mich für ihn und vergehe gleichzeitig im Selbstmitleid. Schwierige Kombi. Die Wohnung ist zu eng für so konträre und ambivalente Gefühle. Ich möchte ihn nicht vor den Kopf stoßen, indem ich ehrlich sage: »Ich kann so Geschichten gerade echt nicht hören. Sorry.« Klar, eigentlich wäre es nur gesund, mich zu schützen, doch wie so oft bin ich mehr damit beschäftigt, meinem Gegenüber ein gutes Gefühl zu geben, als meine eigenen Gefühle ernst zu nehmen.

Also gehe ich in mein Zimmer, weine und google Wohnungen. Ich möchte endlich alleine wohnen, nicht wegen Pauls Liebesglück, sondern weil ich ein Zuhause brauche, in dem ich meinen Rhythmus leben kann. Kein: »Wann ist das Bad frei?«, und kein gezwungener Küchen-Small-Talk, kein Gefühl von Vereinnahmung. Ich brauche Freiheit, schließlich bin ich schon den ganzen Tag umgeben von Menschen. Zwar habe ich keine Ahnung, wie ich mir eine Wohnung allein leisten soll, und vor allen Dingen kann ich keine vermieterfreundlichen Sicherheiten vorweisen, doch mein Plan steht. Glücklicherweise finde ich eine kleine 31-Quadratmeter-Wohnung, die eher eine umgebaute Garage ist und alles andere als attraktiv. Erdgeschoss, dunkel, kalt (im Sommer zehn Grad Temperaturunterschied), vollgesprayte Rollladen, ein unbetretbarer Keller und Ratten im Innenhof, zu dem mein Küchenfenster führt. Trotz der Makel ist es meine erste eigene Wohnung, ein Rückzugsort und damit der pure Luxus. In keinen sechs Jahren habe ich mich so entwickelt wie in diesen. Außer vielleicht in meinen ersten sechs Jahren, denn Sprechen und Laufen lernen ist schon ziemlich beeindruckend.

Das Wohnen allein macht mich erwachsener, das erste Mal fühle ich mich verantwortlich dafür, dass jedes Licht und jeder Stecker funktioniert. Als ich an einer aufwendig anzubringenden Lampe zu verzweifeln drohe, weil die Leitung zu kurz ist, rufe ich meine Mutter an. Meine Mutter, ganz die pragmatische Problemlöserin, erkennt sofort Handlungsbedarf. Noch während wir telefonieren, ruft sie meinem Vater, der im Hintergrund mithört, laut zu: »Die Lena ist da ganz allein. Die hat da niemanden, der ihr hilft.«

»Mama, ich hab doch Freunde, ich bin doch nicht ganz allein. Es geht doch jetzt nur um die blöde Elektrik.« Ich werde sauer und fühle mich degradiert. Zu Unrecht. So meint meine Mutter es nicht, sie will ja tatsächlich nur helfen.

»Jaja, mein Schatz! Der Papa kommt am Freitag und hilft dir.«

Drei Tage später steigt mein Papa wie ein edler Ritter auf sein Volkswagen-Pferd, um mir zu helfen. Aus der blöden Elektrik wird eine ganze Küchenrenovierung, und ich liebe die wertvolle exklusive Zeit mit meinem Papa, die jede Baustelle uns schenkt. Mein Vater gibt mir nie das Gefühl, dass mir etwas fehlt. Bei Liebeskummer tröstet er mich und ist immer auf meiner Seite. Diese Loyalität und das gemeinsame Grollen wärmen mich. Mittags, als die Lampe längst montiert ist, holen wir uns beim Libanesen Makali und setzen uns an einen der wackeligen runden Minitische, den mein Vater sofort mit Bierdeckeln ausrichtet. Verständnislos schaut er sich um, all die jungen Student*innen, die an wackeligen Tischen sitzen und sich keine Sekunde daran stören.

So froh ich über die Hilfe meines Vaters bin, denke ich gleichzeitig auch: »Ich kann das doch allein!« Was absolut nicht der Wahrheit entspricht, also erklärt mein Vater mir geduldig, wie alles funktioniert, sodass ich es beim nächsten Mal theoretisch allein schaffen kann. Überhaupt möchte ich in dieser Zeit alles allein meistern und bloß niemanden um Hilfe bitten oder gar Hilfe annehmen. Ich bin Mitte zwanzig und finde es un-emanzipiert, Unterstützung zu fordern. Die meiste Zeit schaffe ich das erstaunlicherweise auch, und es macht mich stolz, aber auch ein bisschen hart und verschlossen. Was absolut in Ord-nung ist.

Während meine Freund*innen mit ihren Partner*innen zu-sammenziehen und sich einrichten, streichen Vicky und ich die Wände meiner Wohnung. Sie wird zu meinem Schutzraum, von dem aus ich meinen Weg gehe. Ich schreibe Theaterstücke und verbringe meine gesamte Zeit vor, hinter oder auf der Bühne. Ich bin glücklich, gleichzeitig habe ich Sehnsucht nach einer romantischen Beziehung. So wie David und ich sie einst hatten. Ich glaube nicht, dass eine Frau, die keinen Partner hat, kein sinnerfülltes Leben führen kann. Ganz im Gegenteil: Mein Leben ist toll. Ich habe die besten Freunde und verwirkliche mich beruflich selber. Trotzdem wünsche ich mir diese beson-dere Intimität. Knutschen, und noch dazu mit jemandem, in den du verliebt bist, macht einfach alles tausendmal schöner. Zumindest für mich.

Die Männer, die ich in dieser Zeit treffe, sind fast ein Garant für Unzufriedenheit, was vielleicht daran liegt, dass ich sie aus-schließlich im Nachtleben kennenlerne. Ganz ehrlich, welcher 38-Jährige, der regelmäßig mitten in der Woche betrunken bis fünf Uhr morgens feiert, hat die gleichen Vorstellungen vom Leben wie ich? Doch es ist spannend, und so treffe ich in einer verrauchten Bar mit Plüschwänden Adam, 37, Jazzpianist. Er spielt mir ein kitschiges Stück an seinem Flügel vor, was natür-lich dazu führen muss, dass ich mich in die Fantasie unserer Zukunft stürze. Fantasie ist einfach meine Stärke. Wir gehen nachts am Rhein spazieren, brechen im Regen ins Naturfreibad ein und schwimmen nackt im Mondlicht. Mehr Kitsch geht nicht, und ich stehe mit Mitte zwanzig voll drauf.

Nach ein paar Wochen kommt wie immer »das Gespräch«, was einfach nur bedeutet: Sind wir jetzt exklusiv und offiziell oder nicht? Es ist jedes Mal das Gleiche. Mit Adam läuft es so: Wir treffen uns an einem sonnigen Mittag am Rhein und sitzen auf einmal sehr steif auf einer Bank nebeneinander. Schließlich sagt er: »Ich mache seit sechs Jahren eine Therapie, weil ich bindungsunfähig bin.«

»Ding, ding, ding – verlassen Sie sofort das Gelände, Explosionsgefahr und der sichere Weg ins Unglück«, schlägt mein innerer Alarm an. Doch entgegen der Warnung bleibe ich ruhig sitzen und frage: »Und machst du die Therapie, um damit klarzukommen, oder hast du den Wunsch, das zu ändern?«

»Ich will mich ändern, aber das ist nicht so einfach. Und ich möchte dich nicht brechen, ich habe schon mal einen Menschen gebrochen.«

»Aber ich bin ja gar nicht brechbar.« Diese Antwort kommt mir ziemlich cool vor und jetzt im Rückblick ziemlich witzig. Unabsichtlich.

»Aber du bist doch so schön, weil du zerbrechlich bist.«

Hat er zu viel von seinen Psychopharmaka genommen, oder stehe ich auf dem Schlauch? Ich bin ganz überfordert, obwohl ich wahrscheinlich wütend sein sollte. Doch so schnell kommen meine Gefühle gar nicht hinterher, so richtig ist das Gesagte noch nicht bei mir angekommen. Also stehe ich ganz gekünstelt und ungelenk auf, stelle mich vor ihn und sage im Roboterton bloß: »Arschloch.« Mehr fällt mir nicht ein. Dann gehe ich und hoffe ganz doll, dass die Ampel auf Grün springt, damit ich einen würdigen Abgang hinlegen kann.

Überhaupt, was sollte das mit der Schönheit und Zerbrechlichkeit bedeuten? Der hat doch gar keine Ahnung von mir. Wie auch, wir haben ja immer nur über ihn gesprochen.

Trotzdem zermartere ich mir danach den Kopf. Warum gerate ich in den letzten Jahren immer an Unverbindlichkeitsfanatiker? Ich mache mein Selbstwertgefühl nicht vom Beziehungsstatus abhängig, aber es gibt Momente, besonders in akuten Situationen, in denen ich um den anderen kreise, anstatt mich selbst im

Blick zu haben. Mich sogar abhängig mache – meldet er sich, geht's mir gut, meldet er sich nicht, geht's mir schlecht. Ein Weg ins Unglück, aus dem ich mich jedes Mal freikämpfen muss. Letztlich kehre ich aber immer wieder zurück zu der Überzeugung, dass meine Lebensmittelpunkte meine kreative Arbeit und meine Freundschaften sind.

Heute weiß ich, dass ich mir damals unbewusst genau die Männer ausgesucht habe, die nur etwas Unverbindliches wollten, weil ich im Grunde gar keine Beziehung wollte.

Was mir in den Jahren als Single immer wieder begegnet, sind übergriffige und nervtötende Fragen à la: »Wie kann das denn sein, dass du keinen Freund hast?!« Es vergehen unzählige Geburtstage, Hochzeiten oder andere Einladungen, auf denen die Frage: »Bist du in einer Beziehung?«, unausweichlich ist. Wie durch ein Minenfeld versuche ich, mich geschickt durch die Gespräche zu manövrieren, um die Fragen und vor allen Dingen das darauffolgende Generve zu vermeiden. Immer erfolglos. Nach der Eingangsfrage kommt meistens von irgendeiner Daria oder einem Dirk: »Du siehst doch so gut aus, bist klug und witzig.« Anschließend bin ich in der unangenehmen Situation, mich zu erklären oder zu rechtfertigen, aber bloß so, dass sich weder die Pärchen von meiner Antwort bedroht fühlen noch die Stimmung in Mitleid oder Abwertung kippt. Ein Drahtseilakt. Je nach Stimmung sage ich nüchtern: »Ich habe gerade niemanden Kompatiblen getroffen und bin lieber alleine als in einer ungesunden Beziehung.« Was zumindest Daria angesichts ihrer eigenen unglücklichen Beziehung kurz stocken lässt. Oder ich mache einen dummen Versuch, das Thema abzumoderieren: »Das weiß ich auch nicht, haha. Prost!« Was nur funktioniert, wenn ich tatsächlich ein großes Sektglas in der Hand halte. Einmal sage ich ehrlich: »Das nervt! Ich frage dich ja auch nicht, ob ihr nicht lieber mal eine Paartherapie machen wollt.« Irgendwann geh ich dazu über, so zu antworten: »Oh, so Fragen machen mir gar keinen Spaß.« Das Gegenüber ist dann meist verwirrt, aber akzeptiert das Gesprächsende in der Regel. Es sei denn, irgendeine Lisa kontert mit: »Ich hab da einen Kollegen, der tut gut passen.« Dann denke ich mir: »Erstens – Thema Syntax, Lisa! Zweitens: Ich hab da eine Faust, die würd gut in dein Gesicht passen, Lisa.«

Diese Übergriffigkeit anderer Leute nervt mich enorm, weil sie mich auffordert, meinen Lebensentwurf in aller Öffentlichkeit zu erklären. Dabei müssen Paare dies umgekehrt nicht tun. Oder wird man als Paar auf einer Feier gefragt: »Warum bist du eigentlich in einer Beziehung? Wie kann das sein? Ihr passt doch gar nicht zusammen?!« Viele Pärchen verstehen meine Entscheidung, Single zu sein, außerdem als Angriff auf ihren persönlichen Lebensentwurf. Als wenn ein anderes Beziehungsmodell automatisch Kritik an ihrem implizierte und nicht einfach für sich stehen könnte.

Was hier mit der Frage nach einem Partner beginnt, wird später mit der Kinderfrage fortgesetzt, die in eine noch intimere Wunde treffen kann. Doch das ist in diesen Jahren noch nicht mein Thema. Davon werde ich noch verschont. Noch ist da nur der fehlende Freund, vor dem ich gesellschaftlich scheinbar nie verschnaufen darf. Selbst beim Friseur wird gefragt: »Und du? Bist du in einer Beziehung?« Darf ich mir von diesen Fragen vielleicht einmal freinehmen? Langsam verstehe ich, warum sich manche einen eignen Kosmos, der allein von Singles bevölkert wird, schaffen. Hunde müssen draußen bleiben, und in diesem Fall sind die Hunde übergriffige, unreflektierte und unempathische Menschen.

Fast noch schlimmer sind allerdings die Menschen, die mir ungefragt so etwas sagen wie: »Wenn du bereit bist, kommt auch die Liebe ...« Das ist in mehrfacher Hinsicht ein problematischer Satz. Erstens interpretiert er das Fehlen einer Partnerschaft als Defizit, und zweitens, und das finde ich noch schwieriger, suggeriert es eine Kontrolle und damit ein Scheitern: Du musst dir eine Partnerschaft verdienen. Bis jetzt habe ich zumindest noch nicht erlebt, dass Liebe sich kontrollieren lässt. Diese »Ratschläge« spielen auch ein bisschen zu sehr mit einer Schuldzuweisung, denn eigentlich sagen sie nur: »Du bist noch nicht bereit, das heißt, es ist deine Schuld.« Und diesen Gedanken finde ich, gerade wenn er an labile Menschen gerichtet wird, wirklich unverantwortlich. Selbst für starke sind diese Sätze nervig und schlicht übergriffig.

Apropos Liebe lässt sich nicht kontrollieren, das habe ich natürlich im Selbsttest geprüft:

»Der sieht doch gut aus.«

»Der macht ein Thumbs-up?! Unironisch! In die Kamera!« Entgeistert starre ich Amelie an.

»Ja, aber der sieht bodenständig aus. Ich matche den jetzt einfach für dich.«

»O nein … mir wird irgendwie schlecht, wenn ich den sehe.«

Zu spät, Amelie hat ihn schon nach links geswiped, und es ist sofort ein Match. Wir sitzen in ihrer Küche und haben einen Plan: gemeinsam tindern, um mal mein unbewusstes Beuteschema zu ändern. Was klingt wie eine Bestellung bei Zalando, fühlt sich auch genauso an. Retour jederzeit möglich. Kostenfrei. Willkommen in der Welt des Onlinedatings.

Amelie hat sich, ganz die geradlinige und bodenständige Freundin, entschieden, mal kurz das Steuer für mich zu übernehmen, nachdem meine Wahl garantiert immer auf Meister der Unverbindlichkeit fällt. Schließlich lässt sich ein Problem nicht mit dem gleichen Werkzeug lösen, das es hervorgerufen hat. Nicht, dass ich das Problem wäre und dass sich die Liebe kontrollieren ließe. Doch davon will ich nichts wissen, denn Passivität scheint mir wenig hilfreich. Also lasse ich Amelie mal machen. Bisher habe ich die Finger vom Onlinedating gelassen, doch ich bin abenteuerlustig, und bei einem Wein legen Amelie und ich mein erstes Tinder-Profil an.

Tinder scheint mir wie ein Angebot an unsere Fantasie, Spaß ohne Verbindlichkeit und Verantwortung. Fantasie mag ich,

Unverbindlichkeit allerdings kein bisschen. Da bin ich eben ziemlich spießig. Doch neugierig bin ich eben auch, und vielleicht bringen neue Wege neue Möglichkeiten. Leute, ich bin hungrig! Außerdem ermutigen mich meine Freund*innen mit einer Tinder-Einladung nach der anderen.

»Komm, wir gucken einfach mal, wie der so schreibt.« Damit startet ein krampfiger Chat, der maximales Unwohlsein bei mir hervorruft. Patricks zweite Frage (Pätrick gesprochen, und das hätte wirklich schon Warnung genug sein müssen) lautet: »Und was treibt dich hierher?« Eine Frage, bei der ich sofort das Match auflösen und meinen Kopf gegen die Wand hauen möchte. Doch jetzt ist Kapitänin Amelie am Ruder und reagiert komplett anders. Unironisch antwortet sie dem deutschen Paddy mit etwas wie: »… hab Lust auf eine Beziehung.« Mir ist das viel zu unangenehm. Ich kann mich nicht mehr auf dem unbequemen Holzstuhl halten und laufe daher unruhig in ihrer winzigen Küche hin und her. Dann gieße ich uns erst mal großzügig Wein nach. Zwei Antworten später habe ich mein erstes Date mit Patrick. Direkt am nächsten Abend. Ach, du Scheiße. Ich werde Thumbs-up-Paddy mit dem Überbiss tatsächlich treffen. Darauf erst einmal ein Gläschen. Aufs Leben!

Das erste Date verläuft erinnerungsunwürdig, was nicht an zu viel Alkohol liegt, denn Patrick mit »ä« trinkt nichts, was ich angesichts meiner letzten Geschichten mit zu vielen Alkis und Drogis erfrischend finde, sondern daran, dass er eben ein Patrick ist. Er ist genau das, was man von einem Patrick bzw. von einem Pätrick erwartet. Er kommt vom Land, hatte früher ein tiefergelegtes Auto, hat sich in der Großstadt von seiner Familie emanzipiert und reist gern. (Leute, die »Reisen« in ihrem Profil als Teil der Persönlichkeit auflisten, sind leider immer Menschen, denen es an eigenen Ideen und Kreativität fehlt. Denn Reisen ist nun wirklich keine Charaktereigenschaft.) Außerdem führt Paddy ein bodenständiges Leben – ein fester Job, eine eigene Wohnung, und zweimal im Jahr geht's zur

Zahnarztkontrolle, wobei sogar Sticker für die Krankenkasse gesammelt werden. All das sind völlig neue Ideen für mich. Sprich: Alles an Patrick ist unattraktiv für mich, aber ich will offen in das nächste Date gehen, denn vielleicht liegt ja genau da eine funktionierende Beziehung. Wir versuchen es, und ich bin überrascht von seinem Commitment, seiner Unaufgeregtheit und seinem Pragmatismus. Außerdem bin ich regelmäßig erstaunt über seine Zuverlässigkeit. So etwas habe ich noch nie bei einem Freund erlebt. Wann immer es Handlungsbedarf gibt und er mich unterstützen kann, macht er es wortlos und zuverlässig. Ich bin baff. Ist das nicht genau das, was ich mir immer gewünscht habe?

Doch leider fehlen Humor, der Zauber und die Anziehung.

Mein Geburtstag wird zu einer Folge *Mein neuer Freund*, in der Patrick um halb zwei im Nebenzimmer meiner 31-Quadratmeter-Wohnung schlafen geht, während wir, meine Freund*innen und ich, weiterfeiern.

Nach wenigen Wochen tue ich das einzig Richtige und trenne mich. Patrick verkraftet es gut, denn er hat sich schon eine Excel-Tabelle angelegt, was für Risiken auf ihn lauern könnten.

Langsam werde ich zynisch und baue eine Mauer um mich. Alles allein zu bewältigen fördert zwangsläufig eine Neigung zur Kompromisslosigkeit. Tatsächlich wird das meine Schwierigkeit, als ich eine schöne, erwachsene Beziehung eingehe. Wie? Ich soll mich auf einmal abstimmen und absprechen? Nein! Ich mache, was ich will. Fürsorge empfinde ich zunächst als Einengung und Vereinnahmung. Erst Schritt für Schritt lerne ich, mich dafür wieder zu öffnen und sie anzunehmen. Viele meiner Freund*innen fürchten nach Enttäuschungen, nie wieder vertrauen zu können und verkorkst zu sein. Ich glaube, für die Liebe findet sich immer ein Weg. Zumindest bei mir ist es so, und, ja, das klingt furchtbar kitschig.

Damals bringt mich, als Frau mit vage in der Zukunft liegendem Kinderwunsch, die weibliche biologische Uhr noch in keine zeitliche Notsituation. Von diesem Druck spüre ich noch nichts, und das gibt mir die Freiheit, Nein zu sagen, Beziehungen schneller und einfacher zu beenden. Stattdessen kann ich mich auf mich konzentrieren. Nicht als Selbstfindungstrip, sondern als natürliche Entwicklung. Selbstfindung wird oft gehandelt als aktive Anstrengung in Richtung: »Ich muss mich finden«, dabei ist es ein ganz natürlicher Prozess, der allein durch Erfahrungen geschieht.

Vor meinem dreißigsten Geburtstag werde ich allerdings kurz nervös. Nein, »Angst« vor der Dreißig habe ich nicht. Diese Auffassung habe ich nie verstanden. Ich bin dankbar für jedes Lebensjahr, und zu sagen: »Ich will nicht dreißig werden«, bedeutet doch im Umkehrschluss, tot sein zu wollen oder zumindest zu stagnieren. Und das will ich ganz und gar nicht. Ich will reifen und lernen und Erfahrungen sammeln. Ich finde, jedes Lebensjahr ist ein Grund zum Feiern und zur Freude.

Doch anscheinend lege ich mit der Dreißig plötzlich eine Messtabelle an mein Leben an. Wie sieht es aus mit Erfolg und Beziehungsstatus? Da ich in beiden Kategorien nach eigenem Empfinden nicht zufriedenstellend abschneide, werfe ich mich wie eine Fünfjährige bei meinen Eltern auf den kalten Fliesenboden und jammere meiner Mutter die Ohren voll: »In einer Woche bin ich dreißig, und ich bin arm und Single.« Meine Mutter ist amüsiert über mein Gebaren, und mein Bruder schaut nur kurz zur Tür rein, um dann trocken zu sagen: »Ja, das ist bitter.« Dann tippt er etwas in sein Handy, und im nächsten Moment tönt laut *All The Single Ladies* von Beyoncé aus den Lautsprechern, und ich muss trotz Tränen und verrotzter Nase lachen.

Meine eigenen Ambivalenzen amüsieren mich. Ich bin unabhängig und emanzipiert, und trotzdem gibt es den realen Wunsch nach Partnerschaft. Und eigentlich ist das gar nicht widersprüchlich, sondern einfach ehrlich. Manchmal darf man alles scheiße finden und trotzdem insgesamt glücklich sein.

Doch natürlich prallen gesellschaftliche Erwartungen nicht einfach an mir ab. Und so darf es diese kurzen Verschnaufpausen geben, die vielleicht ein paar vergossene Tränen auf den elterlichen Fliesen beinhalten. Ich darf mir selbst mal kurz leidtun und es dann im nächsten Moment wieder relativieren.

Herzensfreundinnen auf den ersten Blick, und was passiert, wenn sich das Leben der einen komplett verändert. Wie viel Schnittmenge braucht eine Freundschaft?

Als ich die Überschrift für dieses Kapitel schreibe, kommt ganz instinktiv der Titel: »Herzensfreundinnen«. Wahrscheinlich, weil ich mich mehr und mehr mit Weiblichkeit beschäftige. Sicher kommt es nicht aus einer Abwertung gegenüber Freundschaften zu Männern und nicht binären Menschen. Einige meiner besten Freundschaften sind die zu Männern. Vielleicht hat das etwas damit zu tun, dass mein erster bester Freund mein zwei Jahre jüngerer Bruder war.

Warum also Herzensfreundinnen und nicht Herzensfreundschaften? Vielleicht, weil die Freundschaft zwischen Männern historisch lange als Prototyp galt. Bestimmt, weil ich die tiefsten Begegnungen mit Frauen hatte. Dies ist daher eine Liebeserklärung an meine Freundinnen, die mir zuhören, ohne zu werten, die mit mir still aushalten und sich laut mit mir freuen und die mich immer an meine Stärke erinnern. Freundinnen, für die ich hoffentlich genauso da bin. In dem Vertrauen, hundert Prozent man selbst sein zu können, auf welchem diese Freundschaften basieren, liegt eine absolute Freiheit. Die Unabhängigkeit, durch das gegenseitige Verständnis nicht auf das Außen angewiesen zu sein.

Zum ersten Mal freiwillig gewählt ist die Freundschaft zu Kasia. Wir gehen in dieselbe Klasse und sitzen nebeneinander, während wir das Abc lernen. Es ist Freundschaft auf den ersten Buchstaben. Auf »A« wie Anfang. In den Pausen spielen wir das Hüpfspiel Himmel und Hölle, nachmittags besuchen wir uns gegenseitig zu Hause. Haushalte, die sehr gegensätzlich sind. Kasia und ihre kleine Schwester sind den ganzen Tag allein. Ihre Eigenständigkeit wird meine, und meine Behütung wird ihre. Eine perfekte Ergänzung. Später als Erwachsene verrät Kasia mir, dass mein Bruder und ich sie immer an Michel aus Lönneberga und Pippi Langstrumpf erinnert haben. Ich habe nie ein größeres Kompliment erhalten.

Es sind die Neunziger, und wir gehen zusammen zu unserer ersten Kinder-Disco, deren Konzept wir absolut nicht verstehen, und so stehen wir nur verlegen in der Ecke. Als wir zehn Jahre alt sind und auf die weiterführende Schule müssen, geben wir uns bei der Anmeldung für das Gymnasium gegenseitig als Wunschklassenkameradinnen an. Bei der Einschulung sitze ich schüchtern in der Aula und werde für die 5c aufgerufen. Genauso wie Kasia. Doch sie kommt nicht. In der letzten Woche der Sommerferien ist ihre Familie weggezogen. Das Gymnasium wirkt mit den vielen älteren Schüler*innen und den Ansagen des Direktors ohnehin schon einschüchternd, und jetzt ist noch nicht einmal Kasia bei mir. Scheiße.

Von da an schreiben wir uns Briefe und besuchen uns mit dem Zug, was ganz schön cool und erwachsen ist. Wir kommen zusammen in die Pubertät, kaufen uns Impulse-Vanilla-Kisses-Deospray, reden über die Jungs, über die Gruppenbildungen unter den Mädchen, übers Rauchen und darüber, dass Kasim schon mit Zunge küsst. Vor allen Dingen lästern wir über unsere Eltern, weil die einfach nur nerven. Zusammen wachsen wir aus den Hüpfspielen in die dramatische und verwirrende Teenagerzeit.

Die nächste wahre Freundin finde ich mit sechzehn Jahren auf meiner ersten Jugendreise zum Atlantik in Frankreich. Farina kommt aus Essen, und wir stehen zusammen am Meer, als sie zu mir sagt: »Du hast ja auch so kleine Brüste wie ich.« – »Nee, das ist nur das Oberteil, das staucht das so. Ich hab C.« – »Ah, ach so, ich hab so kleine Kirschkerne. Bist du jetzt mit Niklas zusammen?« Darauf folgen Bacardi-Nächte, Sexytime-Talk und Gelächter über das oberpeinliche Kondomgespräch mit meiner Mutter, in dem eigentlich nur ich mich peinlich verhalten habe. Vor allen Dingen ist da aber das Gefühl von Vertrautheit und Verbundenheit, was uns beide in unserer gewissen Einsamkeit zu Hause tröstet. Wir besuchen uns oft, tanzen allein zu »Dilemma« von Nelly, füttern gegenseitig unser Selbstwertgefühl und stehen ein Jahr später betrunken an einer Strandbar in Bulgarien und singen Karaoke. Singen stimmt vielleicht nicht ganz, denn ich kann die Playback-Schrift überhaupt nicht mehr lesen – die »rennt« aber auch schnell weg! Auch Farina hat mit starken Gleichgewichtsstörungen zu kämpfen. Wir fallen in den Sand, bekommen beide Streit mit unseren Freunden, kotzen um die Wette und schwimmen uns am nächsten Tag im Meer wieder frisch. Doch mit unseren Uni-Irrwegen und Farinas Auslandssemestern verlieren wir uns. Diese Freundschaft wird für mich zu einem vergangenen Sehnsuchtsort, zu einer Projektion nach Jugend, in der ich keine Verantwortung tragen musste und alles so einfach und offen schien. Sie wird für immer ein einladender, bequemer Sitz in einem verrauchten Partykeller oder am Meer unter dem Sternenhimmel bleiben.

Es gibt Freundschaften, die sind für einen Lebensabschnitt, und es gibt die, die bleiben. Meine Herzensfreundinnen, von denen ich sicher bin, dass ich sie nie aus den Augen verlieren werde, begegnen mir im Erwachsenenalter.

Zunächst ist da Nora, die ich immer lieben werde. Wir treffen uns, als ich mit meinem ersten Liebeskummer völlig verloren in Saarbrücken ankomme.

Während ich für Human- und Molekularbiologe lediglich eingeschrieben bin, studiert Nora es ernsthaft. Wegen ihrer schönen großen Augen, die sie komplett mit Kajal umrandet hat, fällt sie mir gleich auf. Sie hat dunkle Haare, trägt ein freizügiges Top, eine enge Jeans und rosafarbene Chucks. Ruhig und aufmerksam sitzt sie da, und ich mag sie direkt. Ich meine: Wer umrandet seine Augen schon komplett mit schwarzem Kajal? Außer vielleicht Uschi Glas in den Siebzigern, mit der Nora tatsächlich ein bisschen Ähnlichkeit hat.

Ich wiederum sitze in meiner hellbraunen Vintage-Lederjacke, die ich mir vor ein paar Wochen in Irland gekauft habe, meinem Haarband, den löchrigen Jeans und dunkelblauen Chucks in den engen Reihen im Audimax und versuche, das wilde Tafelbild des noch wilder herumfuchtelnden Chemieprofessors zu entziffern. Fuck, das war so ein Fehler hier! Ich wünschte, meine Mutter hätte nicht so einen Druck gemacht mit ihren blöden Sätzen: »Du musst im System bleiben, Lena, du kannst nicht aussteigen, du musst weiterlaufen.« Jetzt bin ich 350 Kilometer entfernt von allem Vertrauten, im Gepäck Enttäuschung, Liebeskummer und die Hoffnung, dass mein Freund, mein Ex-Freund, um genauer zu sein, und ich wieder zusammenkommen.

All dieses gedankliche Chaos umgibt mich, als ich nach der Vorlesung über den Campus laufe. Der Campus der Uni Saarbrücken ist wie eine Ministadt, und ich bin froh, als ich den Bus finde, der mich direkt zu meinem Studentenwohnheim bringt. Der Bus ist völlig überfüllt, in der Menge entdecke ich auch das Kajal-Mädchen. Sie steht etwa zwei Reihen hinter mir. Als sich unsere Blicke treffen, frage ich einfach: »Wie heißt du?« – »Nora. Und du?« – »Lena.« Das sind die ersten Worte, die wir wechseln. Es ist ein fast kindliches »Guck mal, ich glaube, ich mag dich. Sollen wir uns anfreunden?«. Und das tun wir mit aller Entschlossenheit und voller Zauber.

Nora bringt uns direkt auf das nächste Level, indem sie nach meiner Nummer fragt. Ich liebe ihre Unkompliziertheit und Direktheit schon jetzt.

Nur eine Stunde später, ich liege genervt in meinem möblierten 12-Quadratmeter-Wohnheimzimmer, klingelt mein Handy: »Hey, hier ist die Nora, hast du Lust vorbeizukommen? Wir können an den Staden.« Ich habe keine Ahnung, was der Staden ist, aber ich bin so was von dabei. Schnell noch das Haarband neu richten, und dann geht's mit dem Bus zu Nora. Der Staden stellt sich als Ufer der Saar mit Biergarten heraus. Es sind viele Französinnen und Luxemburger da, und alle scheinen gern und viel zu trinken. Auch Nora und ich bestellen ein Bier nach dem anderen, bis wir uns mit aufgeblähten Bäuchen unser gesamtes bisheriges Leben erzählen. Natürlich berichte ich von meinem Liebeskummer und Nora von ihrem. Die Liebe oder das, was ich damals dafür gehalten habe, macht wirklich bescheuert.

Da Bier und ich nicht die besten Freunde sind, muss ich mich auf dem Rückweg kurz vor Noras Haustür übergeben. Ohne zu zögern, ist Nora die liebevollste Krankenschwester. Es sagt viel über einen Menschen aus, wenn er dir beim ersten Treffen, bei dem du die ganzen zwei Liter Bier wieder zutage beförderst, hilft.

Von da an verbringen Nora und ich fast jeden Tag zusammen. Zusammen genießen wir das süße Leben. Wir quatschen über alles, trinken ekligen Jägermeister, von dem ich mich jetzt, mit Mitte dreißig, wahrscheinlich sofort übergeben müsste. Nach dem Feiern liegen wir in ihrem großen Bett, wo wir den Katertag damit verbringen, *Berlin Berlin* zu schauen. Zusammen lassen wir uns piercen, Nora ins Lippenbändchen und ich in die Nase. Wir sind Anfang zwanzig und machen das Beste aus diesem Alter. Im Schneckentempo bessert sich mein Liebeskummer, Nora überwindet ihren ganz unerwartet durch Schocktherapie. Nachdem wir ihren Julian auf einem Open-Air-Konzert in einer orangen Caprihose sehen, ist es vorbei. Selbst Noras Verliebtsein hat seine Grenzen, und eine orange Caprihose ist weit darüber hinaus. Attraktivität in den Zwanzigern ist so simpel gestrickt.

Während Nora eifrig studiert, checke ich meine Zukunfts-
optionen. In den Semesterferien packen wir ein Zelt ein, setzen
uns in einen unbequemen Bus und kommen 22 Stunden später
in Barcelona an. Wir schlagen unser Zelt auf einem Camping-
platz auf, wo wir drei Wochen bleiben werden. Es ist ein ganz
eigener Kosmos, in dem wir leben, beflügelt von der Freiheit, die
uns unsere Freundschaft schenkt. Unsere Welt ist klein und
doch grenzenlos. Die Tage verbringen wir am Strand, die Abende
vor unserem Zelt mit Campingkocher, Zigaretten und Wein.
Zum Einschlafen hören wir Bibi und Tina und träumen von
Abenteuern oder dem nächsten Crush. Beim Feierngehen finden
wir sofort Gesellschaft, schlendern mit unseren neuen Freund*innen und einem Spliff durch die Straßen, klappern einen Club
nach dem anderen ab. Ich lerne Pablo aus Argentinien kennen,
mit dem ich mich in eine heiße Urlaubsaffäre stürze, und Nora
schreibt mit ihrem potenziellen zukünftigen Freund abendlich
romantische Nachrichten.

Nach dem Urlaub meldet mich Nora bei *Nur die Liebe zählt*
an, weil sie mich mit Pablo vereinen will. Doch als die Redakteurin tatsächlich anruft, um die Überraschung zu planen, weiht
Nora mich zum Glück ein. Zwar finden wir die Idee, bei Kai
Pflaume auf der Couch zu sitzen, extrem witzig – stell dir nur
vor, wenn wir uns zwanzig Jahre später diesen Auftritt zusammen ansehen –, aber eigentlich ist es mit Pablo dann doch nicht
so ernst. Nora sagt ab. Ich bin gerührt von ihrem Einsatz. Unsere
Freundschaft ist eine tiefe und aufrichtige. Keine Feierfreund-
schaft. Wir sind eine frei gewählte Familie, engste Vertraute. Zu
wissen, dass, egal, was dir im Leben begegnet, die Erfahrung
geteilt wird, ist eine solche Beruhigung.

Doch dann lasse ich die Bombe platzen: Ich ziehe weg aus
Saarbrücken, nach Bonn. Bis zuletzt habe ich es hinausgezögert,
weil ich Nora nicht traurig machen wollte und weil die Tatsache,
nicht mehr in einer Stadt mit ihr zu wohnen, mich selbst zu sehr
schmerzt. »Lenchen, dir ist ja wohl klar, dass die Fahrerei nicht

aufhören wird. Du musst mich ja jetzt besuchen kommen.« Nur die Liebe zählt.

Was ist da nur los bei mir? Wieso scheinen all meine Herzensfreundinnen früher oder später in anderen Städten zu wohnen? Erst meine Grundschulfreundin Kasia, die wegzieht, dann Farina, die von Anfang an sechzig Kilometer entfernt wohnt, und jetzt trennen Nora und mich ein ganzes Bundesland. Dass sich Fernfreundschaften wie ein Thema durch mein Leben ziehen, merke ich immer mehr. So ist es auch mit Cordelia.

»Cordel, ich steh nicht auf der Liste. Ich bin nicht angenommen …«, schluchze ich in mein Handy. Es ist ein grauer Tag, und ich sitze im Regen auf einer kleinen Mauer der Universität der Künste in Berlin, direkt an einer Hauptstraße. Autos rasen an mir vorbei und spritzen Regenwasser auf. In meinem Rücken lauert die imposante Uni, und an einer der unscheinbaren Eingangstüren hängt ein Zettel mit den Namen der Bewerber*innen, die für den Masterstudiengang Theaterpädagogik zugelassen wurden. Mein Name steht nicht darauf. Scheiße. Ich hatte alles auf diese Karte gesetzt.

»Scheiße, Lenchen, das tut mir leid. Wo bist du denn jetzt gerade?«, fragt mich Cordelia.

»Ich sitze hier an der Scheiß-UdK, die Arschlöcher! Was soll ich denn jetzt machen?« Tränen fließen über mein vom Regen ohnehin schon nasses Gesicht, und meine Atmung wird zu einem lauten Schluchzen. Die Anspannung der umfangreichen Zugangsprüfung fällt von mir ab.

»Willst du herkommen?« Ich antworte nicht, denn ich fühle mich wie festgewachsen an dieser kalten Mauer. »Oder soll ich zu dir kommen?« Cordelia ist so lieb, aber das will ich nicht von ihr verlangen. In Berlin dauert jede Fahrt mindestens eine halbe Stunde. Schön wäre es aber schon. »Nein, Quatsch, brauchst du nicht. Ich beruhige mich, so verheult will ich nicht in die Bahn steigen, und dann komm ich. Danke, Cordelinsky.«

Cordelia weiß, was alles an dieser Absage hängt, und sie kennt mich. »Ne, warte, ich komm zu dir. Bleib einfach sitzen. Bis gleich.«

Ich stecke mein Handy in meine Jackentasche und warte. Cordelia und ich haben uns in Bonn durch unsere gemeinsame Freundin, Dana, kennengelernt. Für uns beide war es Liebe auf den ersten Blick. Cordelia hat eine solche Entspanntheit und Weisheit, dass es unmöglich ist, in ihrer Gegenwart defizitorientiert zu denken. Kein Wunder, dass sie als Kind der Liebling aller Eltern war und immer mit dem Satz: »Cordelia kann immer wieder kommen, ich habe mein Kind noch nie so ruhig und friedlich erlebt«, verabschiedet wurde.

Es regnet unaufhörlich, aber das ist mir egal. Zu meiner rechten Seite liegt die Haltestelle, an der Cordelia etwa vierzig Minuten später ankommt. Mit Kopfhörern und Kippe im Mund geht sie im Regen auf mich zu und setzt sich wortlos neben mich. Dann zieht sie ihre Kopfhörer ab, nimmt einen tiefen Zug, sieht mich an und sagt: »Weißt du, Lenchen, vielleicht werden dir gerade zwei Jahre geschenkt.«

Mit nur einem Satz schafft sie es, meine Wahrnehmung so zu verschieben, dass Ruhe in meine Gedanken kommt. Ich höre auf zu weinen und denke: »Ja, das stimmt.«

»Wer weiß, was du in diesen zwei Jahren, in denen du hier festgesessen hättest, alles erreichen und auf die Beine stellen kannst.« Cordelia wirft ihren Rettungsring aus und fängt mich mit nur einem zielgerichteten Wurf ein. Ich bin gerettet. Cordelia kommt mir nicht nur wie die Kapitänin eines Rettungsschiffes vor, sondern auch wie ein Cowboy. In ganz politisch korrektem Sinne natürlich. Wie sie mit Kopfhörern und Kippe dasteht, mich von der Seite mit schmalen Augen ansieht, ist filmreif. In meiner Vorstellung füge ich ihrem Gang vom U-Bahn-Schacht zu mir aufgewirbelten Sand hinzu. Niemand hätte mich in dem Moment besser trösten können.

»Wieso sitzt du hier überhaupt so und lässt dich nass regnen? Du hast ja noch nicht mal einen Regenschirm.« Sie selbst hat natürlich ebenfalls keinen Schirm. Wozu auch? Ist doch nur Wasser. »Komm, wir fahren zu mir.« In ihrer Fünfer-WG angekommen trinken wir und kommen zu einer Schlussfolgerung: »Ey, du hättest da eh nicht reingepasst. Das habe ich direkt auf den Fotos gesehen. Und mit denen hättest du doch auch nicht die ganze Zeit abhängen wollen?!« – »Ja, und vor allen Dingen will ich doch überhaupt nicht pädagogisch arbeiten oder Batikhosen tragen.« Darauf und auf die zwei gewonnenen Jahre stoßen wir an.

Zwar niedergeschmettert, aber eingebettet in eine wertvolle Freundschaft fahre ich zurück nach Köln. Schon bald besucht Cordelia mich, überhaupt wohnt sie immer bei mir, wenn sie ihre Familie in NRW oder mich sehen will. Unsere Besuche bedeuten für keine von uns Stress, kein: »O nein, ich muss noch aufräumen oder etwas vorbereiten.« Im Gegenteil, manchmal stehen wir sogar unangekündigt vor der Tür. Nicht nur einmal kommt Cordelia in meine Wohnung, die gerade aussieht wie ein Saustall. Wenn ich beruflich viel zu tun habe, ist meine Wohnung immer unordentlich. Cordelia kommt dann rein, sieht mich in meinem mit Zahnpastaflecken überzogenen T-Shirt vor dem Spülberg in der Küche und sagt: »Scheiße, Lenchen, komm, ich spül das für dich weg.«

Ab und zu gehen wir feiern, doch das ist eher selten. Unsere gemeinsame Zeit gestaltet sich überwiegend wie ein Rentnerleben. Wir gehen spazieren, Cordelia macht dabei analoge Fotos, dann koche ich etwas Gesundes, meistens eine Suppe, danach essen wir zum Ausgleich Kuchen, bevor wir uns vor Erschöpfung ins Bett legen, eine Schnulze schauen und nebeneinander einschlafen. Zusammen im Bett liegen zu können und Mittagsschlaf zu machen ist für mich eine ganz besondere Qualität. Es fühlt sich nach zu Hause, nach Vertrautheit und Entspannung an.

Selbst als ich Cordelia während ihres Auslandssemesters in Barcelona besuche, behalten wir diesen Rhythmus bei. Wir lassen uns durch die Gassen treiben, essen viel, genießen den Strand und chillen dann in ihrem Zimmer. Dort gehen wir feiern, tanzen wild und streiten uns kurz, als wir von den Musiker*innen im Backstage Koks angeboten bekommen, versöhnen uns direkt und tanzen weiter.

Wir trösten uns bei Liebeskummer, bei Uni- und Jobkrisen und bei Familienproblemen. Wir brauchen nicht viele Worte, und es können auch mal Wochen komplett ohne Kontakt vergehen, aber wir wissen beide, dass wir jederzeit bei der anderen vor der Tür stehen können. Einmal schimpft Cordelia: »Du kommst immer nur, wenn du Stress mit deinem Freund hast.« Es stimmt. Mit jedem Liebeskummer, in jeder Beziehungskrise fahre ich zu Cordelia. Sie ist meine erste Anlaufstelle, und umgekehrt ist es genauso.

Da Cordelia Weihnachten bei ihrer Familie in NRW verbringt, kommt sie nach den Feiertagen immer zu mir, wir feiern zusammen Silvester, und zu meinem großen Glück bleibt sie bis zu meinem Geburtstag am 4. Januar. Dieser Tag hat mich bis vor Kurzem auf seltsame Weise melancholisch gestimmt, doch Cordelia rettet mir mindestens vier Geburtstage.

Das letzte Silvester, das wir zusammen feiern, ist ein besonderes. Also nicht der Jahreswechsel, der ist das übliche Wunderkerzenwerk, sondern es ist der Umstand. Cordelia ist gerade erst angekommen und sitzt an meinem Küchentisch. Zuletzt haben wir uns vor wenigen Wochen in Berlin gesehen. Ich öffne den Kühlschrank, um uns einen Sekt zu öffnen. »Du willst doch, oder?!«, frage ich eher rhetorisch. Cordelia zögert eine Millisekunde. Eine Millisekunde, die mir alles verrät. »Du bist schwanger!«, werfe ich ihr mit groß aufgerissenen Augen, noch während ich die Kühlschranktür öffne, entgegen. »Ja, woher weißt du das?!« Ich freu mich für Cordelia. Wir stoßen an, sie mit Wasser und ich mit Sekt: »Das ist das letzte Mal, dass wir uns kinderfrei sehen«, sagt sie.

Ein bisschen macht mir diese Entwicklung Angst. Wie wird

sich unsere Freundschaft verändern? Cordelia begibt sich auf ein neues Feld, das ich überhaupt nicht bedienen kann. Ich werde ihr nicht helfen können bei Schwangerschaftswehwehchen, bei Babyfragen, bei Stillproblemen. Während sie einen neuen Abschnitt betritt, bleibe ich in dem alten, den wir immer gemeinsam hatten. Wir sprechen nicht darüber, sondern gehen tanzen. Die Bar, in der eine liebe Freundin von mir Dienst hat, ist zugequalmt. Nach etwa drei Minuten muss Cordelia an die frische Luft. Da fängt sie schon an, die Veränderung, doch ich bin so freudig gespannt auf Cordels Kind.

Als sie wieder in Berlin ist und ich ihr schreiben möchte, werde ich unsicher – wie kommuniziere ich jetzt? Schreibe ich immer im Plural – wie geht es euch? Freut sie das, und fände sie es sogar verletzend, wenn ich den Menschen in ihr ignoriere? Oder möchte sie ausschließlich als Individuum wahrgenommen werden und auch mal Pause haben vom Mama-Werden? Und wie sehr muss ich mich für das Baby in ihr interessieren? Fragen, auf die ich keine Antworten habe und die eine erste kleine Fremdheit bringen. Eine Fremdheit, die übrigens nur in meinem Kopf existiert, aber das lerne ich leider erst später.

Das nächste Mal sehe ich Cordelia als Mutter wieder. Ihre kleine Tochter ist da, und ich halte sie vorsichtig und verzaubert im Arm. Ist das abgefahren. Cordelia und ihr Freund haben sich fortgepflanzt. Auf einmal sind sie da, die befürchteten Themen, über die ich nicht mitreden kann. Was wir in der Schwangerschaft noch gut auffangen konnten, ist jetzt unübersehbar. Ich kann ihr keinen Rat geben, keinen Tipp, ich habe keine Ahnung, wenn es um Babys und Geburten geht, und Cordelia hat gar keinen Raum für unsere alten Themen und auch nicht für mich.

Was passiert mit einer Frauenfreundschaft, wenn sich das Leben der einen ändert? Wenn die eine Freundin eine Familie gründet und die andere nicht. Wo ist die Schnittmenge, und wie viel Schnittmenge braucht eine Freundschaft? Auch, wenn ich weiß, dass sich mit der Zeit alles wieder entspannen wird, stimmt es mich neben der Freude über Cordels Mutterglück nostalgisch.

Als ich nach einem Besuch in Berlin besonders große Sorgen habe, schreibe ich ihr aus dem ICE: »Wünsche mir sehr, dass wir uns nicht verlieren, auch wenn wir nun in ganz unterschiedlichen Lebensphasen sind.« Cordelia antwortet direkt: »Unsere Leben waren doch immer verschieden.« Und damit hat sie wieder mit nur einem Satz alles zurechtgerückt.

Es braucht kluge Freundinnen, und obwohl Ähnlichkeit Nähe schaffen kann, braucht es sie nicht zwingend, um eine Basis für eine tiefe Freundschaft zu haben. Außerdem sind Unterschiede wahnsinnig bereichernd.

Meine beiden Herzensfreundinnen Ruby und Dolly sehe ich zwei Jahre nach meinem Bali-Urlaub in Venedig wieder. Uns verbindet eigentlich nichts und doch alles, nämlich die Suche nach dem passenden Lebensentwurf. Bei unserem Wiedersehen ist es, als wäre kein Tag vergangen. Wir sind uns nicht fremd, sondern knüpfen genau da an, wo wir aufgehört haben. Das beeindruckt uns alle drei. In den vergangenen zwei Jahren gab es keinen einzigen Videochat, und wir haben uns höchstens fünfmal geschrieben. Doch als Ruby, die ihre italienische Verwandtschaft besuchen wird, vorschlägt, einen Zwischenstopp in Venedig für ein Treffen mit uns einzuplanen, sind wir gleich Feuer und Flamme. Dolly bucht ein traumhaftes Airbnb, und wenige Wochen später stehen wir in einer romantischen italienischen Küche eines antiken Hauses und lassen den von der Anreise durchgeschüttelten Sekt knallen.

Keine von uns bemüht sich um Small Talk oder unnötige Inszenierung. Alle Probleme werden unbeschwert auf den Tisch gepackt, von uns in Liebe gehüllt, und weiter geht's. Wir haben weder dieselbe Muttersprache noch ähnliche Familienverhältnisse oder Jobs, doch das tut der Tiefe unserer Verbindung keinen Abbruch. Es gibt keine Tabus oder Anstrengung. Ich genieße die Entspanntheit mit ihnen, freue mich über die neuen Sichtweisen und die Erkenntnis, dass wir uns im tiefsten Grunde ähnlich sind.

Dolly ist eine Mischung aus Rock 'n' Roll und Hippie und wirkt immer wie eine Künstlerin, die gerade ihre eigene Vernissage verlassen hat, um mit Freund*innen zu trinken. Sie ist so weise und liebevoll, dass ich immer ein kleines bisschen so sein möchte wie sie. Sie ist frei, mutig und wild und erzählt Ruby und mir davon, wie sie und ihr letzter Freund sich getrennt haben. Gemeinsam waren sie in Indien, als ihnen eine Tarotkarten-Legerin geraten hat, sich besser zu trennen. Nach tränenreichem Gespräch haben sie ehrlich in sich reingehört, mussten feststellen, dass sie ohnehin beide schon gespürt haben, dass es aus ist, und haben sich dann tatsächlich getrennt. Seitdem isst Dolly wieder Fleisch: Betrunken nach einer Trennung Döner zu essen ist der ultimative Luxus, erzählt sie uns Veganerinnen. »I am back to eating meat, but I feel strong.« Stark ist sie so oder so, und sie kümmert sich keine Minute um gesellschaftliche Konventionen.

Ich muss daran denken, wie Dolly mich regelmäßig aus meiner Komfortzone lockt. Eine Szene fällt mir sofort ein. Wir sitzen zusammen in einer Bar, und ich beschwere mich bei ihr: »Boah, der Wein schmeckt nicht, ich glaub, der ist schal.« Dolly probiert und stimmt mir sofort zu: »Ja! Beschwer dich! Ihr Deutschen beschwert euch immer so wenig!« Zögerlich beschwere ich mich tatsächlich, allerdings sehr höflich. Mit Erfolg – die Kellnerin bringt mir ein neues Glas. Ich bin ganz euphorisiert und verliebt in diese neue Lena 2.0. Wow! Es ist ja doch nicht so schwer, einfach geradeheraus zu sagen, was anliegt, und für sein Bestes einzutreten. Bäm. »Apropos, ich glaube, der zweite Wein schmeckt auch nicht. Also wirklich, der ist auch irgendwie schal.« Dolly schaut mich irritiert an, als ahnte sie schon, was jetzt kommt und welche Lawine sie in Gang gesetzt hat. Und natürlich, die neue Lena beschwert sich wieder voller

Euphorie und mit neu gewonnenem Selbstbewusstsein. Heute kann mich nichts mehr stoppen. »Ne, sorry, der ist vollkommen in Ordnung. Pass mal auf, wir haben dir schon einen neuen gegeben. Wenn es dir nicht schmeckt, dann musst du eben was anderes bestellen!«, raunzt mich die Kellnerin an. Autsch. Das war ein unsanfter Aufprall nach meinem kleinen Höhenflug. Dolly lacht und hebt ihr Glas: »Cheers, my little rebel.«

Ruby hingegen ist die besonnenste Person, die ich kenne. Ich habe sie nie nervös oder hilflos erlebt. Sie hat solch eine ruhige, konstante Stärke, dass ich nur staunen kann. Sie ist auf unterschiedlichen Kontinenten aufgewachsen, woher vielleicht auch ihre extreme Flexibilität und ihre Grundentspannung kommen. Außerdem trägt sie diese unendliche Zuversicht in sich. Irgendwann verrät sie Dolly und mir ganz nüchtern, dass sie noch alle Ziele bereisen möchte, solange sie kann. Solange sie kann? Ja! Ruby hat Multiple Sklerose. Dolly und ich sind sprachlos. Keine von uns lässt Mitleid zu, das würde Ruby bloß stigmatisieren und ihr nicht eine Sekunde entsprechen. Was haben wir für eine starke Freundin. In Venedig spritzt sie sich jeden Morgen ihr Medikament und achtet wie auf Bali auf eine extrem gesunde Ernährung. Ich bin beeindruckt von ihrer Stärke und Tapferkeit. Kein Zorn, keine Verbitterung, kein Selbstmitleid, sondern zuversichtlicher und gesunder Aktionismus. Sie setzt ihre Grenzen, um sich ihre Träume zu erfüllen. Mittlerweile ist sie im fünften Monat schwanger und glücklich mit dem Vater des Kindes zusammen.

Dolly schreibt ihr Diplom in Heilkräuterkunde, und ich, ich schreibe dieses Buch. Unser Plan, dass wir uns alle zwei Jahre treffen, ist allein durch die Covid-19-Pandemie verhindert worden. Jetzt zähle ich die Tage, bis wir uns wiedersehen. Unser Balischatz lebt.

Neben meinen Herzensfreundinnen bin ich natürlich auch sehr froh über all die anderen wertvollen Menschen in meinem Leben. Die Unterscheidung zwischen Kontaktfreundinnen und

Herzensfreundinnen ist für mich keine Abwertung. Genauso wie sich im Laufe des Lebens Freundinnen in unterschiedliche Richtungen entwickeln können, bis sich ihre Wege trennen oder sich die Beziehung neu ordnet.

Ich stoße an. Auf meine Herzensfreundinnen, auf unsere Freundschaft, die uns wärmt, stärkt, tröstet, auffängt und hochwirbelt. Wir sehen, erkennen uns, hören zu, geben selbstlose Ratschläge oder schweigen gemeinsam. Ihr nährt mein Herz und lasst mich wachsen, und ich hoffe, ich tue das Gleiche für euch. Ihr seid mein Sicherheitsnetz, zu wissen, dass ich in eure Arme falle, ist so ziemlich das Tollste! Danke.

Weiblichkeit und was mein Körper auslöst. Auf Nimmerwiedersehen Mansplaining, hallo Selbstermächtigung.

Sommer 1996, ein Fischerboot legt an einem griechischen Hafen an. Mit an Bord sind wir, die vierköpfige Familie Kupke aus Dinslaken. Ein älterer, freundlicher Mann steht auf, um den Passagier*innen an Land zu helfen. Allerdings nicht allen, nur den Kindern und den Frauen. Ich hatte bereits beobachtet, dass er meinem Vater keine Hand hingehalten hat. Warum also sollte ich mir helfen lassen? Ich bin fast zehn Jahre und will genauso stark sein wie mein Papa. Also ignoriere ich die Hand des Mannes und springe aus eigener Kraft an Land. Meine Mutter schaut amüsiert: »Das hat der doch nur nett gemeint. Der Herr wollte dir bloß helfen.« Ich brauche aber keine Hilfe, vor allen Dingen keine Extrahilfe, denke ich mir. Ich bin weder schwach noch ängstlich. Ich bin eine unabhängige Abenteurerin. Die Heldin in den Lügengeschichten, die unser Vater meinem Bruder und mir erzählt.

So werde ich auch erzogen. Meine Eltern fördern immer das Zutrauen ihrer Kinder in die eigene Stärke. So tauche ich mit acht Jahren im offenen Meer sieben Meter tief, lerne mit vier von meinem Vater Dribbeln, komme mit fünf in den Handballverein, spiele mit meinem Bruder Fußball und habe auch eine Puppe, um die ich mich kümmere. Ich bin nicht mit Entweder-oder aufgewachsen, sondern mit allem zugleich. Ich war Prinzessin und Pippi Langstrumpf. Ich habe gemalt und gebastelt und beim Toben all meine Kraft rausgelassen.

Weihnachten 1992, mein größter Wunsch ist die Langhaarbarbie. Nachdem ich diese Barbie bei einer Freundin im Kinderzimmer gesehen habe, bin ich überzeugt: Die brauche ich auch. Mit ihr zu spielen würde superviel Spaß machen. Meine Eltern erfüllen mir diesen Wunsch, und Weihnachten liegt unter dem Tannenbaum mit echten Kerzen die Langhaarbarbie. Doch statt Freude stellte sich Ernüchterung ein. Ein totes Stück Plastik. Langweilig. Entzaubert schaue ich zu meinem Bruder, der an seinem Geschenk, einem Kinderschlagzeug, Gas geben kann. Freudig trommelt er. Der Rhythmus von unserem Weihnachtsfest und meiner ersten Fehlentscheidung, auf dem Weg ein »typisches« Mädchen sein zu wollen. Oder eben das, was die Gesellschaft von Mädchen erwartet.

Mit der Pubertät verändert sich vieles für mich. Ich höre mit dem Ballsport auf und fange an, Jazzgymnastik zu machen. Später kommt dann Videoclipdancing hinzu. In meinem Kinderzimmer probiere ich die Make-up-Pröbchen aus der *Mädchen* aus: Wollte ich früher stark und selbstständig sein, geht es jetzt darum, möglichst sexy und schön auszusehen. So wie die Stars aus den Zeitschriften und in den Musikvideos. Damit bin ich nicht allein, in meiner Schule eifern plötzlich alle Mädchen diesen Vorbildern nach. Wir sind mit dem Schönheitsideal von mageren, krank aussehenden Frauen aufgewachsen. Dem Heroin Chic, der später abgelöst wird von Stars mit großen Brüsten. Mit unseren vierzehn Jahren versuchen wir wie operierte, erwachsene Frauen auszusehen, am liebsten wie Britney oder Christina Aguilera. Was sich rein anatomisch schwer realisieren lässt. Doch solche Hindernisse verstehen und akzeptieren wir nicht, denn wir haben nur ein Ziel: Wir wollen dünn sein. In unserer Stufe entsteht ein geheimer Wettstreit zu den Bildern von Kate Moss und der Melodie von *Baby One More Time*.

Gefühlt gestern haben wir noch zusammen Gummitwist gespielt, heute vergleichen wir auf einmal unsere Körper, die plötzlich nicht mehr nur uns zu gehören scheinen. Ab jetzt werden sie jeden Tag bewertet, und es ist beispielsweise alles andere als ein Zufall, dass die Lehrer immer bei den Mädchen mit besonders großem Busen tief ins Hausaufgabenheft schauen. Unsere Körper werden zur Leinwand für die Welt. Eine Aufforderung, sie zu bewerten und zu kommentieren.

Während unsere Körper sich entwickeln und wir immer wieder mit neuen Veränderungen konfrontiert sind, wird uns keine Zeit gelassen, dies in Ruhe und ungestört geschehen zu lassen. Mit dem ersten Wachstumsschub werden wir vom Kind zum Sexualobjekt. Sei es der schon erwähnte Blick eines Lehrers ins Dekolleté, später die Hand des Fahrlehrers auf dem Oberschenkel oder die überflüssige »Hilfestellung« beim Sport.

Mit der körperlichen Entwicklung kommen aber auch neue Bedürfnisse, eine Lust, den eigenen Körper und dessen Reize kennenzulernen. Am Ende davon steht schließlich die Verführung. Meine Freundinnen und ich begreifen schnell, was von uns erwartet wird und wie wir es bedienen können. Spätestens beim Ausgehen tun wir das gerne. Wir sind siebzehn, tanzen zusammen, heiß und eng umschlungen, für die Augen der Jungs. Wir fühlen uns stark und frei und wild und genießen die Aufmerksamkeit und vor allen Dingen die Macht.

Der Druck, dünn sein zu müssen, um dem omnipräsenten Schönheitsstandard zu entsprechen, fordert seine Opfer. Zwei Mädchen aus unserer Stufe hungern sich auf ein solches Untergewicht herunter, dass sie kaum wiederzuerkennen sind. Seltsamerweise erschrickt sich niemand so richtig darüber. Stattdessen werden auf den Fluren und in den Pausen die unterschiedlichen Hungermethoden ausgetauscht: »Nur einmal am Tag essen«, oder: »Nur Reiswaffel und Naturjoghurt.« Und da ist Lydia, die ein regelrechtes Stimmungshoch erlebt, wenn es ihr gelingt, an einem Tag allein einen einzigen Schokoriegel zu essen. In der Zeit also, in der unsere Körper entwicklungsbedingt Mineralien und Vitamine brauchen, geben wir ihnen das genau nicht. Auch ich. Zwar bin ich ohnehin sehr schlank, aber ich will noch dünner sein. Essen geschieht nicht mehr beiläufig, sondern ganz bewusst. Über jedes Plätzchen ärgere ich mich im Nachhinein. Zum Glück nimmt es keine krankhaften Züge an, aber mein Körper wird definitiv zu einem »Thema«.

Zu diesem Wunsch, dem Schönheitsideal zu entsprechen, gesellt sich eine unglaublich große Scham. Wir schämen uns für alles, was unser Körper produziert – für jeden Pickel, für »Speck«, Cellulite, und vor allen Dingen für Haare, die an den »falschen« Stellen wachsen: Nasenhaare, Beinhaare, Achselhaare, Intimhaare, Haare am Kinn, am Nippel. Sie sind unser Feind, der uns zutiefst verunsichert und regelrechten Selbsthass hervorruft. Körperwahn on fleek.

Mit dreizehn habe ich einen regelrechten Wachstumsschub, innerhalb von einem Jahr bin ich zwanzig Zentimeter größer. Wer soll da schon hinterherkommen? Quasi über Nacht wachse ich buchstäblich aus der Kindheit heraus, und zu meinem großen Entsetzen bilden sich an den Oberschenkeln Dehnungsstreifen. Oft liege ich abends weinend im Bett, und obwohl meine Mutter mir geduldig und liebevoll zuredet, kann ich mich nicht beruhigen. Etwas stimmt nicht mit mir. Diese Dehnungsstreifen zerstören mein Leben, sie sind so hässlich. Ich bin hässlich. Davon bin ich überzeugt. Ich verstehe meinen Körper nicht mehr. Alles ändert sich viel zu schnell, und ich fühle mich wie im Schleudergang ohne Pausetaste. Dabei bin ich immer noch die starke, mutige Lena von früher. Doch das sehe ich gerade nicht. Es ist überdeckt von Selbstzweifeln und Verunsicherung.

»Kommst du mit zum See? Lisa ist auch dabei, nur Julia nicht, weil die ihren Speckbauch nicht zeigen will«, fragt mich Inga per SMS. Wie gerne würde ich einfach schreiben: »Klar, bin dabei, und sag Julia, sie soll sich nicht so anstellen. Ich liebe ihren Bauch.« Doch stattdessen sitze ich mit Tränen in den Augen in meinem Zimmer und denke an meine hässlichen Dehnungsstreifen. So will ich mich nicht zeigen, und so kann ich den See auch gar nicht genießen. Ich verstecke mich. »Kommst du jetzt? Wollen in 'ner halben Stunde los.« Zum Glück macht Inga Druck, der mich schließlich antworten lässt: »Okay, aber ich hab voll hässliche Oberschenkel, ihr dürft euch nicht erschrecken, ja?« – »O. k.« Mit dieser Vorwarnung fühlt sich mein vierzehnjähriges Ich sicherer. »Was ist denn jetzt mit deinen Beinen? Die sehen doch voll gut aus, aber irgendwie siehst du dünner aus. Hast du abgenommen?« Das ist der einzige Kommentar, den Lisa und Inga am See machen, und damit bin ich ziemlich erleichtert, fühle mich aber trotzdem noch unwohl. Welche Wahrnehmung stimmt denn jetzt? Meine eigene oder die meiner Freundinnen? Oh, diese Pubertät ist so verwirrend.

Keine von meinen Freundinnen und Mitschülerinnen hat damals hinterfragt: »Warum muss ich schön und dünn sein?« Es galt schlicht als indiskutabler Standard. Und vielleicht ist ein Hinterfragen von uralten Strukturen in der Pubertät auch zu viel verlangt?

Nie zufrieden zu sein mit dem eigenen Körper. Das ist das Gefühl, das uns in der Pubertät verbindet, das uns Energie klaut und so manchen unbeschwerten Spaß verhindert. Noch mit Anfang dreißig erwische ich mich am Strand immer wieder dabei, wie ich mich unwohl fühle, weil ich etwas an mir zu mäkeln habe. Es sind nur kurz aufblitzende Gedanken, die ich schnell vertreiben kann, aber sie sind eben trotzdem noch da. Wie ein Gruß aus der Vergangenheit. Der Vergangenheit, die zu einer Internalisierung EINES Schönheitsideals geführt hat. Es hat mich viel bewusste Arbeit gekostet, mich davon zu befreien.

An Body Positivity, Body Neutrality und Curvy Models ist damals leider noch nicht zu denken. 2001 gelangt nur ein Gegenentwurf in die öffentliche Aufmerksamkeit. Ein Entwurf, der so gegenteilig allerdings gar nicht ist. Bridget Jones wird zum Kinoerfolg. Eine »pummelige«, aka normalgewichtige Frau, deren Körper instrumentalisiert wird, im Fokus der Geschichte steht und maximale Tollpatschigkeit symbolisiert. Das waren also die Alternativen der Medien – du bist entweder heiß, begehrenswert und schlank oder tollpatschig, überfordert und »pummelig«. Das sind die begrenzten Frauenbilder unserer Jugend.

Die Objektifizierung von Frauen und die Herausstellung optischer Merkmale, denen es nachzueifern gilt, zieht sich über Generationen. Ich bin die Tochter einer Mutter, die wie so viele ihrer Generation damit aufgewachsen ist, möglichst »adrett« auszusehen und sich brav zu verhalten. Zu jedem Geburtstag hat sie zudem von ihrer Oma »Schneeweißchen« geschenkt bekommen. Hinter diesem süßlichen Namen verbirgt sich ein Bleichmittel, welches gegen Sommersprossen eingesetzt wurde. Meine Mutter lernte also, dass ihre Sommersprossen im Gesicht unattraktiv seien. So sehr, dass sie behandelt werden müssten. Die Entgeisterung, die ich verspürte, als meine Mutter davon erzählt, zeugt zwar von Entwicklung, doch es liegt noch ein langer Weg vor uns.

Ich glaube, jede Frau meiner Generation hat zu irgendeinem Zeitpunkt mindestens eine Stelle ihres Körpers als »Baustelle« verstanden, die kaschiert werden muss und die so die Freiheit einschränkt und Energie und Freude klaut.

Das Schönheitsideal, heute noch verstärkt durch Instagramfilter, gilt als erstrebenswert, ist jedoch auf nicht operativem Wege fast unerreichbar. Darauf baut auch der Kapitalismus, denn wenn wir das vorgegebene Ziel nie erreichen, kaufen wir weiter. Dafür spielt die Werbung wiederum mit der Illusion, dass wir alle zur Normschönheit gelangen können – wenn ich das kaufe, bekomme ich glatte Haut –, und so geben wir bereitwillig Geld aus. Ganze Industrien profitieren von den Unsicherheiten, die sie selbst uns tagtäglich eintrichtern. Ein Teufelskreis.

Der Körper ist kein Projekt, das es zu optimieren gilt, sondern ein fantastisches, beeindruckendes und permanent arbeitendes System. Was hätte ich alles mit meiner Energie anstellen können, wenn ich mich nicht körperlich unwohl gefühlt hatte. Wie viel stärker und selbstbewusster wäre ich gewesen? Doch die Gesellschaft hat mich geformt und beeinflusst.

Im Studium bin ich einigen Männern in Machtpositionen begegnet, die mit jungen Studentinnen oft anders als mit männlichen Studenten umgingen. Meist waren es ältere Professoren, die unpopuläre Fächer dozierten. Einer fand beispielsweise offensichtlich Gefallen daran, Studentinnen, die knapp durch die Klausur gerasselt waren, zu sich in die Sprechstunde zu bitten, um eine perfide Machtdemonstration zu vollziehen. Ich erinnere mich noch genau daran, wie auch ich ihm eines Tages gegenübersaß.

Zusammen mit einer Kommilitonin betrete ich sein Büro. Nichtsahnend haben wir uns für seine Sprechstunde eingetragen. Uns fehlt beiden ein halber Punkt, um die Klausur doch noch als bestanden anerkannt zu bekommen. Wir wollen gar nicht um diesen halben Punkt feilschen, sondern darüber sprechen, dass wir die Antwort genau wie von ihm in der Vorlesung doziert niedergeschrieben haben und sie trotzdem als falsch bewertet worden ist. Die Atmosphäre ist so hierarchisch, und er perfektioniert seinen Hochstatus auf solche Weise, dass wir uns innerhalb von Sekunden wie kleine Mädchen fühlen, die den großen Big Boss um einen Gefallen bitten und dementsprechend auf seine Gunst angewiesen sind. Klarer Machtmissbrauch. Als wir das Spiel nicht mitspielen und ich ihm zwar innerlich zitternd, aber durchaus sachlich die Situation erkläre, schaut er mich an, schweigt eine Minute und sagt dann: »Menschen machen zwar Fehler, aber dass ich einen Fehler mache, halte ich doch für ausgeschlossen.« Daraufhin stehe ich auf, verlasse das Büro und heule draußen vor Wut. Die Klausur bestehe ich beim zweiten Versuch mit Gut.

Damals hatte ich nicht das Werkzeug, die Situation für mich anders zu gestalten, zu gehen war der einzige Ausweg, den ich sah. Jahre später lerne ich im Schauspielunterricht, bei einem Workshop der Studiobühne, hilfreiche und ganz pragmatische Tipps, wie man genau in solchen Situationen den eigenen Niedrigstatus in einen Hochstatus verwandeln kann. Beziehungsweise wie man jemandem, der den Hochstatus bedient, zumindest auf Augenhöhe begegnen kann. Wir spielen klassische Situationen durch und analysieren sie: Bewerbungsgespräche, Fahrkartenkontrollen, Wohnungsbesichtigungen etc. Einen Hochstatus zeichnet beispielsweise folgendes aus: Langsamkeit, ruhige Atmung, feste Stimme, Schweigen, Abwendung durch Rückenzudrehen, Unangenehmes in Ruhe auszuhalten. Ein Mensch im Modus Niedrigstatus hingegen atmet häufig schnell und hastig wie ein kleines Vöglein, spricht dementsprechend viel und unsicher, zwinkert sehr oft, hat die Füße nach innen gerichtet und lässt die Schultern hängen. Ich wünschte, ich hätte all das schon damals in der Sprechstunde des machthungrigen Professors gewusst, und doch weiß ich nicht, ob es mir gelungen wäre, die Dynamik zu verändern. Ich hätte mich zumindest sicherer gefühlt.

Besonders als junge Frau mit Anfang zwanzig war ich einige Male in Situationen, in denen ich mich von Anfang an unwohl gefühlt habe, mich aber nicht getraut habe, mich zu entziehen. Dabei ist zu meinem großen Glück nie ein traumatisches Erlebnis geschehen. Vielen Frauen passiert das aber. Deswegen ist es so wichtig zu lernen, dem eigenen Gefühl zu vertrauen und Situationen zu verlassen, sobald sie sich falsch anfühlen.

Es ist in dieser Zeit, als ich 24 bin und bei einem Caster lande, der mir empfohlen wurde. Erst als ich durch die Tür trete, sehe ich, dass ich in seiner Privatwohnung stehe und keinesfalls in einem offiziellen Büro, in dem auch andere Mitarbeiter*innen arbeiten. Wir sind allein, in einer Ecke steht ein Stofftier-Schäferhund in Lebensgröße – so viel zum Szenario. Ich fühle mich sofort unwohl und will nur noch weg. Da mir der Mann, etwa um die fünfzig, aber ja empfohlen worden ist, höre ich nicht auf mein Bauchgefühl und befürchte stattdessen, ihm zu Unrecht eine böse Absicht zu unterstellen und dadurch unhöflich zu sein. Was für ein Quatsch, denke ich heute. Auch eine Notlüge fällt mir in diesem Moment noch nicht ein, etwas in Richtung: »Ah, ich muss noch einmal ganz kurz nach draußen, ich habe mein Fahrrad nicht abgeschlossen«, wäre ja schon genug. Nein, ich bin so angespannt, dass ich bleibe, bekomme von Minute zu Minute mehr Herzklopfen und checke meine Fluchtoptionen. Als er dann anfängt, mir doppeldeutige Szenen vorzuschlagen, zu denen ich bitte einen Minirock tragen solle, das gehöre so zur Rolle, erwähne ich, dass mein Freund mich gleich abholt und ich ihm eben die Adresse simse. Ich bemerke, dass es ihm gefällt, dass ich Angst habe. Also mime ich die komplett Ahnungslose, gebe vor, keine der Anspielungen zu verstehen, um seine Fantasie nicht weiter zu füttern. Deeskalieren, rufe ich mir selbst zu, damit ich so schnell wie möglich hier wegkomme. Schließlich schaffe ich es so aus der Situation. Als ich endlich auf der Straße stehe, schwöre ich mir, dass ich nie wieder in so eine Lage geraten will.

Mich bringt diese Erfahrung in ein Dilemma, ich will mich nicht ängstlich und misstrauisch durch die Welt bewegen, aber in Gefahr möchte ich auch nicht geraten. Alles im Vorfeld auf Sicherheit zu überprüfen, bestimmte Wege zu bestimmten Uhrzeiten zu vermeiden, auf Freiheit zu verzichten, all das möchte ich nicht, und doch werde ich es lernen müssen, zwangsläufig. So unbedarft ich in sehr jungen Jahren noch nachts alleine nach Hause gegangen oder mit Nora getrampt bin, so vorsichtig werde ich mit jeder unangenehmen Begegnung und empfinde es schließlich nicht mehr primär als Verzicht, sondern als Schutz. Dass ich in meiner Kindheit nie um meine Sicherheit fürchten musste, liegt natürlich an den Umständen, in die ich geboren wurde, einfach an der Tatsache, dass ich weiß bin und keinen lebensbedrohlichen Ungerechtigkeiten und Diskriminierungen ausgesetzt war. Dieses Privilegs, das jedem Menschen zustehen sollte, bin ich mir sehr bewusst.

Ich trage übrigens keineswegs eine Hostilität gegenüber Männern in mir, ganz im Gegenteil. Das Thema dieses Kapitels verlangt es, sich auf die Situationen zu konzentrieren, die die meisten Frauen kennen und die sich hoffentlich weiterhin bessern. Die Erfahrung, im Berufsleben von Kollegen angemacht oder sogar belästigt zu werden, machen viele Frauen. Das ist eine Realität, der es entgegenzutreten gilt. Das meine ich auch solidarisch und nicht nur im Hinblick auf die eigene Entwicklung, den eigenen Schutz. Es ist wichtig, sich gegenseitig zu unterstützen und einzugreifen, gerade wenn die Betroffene es selbst vielleicht nicht kann.

Bei einem Open Mic begegne ich einer fünfzehn Jahre jüngeren Frau, die sehr unsicher ist. Sie ist neunzehn Jahre alt, und ich kann gut verstehen, wie einschüchternd ältere Kollegen und die Aufregung vor dem eigenen Auftritt sein können. Auf und abseits der Bühne ist sie so darauf bedacht, allen zu gefallen, besonders den männlichen Comedians, dass sie gar nicht bei sich ist. Schließlich wendet sie sich unter vier Augen an mich und bittet mich um Rat. In hoffentlich nicht übergriffiger Art und Weise einer nervigen Tante sage ich ihr: »Du brauchst dir gar keinen Gedanken darüber zu machen, was die denken. Konzentrier dich nicht darauf, gemocht zu werden. Stell dich breitbeinig dahin, und mach dein Ding. Schau nur auf dich. Du machst das super.« Sie freut sich. Am liebsten würde ich sie noch bei den Schultern fassen und sie physisch aufrichten, aber das wäre dann wirklich etwas too much. Ich erkenne mich ein wenig in ihr wieder.

Sich trauen, anstrengend zu sein, die Gefahr einzugehen anzuecken, nicht gemocht zu werden, all das kenne ich von mir. Es hat mich selbst so viele Jahre gekostet. Sogar von Leuten, die ich selber nicht mochte, wollte ich wiederum gemocht werden. Jahrelang wollte ich gefallen und bloß nicht kompliziert und anstrengend sein. Ja keine Umstände bereiten. Einfach easy, das wollte ich sein.

Sich zu trauen anzuecken, für dich selber einzustehen – das ist wohl mein größter Lerninhalt der letzten Jahre. Nicht immer beziehungsschonend zu agieren und damit mehr Rücksicht auf mein Gegenüber als auf mich selbst zu nehmen. Das gilt für das Privatleben, aber vor allen Dingen im beruflichen Umfeld, besonders als Selbstständige. Mich zu trauen, in Geschäftsverhandlungen, die in meiner Branche immer im Gewand von »Freundschaft« daherkommen, mit Umarmungen und Duzen und privatem Blablabla, fordernd zu sein und allein mein Interesse klar und entschieden zu vertreten hat mittlerweile Priorität. Trotzdem hat es mich manchmal viel gekostet, mir bei Forderungen von großen Managements und Produzent*innen treu zu bleiben. Eine Privatperson, die gegen die Vorstellungen eines großen Unternehmens argumentiert, hat keine leichten Ausgangsvoraussetzungen. Besonders, wenn dich eine sehr große, renommierte Produktionsfirma mit den Worten: »Wenn du nicht bei uns unterschreibst, bleibst du erfolglos«, unter Druck setzt. Doch es ist so wichtig, auf das Bauchgefühl und sich selbst zu hören. Schließlich kennt mich niemand so gut, wie ich es tue. Ich bin jedes Mal stolz, wenn es mir gelingt, und fühle mich danach ziemlich stark. Dann denke ich an meine alte Wonder-Woman-Unterhose und mache erst mal ein Verarbeitungsnickerchen.

Es gab natürlich auch immer wieder Situationen, dir so absurd daherkamen, dass ich schlicht baff war und daher nicht schlagfertig reagiert habe. Zum Beispiel auf der furchtbaren After-Show-Party einer großen Fernsehproduktion, an der ich beteiligt war.

Ich stehe mit einer guten Freundin zusammen, als zwei glatzköpfige Ü-40-Männer in Marken-Polohemden und weißen Turnschuhen, die Chefs der verantwortlichen Produktionsfirma, zu uns kommen: »Lena, ganz starker Auftritt! Wirklich klasse«, lobt mich einer der beiden. »Ganz kurz, bevor wir weiterreden – wer ist das? Bist du die Managerin?«, fragen sie meine Freundin mit missbilligendem Blick. »Nein, ich bin nur 'ne Freundin.« »Na, dann ist ja gut! Dann können wir ja offen reden, haha.« Vicky und ich sehen uns irritiert und peinlich berührt an. Wo sind wir denn hier gelandet?! »Also, Lena, pass mal auf, wir können ganz viel mit dir machen. Du bist echt witzig! Und du siehst wirklich sehr gut aus, aber eben nicht wie ein Model. Und das ist gut! Ansonsten würden sich die Frauen von dir bedroht fühlen, und so ist es perfekt. Und die Männer stehen auf dich. Du hast auch 'ne super Stimme. Da können wir ganz viel mit machen.« Sie blicken mich freudestrahlend an, als hätten sie mir das größte Kompliment gemacht und ich müsste ihnen dankbar um den Hals fallen. Endlich erklärt mir jemand Fremdes, wer ich bin und welches Produkt sie aus mir machen können. Danke! Ich hatte ja keine Ahnung, denke ich ironisch und bin doch noch zu voll mit Adrenalin vom Auftritt, als dass ich etwas Schlaues erwidern könnte. Ich weiß, dass Menschen, Künstler*innen in dieser Branche als Produkte verstanden werden, aber dass das auf so plumpe Art und Weise und so direkt kommuniziert wird, erschreckt mich doch.

Die Möglichkeit zur Revanche kam vor wenigen Wochen. Einer der beiden Männer ruft mich an, und schon bei der Begrüßung denke ich: »Du mutiger Turnschuhträger, ich habe nicht vergessen, wie ihr vor drei Jahren mit mir gesprochen habt.« Diese Telefonate laufen immer gleich ab, mittelalter bis alter Mann in Machtposition ruft an und monologisiert circa zehn Minuten über seine Karriere der letzten Jahre und beweihräuchert sich selbst. Bei diesem Erguss, ähnlich einer verbalen Selbstbefriedigung, ist es ratsam, das Telefon einfach beiseitezulegen, um keine Lebenszeit zu verschenken. Ab und zu ein

»Mmh« ist völlig ausreichend. Tatsächlich habe ich solche Monologe auch schon unterbrochen mit: »So ... wo komme ich jetzt ins Spiel?« Das ist nicht so gern gesehen, schließlich störe ich damit das Alphamännchen beim Pfauentanz, aber darauf kann ich leider keine Rücksicht mehr nehmen, dafür ist mir meine Zeit zu schade. Dieses Mal unterbreche ich nicht. Endlich kommt er zum Grund seines Anrufes: »Ich habe gerade einen Writers' Room mit drei Autoren zusammengestellt, und, du, da ist mir aufgefallen: Da ist ja gar keine Frau dabei! Und da wollte ich dich fragen, darf ich dich da anfragen?« Von null auf hundert steigt die Wut in mir hoch, und ich fühle mich wie ein Fass kurz vor der Explosion. »Du kannst mich gerne aufgrund meiner Leistung anfragen, aber nicht aufgrund meines Geschlechts.« Erwidere ich direkt und bin von meiner eigenen Schlagfertigkeit beeindruckt. Bäm, ich bin stolz auf mich. Der verbale Kick sitzt, denn der mutige Turnschuhträger entschuldigt sich, zwar genervt und mit dem Unterton: »Ach, ne, ist das jetzt so 'ne Zicke?!«, aber immerhin. Das Gespräch ist dann allerdings sehr schnell beendet. Ich bin zufrieden. Noch vor ein paar Jahren hätte ich aus Sorge, »eine Chance zu verpassen«, nicht so deutlich reagiert. Älter zu werden ist eine gute, feine Sache.

Obwohl diese Unverschämtheit so regelmäßig passiert, macht sie mich immer noch und immer wieder wütend. In meiner Blase, also im Kreis meiner Freund*innen, habe ich nämlich das Gefühl von Fortschritt und Reflexion und bin dann immer wieder erstaunt, wie weit doch viele Menschen davon entfernt sind. Ein Zeichen, dass Gleichberechtigung auch hier in der »progressiven« Comedy-Welt weiter hart erkämpft werden muss. Es gibt viel zu tun, und das nicht nur bei Anfragen, sondern auch bei Anmoderationen, die bei Frauen fast immer ihr Aussehen hervorheben.

Wäre ich nicht selbst dabei, würde ich nicht glauben, dass eine weiblich besetzte Show eines renommierten TV-Formats noch 2020 vom Moderator so eingeleitet wird: »2020 dürfen auch Frauen mutig sein und müssen kein Blatt mehr vor den Mund nehmen …« Das lässt mich nur noch mit dem Kopf schütteln. Diese Reproduktion ist höchst destruktiv. Genauso übrigens wie: »Wow, toll, dass heute nur Frauen auftreten …« Das ist zwar als positive Bestärkung gemeint, bewirkt aber genau das Gegenteil. Müssen wir wirklich hervorheben, dass »nur Frauen« durchaus in der Lage sind, eine eigene Show zu bespielen? Diese Anmoderation habe ich übrigens aufgegriffen mit: »Wow, ich wusste gar nicht, dass ich im Feminismus der Sechziger gelandet bin, jetzt weiß ich, wie meine Mutter und Oma sich gefühlt haben.« Dem Publikum hat es gefallen, der Regie offenbar nicht, denn ich musste meinen Einstieg noch einmal aufzeichnen, und ich bin mir sehr sicher, dass es nicht der angeblichen Technikpanne geschuldet war, sondern der Wunsch, meine Kritik rauszuschneiden, dahintersteckte. Zum Glück hatte ich einen guten Auftritt, sodass ich zumindest hinter den Kulissen noch konstruktiv mit den Veranstaltern reden konnte. Denn so ist es in der Stand-up-Comedy: Hast du einen schlechten oder bloß soliden Auftritt, wirst du mit Ignoranz abgestraft, und hast du einen guten bis sehr guten Auftritt, wirst du in Glitzer gepackt. Sekt oder Selters, wie mein Vater sagen würde.

Was sich im direkten Miteinander regeln oder zumindest ansprechen lässt, sieht in den öffentlichen YouTube-Kommentarspalten anders aus. Das ist nicht nur der Blick in menschliche Abgründe, sondern eindeutig ein frauenfeindlicher Ort. Frauen in der Comedy sind besonders digitalen Beleidigungen, Verleumdungen und Belästigungen ausgesetzt. Soziale Netzwerke werden eben nicht kuratiert. Unverschämte Kommentare fallen unter Meinungsfreiheit, was bedeutet, dass auch Hans-Dieter schreiben darf, dass ihm Leggins bei Frauen gar nicht gefallen. Bei Verleumdung und Belästigung allerdings muss gehandelt werden, strafrechtlich. Ich freue mich darauf, live dabei zu sein, wenn der Staat dafür Regulationen findet.

Eine autonome und selbstbestimmte Weiblichkeit braucht individuelle Verantwortung. Noch ist die Macht ungerecht verteilt, weil wir in einem Patriarchat leben. Auf gesellschaftlicher Ebene müssen sich die Strukturen ändern. Auf einer persönlichen Ebene muss eine Art Selbstermächtigung gefunden werden und damit aktive Gestaltung.

Ich frage mich, warum und wann Frausein unsexy geworden ist. Warum nennen wir uns Girls oder Mädchen? Oder Mädels? Liegt das an den Serientiteln, mit denen wir sozialisiert wurden: Gossip Girl, New Girl, Girls, Gilmore Girls (eine von denen ist immerhin fünfzig Jahre alt)? Das klingt so lieblich und klein. Im Gegensatz zu Frau oder Woman. Darin liegt Kraft. Girlboss und Powerfrau funktionieren für mich nicht, warum braucht es diesen Zusatz? Es gibt doch umgekehrt auch nicht den Boyboss oder den Powermann. Lady funktioniert für mich auch nicht. Das sagen meistens ganz komische Personen. So ein Jörg im Büro zum Beispiel. Nein, Jörg, es macht dich nicht attraktiver, wenn du durch den Flur schreist: »Na, Ladys, gleich nach Feierabend noch 'nen kleinen Sekt?!« Das ist peinlich.

Ich bin sehr froh, da zu sein, wo ich jetzt bin. Ich konzentriere mich auf Charakter, Verhalten, Freundlichkeit, Entschiedenheit, Klugheit und Humor, und das geht auch dank guter Vorbilder und Wegbereiterinnen. Zum Glück bin ich Frauen »begegnet«, die sich mit Witz und Intelligenz durchsetzen.

Die erste lustige Frau, die ich im Fernsehen sehe, ist Evelyn Hamann. Sie ist so lustig, dass ich alles nachspielen muss. Jeden Loriot-Sketch. Später kommt dann Anke Engelke, die mich so sehr zum Lachen bringt und mit ihrem Talent beeindruckt. Diese Frauen waren extrem wichtig für mich und haben mir immer wieder eine Idee davon gegeben, was in der Comedy alles möglich ist.

Über die Jahre habe ich weiter nach weiblicher Inspiration gesucht. Gefunden habe ich zum Beispiel Lena Dunham, Amy Poehler, Kristen Wiig, Amy Schumer, Anika Decker, Feo

Aladag, Maren Kroymann. Heimliche Mentorinnen, denen ich nie persönlich begegnet bin, aber von denen ich alles, was ich finden konnte, studiert habe. An solchen Vorbildern hat es mir in meinem beruflichen Werdegang gefehlt. Immer war ich von Männern umgeben, ob im Theater oder in der Comedy. Alle Chefposten waren mit Männern besetzt, und oft waren es die männlichen Comedians, die sich mehr Bühnenzeit genommen haben, indem sie endlos überzogen haben. Dafür waren Lena und Amy im übertragenen Sinne für mich da. An sie habe ich mich angelehnt, wenn ich zweifelte. Das sind Frauen, die selbstverständlich Raum einnehmen, Chefin sind, ihre Realität abbilden und überspitzen, witzig und schlau sind. Sie ziehen mich an, inspirieren mich und geben mir Mut.

Wie hat sich mein Körpergefühl weiterentwickelt?, frage ich mich und stöbere in den Erinnerungen der letzten Jahre. Besonders vor meinen ersten Fernseh- und YouTube-Aufzeichnungen setze ich mich unter Druck. Ich fühle mich unwohl, weil ich mich beim Gedanken der bevorstehenden Exponierung noch kritischer als sonst betrachtete. Sofort betrete ich ein altes Muster, das ich eigentlich schon längst verlassen hatte. Doch die gefürchtete öffentliche Bewertung wirft mich zurück und drückt mir eine abgenutzte Eintrittskarte für das Karussell der Unzufriedenheit, des ewigen Mäkelns, in die Hand. Natürlich steige ich ein. Tagelang vergeude ich viel Zeit und Geduld damit, mir »vorteilhafte« Outfits zu suchen. Meine Freundinnen unterstützen mich dabei gern. Fotos werden per WhatsApp verschickt, ich tätige Videoanrufe aus Umkleidekabinen und werfe dabei immer einen skeptischen Blick auf meinen Körper. Mit achtzehn oder neunzehn hätte ich im Vorfeld eines Auftritts sicherlich noch gehungert, doch darüber bin ich mit dreißig glücklicherweise hinaus. Meine Energie fließt stattdessen in die bestmögliche Inszenierung meines Körpers, wobei ich mich selbst als unfeministisch empfinde und zwischen Selbstkritik und Verständnis schwanke. Die eigenen Ambivalenzen und Unsicherheiten zu akzeptieren und zu reflektieren hilft im ehrlichen Umgang mit sich selbst. Ich fühle mich nicht schlecht, weil ich über vorteilhafte Outfits nachgedacht habe, sondern interpretiere mich als Kind dieser Zeit und baue auf meine Autonomie, um mich weiterzuentwickeln, ohne dabei meine Vergangenheit zu verleugnen.

Die plötzliche Entdeckung des Zyklus, die Ignoranz des Patriarchats und warum Menstruationsunterhosen meine Rettung sind.

Es ist 1999, als ich meine erste Periode bekomme. Ich bin gerade durch das Ziel des jährlichen Sportlaufes gerannt und weiß zwar, was der Blutstrich in meiner kindlichen Baumwollunterhose ist, aber was er genau bedeutet, weiß ich eben nicht. Ich habe Fragen! Die Antworten werde ich erst über Jahre hinweg langsam einsammeln. Zunächst erhalte ich eher zufällig und beiläufig Infos und habe auch gar keine Lust, mich mehr damit zu beschäftigen. Wozu auch? Zusätzliche Hausaufgaben brauche ich nicht, und ich will mir erst recht nicht von meinem Körper sagen lassen, wie ich mich jetzt verhalten soll. Ich kratze also nur an der Oberfläche. Wie eine Archäologin, die einen kleinen Fund macht, sich zufriedengibt und nicht ahnt, dass direkt unter ihr eine ganze Stadt vergraben ist. Zugegeben, das wäre eine ziemlich leidenschaftslose Archäologin, und genau das bin ich auch – leidenschaftslos uninteressiert am Zyklus. In Anbetracht der Tatsache, dass auch mein Umfeld keine Ambitionen hat, in der Tiefe zu forschen, fällt mein Nichtfragen überhaupt nicht auf. Heute wundere ich mich, woher diese Vernebelung, dieses Nichtwissen, das Ignorieren des Zyklus und damit der Weiblichkeit kommen.

In meiner Familie wird über die Periode nur knapp und hinter vorgehaltener Hand gesprochen. Obwohl meine Mutter sonst so offen ist und mir ganz genau erklärt, wie ich am besten einen Tampon einführe, gibt es doch Grenzen. Als ich einmal bei einem Spaziergang klage: »Mama, das sitzt nicht richtig, das ist voll unangenehm!«, erschreckt mich die Reaktion meiner Mutter enorm. »Lena, wir können da gerne hinter verschlossenen Türen drüber reden, aber nicht auf offener Straße. Das ist ein Thema fürs Badezimmer.« Hui! Das hat gesessen. Eingeschüchtert und peinlich berührt bin ich sofort still. Offensichtlich verläuft die unsichtbare Tampon-Grenze irgendwo an der Badezimmertür. Ich verstehe: Über die Periode spricht man nicht, das ist indiskret. Ich fand das schon damals nicht richtig und erkannte auch meine Mutter so gar nicht wieder. Umso froher bin ich, dass sich der Zeitgeist allmählich ändert. #periodpositivity lautet der Hashtag, der der Scham frei und offen begegnet, was ich sehr schätze. Die Menstruation ist kein Tabu, sie ist ganz natürlich und beeinflusst so viel mehr, als es vielen bewusst ist. Die Gebärmutter ist die unerkannte Chefin.

In meiner Schulzeit werden Mädchen und Jungen für den Aufklärungsunterricht nicht getrennt, und es ist deshalb nicht verwunderlich, dass der Schwerpunkt auf der Verhütung liegt. HIV ist in dieser Zeit omnipräsent und für uns fast gleichbedeutend mit Sex. Viele haben mehr Angst vor HIV als vor dem eigentlichen ersten Mal. Die eigentliche Aufklärung besteht dann darin, dass die peinlich berührte Biologielehrerin verklemmt ein Kondom über irgendeinen Gegenstand zieht, den ich verdrängt habe. 45 Minuten gemeinsames Schämen muss als Aufklärung reichen, die Menstruation kommt dabei nicht zur Sprache.

Meine Mutter wiederum bekommt ihre erste Periode Anfang der Siebzigerjahre und erhält die Infos aus der Schule und nicht von ihrer Mutter, meiner Oma. Damals haben die Mädchen separaten Aufklärungsunterricht und erhalten zumindest die Information, dass Frauen zyklisch bluten, sowie ein bisschen biologisches Hintergrundwissen zur Eireifung. Von ihrer Mutter erfährt sie lediglich eins: Die Periode bedeutet zusätzliche Arbeit für die Frau in Form von hygienischer Versorgung.

Meine Oma kommt aus einer Zeit, in der in selbst gestrickte Binden geblutet wurde, welche heimlich, ohne dass die Männer es bemerkten, ausgewaschen wurden. Eine Heimlichtuerei, mit der sie sich beschnitten und wahnsinnig unfrei waren. Meine Oma bekommt ihre erste Periode am Ende des Zweiten Weltkrieges und weiß nicht, was das Blut in ihrer Unterhose zu bedeuten hat. Sie ist allein, weit weg von zu Hause und erschreckt sich zu Tode. Bin ich krank? Muss ich sterben? Was ist mit mir? Was mache ich jetzt? Sie bleibt allein mit den Fragen. Nur nach und nach erfährt sie, dass wohl alle Frauen eine Periode haben und dass sie sich jetzt um ihre Hygiene kümmern muss. In ihrer Generation heißt es ganz klar: »Da wird nicht drüber geredet.« Vielleicht ist es deswegen nicht verwunderlich, dass auch meine eigentlich progressive Mutter in der Öffentlichkeit dann doch an ihre Grenzen kam und auf das Badezimmer verwies.

Zwischen der ersten Periode meiner Oma und meiner eigenen liegen etwa fünfzig Jahre. Fünfzig Jahre, in denen sich der Umgang zwar verändert hat, doch ich mit meinen dreizehn Jahren immer noch viel zu wenig wusste.

Ein Zyklus geht durch vier Phasen? Jeden Monat? Ist es normal und absolut richtig, dass wir uns in diesen Phasen unterschiedlich fühlen? Wir mal Heißhunger haben, sensibler sind und dann wieder kommunikativer und geselliger? Ich hatte keine Ahnung, und es sollte mich zwei Jahrzehnte und die Reise auf einen anderen Kontinent kosten, um davon zu erfahren.

Meine Mutter musste in den Siebziger- und Achtzigerjahren immer wieder erfahren, dass Männer mit Sprüchen wie: »Hast du deine Tage?«, oder: »Die hat ihre Tage«, den weiblichen Zyklus nutzten, um Frauen als hysterisch und schwach darzustellen. Das wollten sich meine Mutter und viele Frauen ihrer Generation nicht gefallen lassen. Diese Stigmatisierung musste aufhören. Also wurde das Thema Periode umgangen oder übergangen, eine Auseinandersetzung fand nicht statt. Um in einer chauvinistischen Gesellschaft als Frau gleichwertig behandelt zu werden, durfte die Periode schlicht kein Thema sein. Im Kern impliziert das eine Verleugnung der eigenen Weiblichkeit. Weiblichkeit wurde als Schwäche ausgelegt, und dem galt es entgegenzutreten. Doch aus der fehlenden Auseinandersetzung mit dem Zyklus resultierte schließlich ein ungeheures Nichtwissen. Ein hoher Preis und ein gewaltiges Erbe.

Die Stigmatisierung in der patriarchalen Gesellschaft passierte und passiert übrigens ganz ähnlich in Bezug auf die Wechseljahre. Auch da werden Frauen als lächerlich dargestellt: »Jetzt schwitzt sie wieder.« – »Die hat Haare am Kinn.« – »Jetzt dreht die ab.« Repressive Strukturen, die es zu durchbrechen gilt. Das kann allerdings nur gelingen, wenn wir unsere Weiblichkeit erkennen, honorieren, sie ausdrücken und damit ein neues weibliches Selbstbewusstsein formen.

Meine Mutter hat mit dem Zyklus zusammenhängende Beschwerden also nie zum Thema gemacht. Auch als ich meine Tage bekam, war ihr Hauptanliegen: Du kannst während deiner Periode immer noch alles machen, du kannst Sport machen, du kannst an den See fahren. Du bist nicht eingeschränkt. Damit wollte meine Mutter mir Freiheit vermitteln. Die Kehrseite davon ist allerdings das fehlende Honorieren des weiblichen Zyklus.

Da meine ersten Menstruationsjahre sehr unauffällig verlaufen – ich verliere weder viel Blut, noch habe ich Schmerzen –, fühle ich mich tatsächlich nicht eingeschränkt. Erst viel später lerne ich das Prämenstruelle Syndrom (PMS) kennen und wie es sich anfühlt, völlig außer Gefecht gesetzt zu sein. Mit meinen eigenen Erfahrungen wachsen meine Empathie und mein Verständnis. Auch für meine Oma und meine Mutter war PMS lange Zeit unbekannt. Erst gegen Ende der Achtzigerjahre tauchte es im öffentlichen Diskurs auf, wurde erforscht und erhielt einen Namen. Zuvor konnte es einfach ignoriert werden. Ähnlich geschieht es immer noch mit Endometriose. Eine häufige Krankheit, die trotzdem oft unentdeckt bleibt und großes Leiden für die betroffenen Frauen mit sich bringt. Die Endometriose führt zum Beispiel an Eierstöcken, Darm oder Bauchfell zur Zysten- und Entzündungsbildung, überdurchschnittlichen Schmerzen und in schlimmen Fällen zur Unfruchtbarkeit. Obwohl sie zu den häufigsten Unterleibserkrankungen bei Frauen zählt, wird sie kaum erforscht und demnach auch zu selten diagnostiziert. Ein Beispiel, das zeigt, wie unfair und patriarchal auch die Medizin funktioniert, da wird einfach übergangen, dass es ungefähr vier Milliarden Frauen gibt. Das stille weibliche Ertragen und Leiden geht Hand in Hand mit dem Umgang des weiblichen Körpers in unserer Gesellschaft. Ein gefährliches Wechselspiel.

Das wenige Wissen und die eingeschränkten Therapiemaßnahmen wirken fast wie ein Widerspruch zu der Tatsache, dass Mädchen sehr früh und regelmäßig zum Frauenarzt gehen. Obwohl es eine medizinische Versorgung gibt, gibt es keine ganzheitliche gynäkologische Forschung. Das zumindest ist die Erfahrung meines Umfeldes und mir. Auf fast alle Beschwerden, sei es die Endometriose, PMS oder unreine Haut, wird mit der Verschreibung der Pille geantwortet. Eine fragwürdige Methode. Drei Jahre nachdem ich meine erste Periode bekommen habe, lasse auch ich mir, wie all meine Freundinnen damals, die Pille verschreiben. Zur Verhütung, denn klar, im Patriarchat ist Verhütung Frauensache und bedeutet in diesem Fall, in der Pubertät, Hormone einzunehmen, die dem Körper eine Schwangerschaft vorspielen.

Wie so viele in meiner Generation nehme ich die Pille ganze zehn Jahre und habe damit gar keine Chance, meinen natürlichen Zyklus kennenzulernen. Laut Frauenärzt*innen ist das kein Problem. Ich sehe das anders. Kein Gefühl für die eigene Weiblichkeit, für den Rhythmus des Körpers und des Zyklus entwickeln zu können ist unnatürlich. Ich bin auch skeptisch, wie gesund es ist, mitten im Wachstum Hormone einzuschmeißen. Sollten sich die körpereigenen Hormone im Idealfall nicht erst mal einspielen? Mal ganz abgesehen vom hübschen Thromboserisiko, von dem wir kaum etwas erfahren. Das ist insbesondere im direkten Vergleich im Zusammenhang mit der Corona-Impfung skandalös, bei der ausführlich über Thromboserisiken aufgeklärt wird, während diese bei der Einnahme der Pille enorm viel höher sind.

In meiner Generation wird die Pille als Lösung aller Probleme gehandelt. So lassen sich einige meiner Freundinnen die Pille nur verschreiben, um größere Brüste zu bekommen. Alles unter ärztlicher Aufsicht, sogar auf sanften Druck. Es wird schlicht und einfach alles weggepillt. Den Zyklus musst du schließlich erst verstehen, wenn der Kinderwunsch laut wird. Bis dahin brauchst du keinen Zugang zum eigenen Körper. Der Körper einer Frau wird also erst dann untersuchungswürdig, wenn er der Fortpflanzung dienen soll. Was für eine Katastrophe.

In den zehn Jahren meiner Pilleneinnahme wechsle ich einige Male zwischen verschiedenen Präparaten, denn oft schmerzen meine Brüste stark. Es bilden sich sogar phasenweise Knötchen, sodass eine Frauenärztin tatsächlich eine Mammografie veranlasst. Da bin ich gerade einmal zwanzig Jahre alt. Es stellt sich heraus, dass ich komplett gesund bin. Nach dem Absetzen der Pille hören meine Brustschmerzen übrigens auf. Ich bin nicht die Einzige, die unter Nebenwirkungen leidet. Viele Freundinnen haben Stimmungsschwankungen bis hin zu depressiven Verstimmungen oder eine verminderte Libido.

Doch das haben wir damals alles weder hinterfragt noch kritisiert. Wir hatten nur eine Sorge: die Pille zu vergessen und schwanger zu werden. Ironischerweise ist meine Sorge zwanzig Jahre später, nicht schwanger werden zu können. Aber davon bin ich als Teenagerin noch weit entfernt. Also stellen wir uns munter einen Pillenwecker und überlegen regelmäßig, wie schlimm es ist, wenn wir beim Feierngehen übertreiben und so viel trinken, dass wir uns übergeben – wirkt sie dann noch? Sicherheitshalber nehme ich alte Partymaus daher die Pille morgens, denn das unbeschwerte Feiern wollte ich mir sicherlich nicht nehmen lassen. Safety first.

Gegen Ende der zehn Jahre, als ich der täglichen Tabletteneinnahme überdrüssig werde, probiere ich den Ring aus. Was wir Frauen uns alles so einführen. Doch der Ring fühlt sich für mich immer wie ein Fremdkörper an und ist daher keine Option. Wir probieren alles durch. Ob Dreimonatsspritze, die den Hormonhaushalt von gleich zwei meiner Freundinnen auf den Kopf stellt, oder die Durchnahme der Pille, die einer anderen Freundin innerhalb kurzer Zeit zehn Extrakilos schenkt. Die Substanzenparty, der wir unsere Körper aussetzen, wird begleitet von nüchternen und teilnahmslosen Frauenärzt*innen.

Die weiblichen Geschlechtsorgane scheinen in gewisser Weise sensibler als die männlichen. Nehmen wir einen Seebesuch. Wer fährt eher mit einem Souvenir wie einer Blasenentzündung oder einer bakteriellen Infektion nach Hause? Frauen. Oder Sex. Wer, wenn sie nicht innerhalb von fünfzehn Minuten nach dem Akt uriniert, bekommt eher eine Blasenentzündung? Frauen. Auch bei HPV, den Humanen Papillomviren, die maßgeblich an der Entstehung von Gebärmutterhalskrebs beteiligt sind, kenne ich ausschließlich Frauen, die darunter litten. Dabei werden diese Viren meist durch Geschlechtsverkehr übertragen. Als ich 26 Jahre bin, erhalte ich nach einem Routineabstrich zur Krebsvorsorge einen Brief mit dem Befund HPV und der Bitte um eine Terminvereinbarung. Damals bin ich richtig geschockt. Da es weder in meiner Familie noch in meinem Bekanntenkreis jemanden mit diesem Virus oder gar Gebärmutterhalskrebs gibt, bin ich überrumpelt. Die familiäre Nichtvorbelastung war auch der Grund, warum ich mich zehn Jahre zuvor nicht gegen Gebärmutterhalskrebs hatte impfen lassen. Eine Fehlentscheidung dank mangelnder Aufklärung. Bei mir sieht alles nach einer

Krebsvorstufe aus, und es dauerte zwei nervenaufreibende Jahre, um zu heilen.

Seit meiner eigenen Erfahrung treffe ich immer wieder Frauen, Schwestern von Freundinnen, die auch einen HPV-Befund bekommen und mich um Rat fragen. Was uns alle verbindet, ist die Scham. Mit dem Virus schwingt die Annahme mit, häufig wechselnde Geschlechtspartner*innen zu haben. Auch ich habe mich bei meinem Befund irgendwie schmutzig und auf jeden Fall schuldig gefühlt. Ich weiß, dass es Quatsch ist, aber das Gefühl ist ganz real. Während fast jede Frau die Viren in sich trägt, wird es eben nicht bei jeder behandlungsbedürftig. Für Männer, die ohnehin selten zum Urologen gehen, verläuft eine HPV-Infektion in etwa so: gar nicht. Sie merken es noch nicht einmal. Meist geben sie die Viren bloß weiter, und erst im weiblichen Körper entfalten sie ihr grausames Potenzial. Den Männern ist selbstverständlich kein Vorwurf zu machen, meine Kritik richtet sich an die Medizin, deren Geschlechterdiskriminierung sich in der gesundheitlichen Benachteiligung von Frauen spiegelt.

Meine erste nicht medizinische Begegnung mit HPV mache ich in der HBO-Serie *Girls* von Lena Dunham. Dort erkrankt Hannah, eine der Hauptfiguren, und teilt, wie sie alles teilt, offen ihre Erkrankung. Dankbar sauge ich alles auf, fühle mich weniger außerirdisch und noch mal mehr verbunden mit Lena Dunham. Daher habe ich mich sehr gefreut, dass ich später meine Erfahrungen ebenfalls weitergeben konnte. Die Frauenärzt*innen haben mich und auch meine HPV-Schwestern ziemlich alleingelassen. Ich bekomme zwei Biopsien und stehe kurz vor einer Konisation, also der Ausschneidung der Mündung des Gebärmutterhalses in die Scheide, als mir eine kompetente Heilpraktikerin empfohlen wird. Ihr habe ich zu verdanken, dass ich komplett geheilt bin und nicht operiert werden musste. Sie ist die Erste, die mich ganzheitlich über den weiblichen Zyklus aufklärt, etwas, das bei all meinen Frauenärzt*innen in verschiedenen Städten nie passiert ist. Sie empfiehlt mir außerdem, die Pille abzusetzen, und warnt mich vor: Es könne einige Monate dauern, bis sich mein Zyklus einpendele.

Meine HPV-Infektion heilt aus, ich nehme die Pille nicht mehr, und es geschieht genau das, was die Heilpraktikerin angekündigt hat: Erst blute ich stark und dann ein ganzes Jahr nicht mehr. Zwei Freundinnen, die zeitgleich mit mir die Pille absetzen, geht es genauso. Doch meine Frauenärztin fragt bei einem Beratungstermin lediglich: »Haben Sie Stress? Wenn Sie Ihre Periode nicht bekommen, dann kann Ihr Körper gerade wohl nicht für ein Kind sorgen.« Amenorrhö, lautet ihre Diagnose.

Wieder einmal verlasse ich die Praxis mit dem Gefühl, zu wenig Infos erhalten zu haben und mich allein durchschlagen zu müssen. Mit der wenig hilfreichen Erklärung »Stress« kann ich nichts anfangen. Sie hat mir ein schlechtes Gefühl gegeben und eine Gedankenspirale in Gang gesetzt: Wieso funktioniert mein Körper nur eingeschränkt? Was mache ich falsch? Ich bin schuld! Es ist zermürbend. Nur auf Rat meines besten Freundes, der Arzt ist, lasse ich mein Blut untersuchen, was die Frauenärztin nach einiger Beharrlichkeit Augen rollend vornimmt. Laut ihr solle ich einfach die Pille nehmen, dann stelle sich ein Zyklus ein. Da ist sie wieder, die Standardantwort in der Frauenheilkunde: die Pille. Die Pille ist für mich zum Symbol der Symptom-, aber nicht der Ursachenbehandlung geworden.

Die Blutuntersuchung ergibt einige Defizite, die laut Frauenärztin nicht untersuchungswert sind. Doch mein bester Freund schärft mir ein, auf einer Überweisung in die Endokrinologie zu bestehen. Dieses Mal rollt die Frauenärzte nicht nur mit den Augen über diese »unnötige« Ursachensuche, sondern weigert sich. Ich bleibe beharrlich. Schließlich lande ich bei einer Endokrinologin, die nach einem umfangreichen Blutbild eine Hormonstörung diagnostiziert und mich dementsprechend therapiert. Kurz darauf kommt mein Zyklus zurück und ist regelmäßiger als je zuvor.

Das ändert sich erst wieder 2016, in jenem schicksalhaften

Bali-Urlaub, der mich so viel mehr über das Leben lehrte, als es eine Klangmeditation hätte tun können. Ich sitze in einem instagramtauglichen, halb verglasten Bambusstudio mit Blick auf Palmen. Ohne groß nachzudenken, habe ich mich aus losem Interesse am Titel für den zweitägigen Workshop »Women's Hormone Balancing with Tina Nance« angemeldet. Mit mir haben sich noch etwa neun Frauen aus allen Altersgruppen für diesen Kurs entschieden. Die Lehrerin Tina begrüßt uns, und ich bin direkt verknallt. Sie hat eine solche Grazie und unaufdringliche Sinnlichkeit, dass ich mir wünsche, ein bisschen wie sie zu sein. Noch dazu ist sie unfassbar sympathisch. Nach ein paar Eingangsworten leitet sie eine kurze Vorstellungsgruppe ein. Mein absoluter Horror. Ich lege mir direkt zwei unverfängliche Sätze zurecht und kann mich erst wieder entspannen, nachdem ich an der Reihe war. Fest steht: Meine Rolle für die nächsten zwei Tage ist die der aufmerksamen Zuhörerin, die ganz deutsch sehr wenig sprechen wird.

Nach dieser Aufregung studiere ich die Runde. Da sind zum Beispiel die fünfzigjährige Claire aus Irland, Luisa aus Dänemark, zwei überdrehte Amerikanerinnen, eine Schwedin, die sich selbst als Mooncup-Girl vorstellt, worüber alle lachen. Kurz bin ich neidisch, dass sie für den ersten großen Lacher gesorgt hat. Das ist eigentlich meine liebste Aufgabe. »Mooncup-Girl«, rolle ich innerlich mit den Augen. Dann sind da noch eine traumatisierte Kroatin, eine finnische junge Mutter und eine Hippie-Französin mit Achselhaaren und Aussagen wie: »I just bleed into a towel at night.« Ich bezweifle das zwar nicht, finde es gleichzeitig aber ziemlich kokett – nachts bin ich eine Wühlmaus. Ich kann mir nicht vorstellen, wie sie dieses Free Bleeding anstellt, ohne ein komplettes Blutbad anzurichten. Also, mein Bett wäre nach so einer Nacht komplett rot. Handtuch hin oder her.

Neben der Tatsache, dass unsere Gruppe der perfekte Cast für eine potenzielle Serie wäre, ist es besonders interessant, dass bis auf die Hippie-Französin alle Frauen davon erzählen, wie sie bei jeglichen Beschwerden von ihren Frauenärzt*innen die Pille verschrieben bekommen haben. Die Pille scheint also die internationale Antwort auf »Frauenleiden« (was für ein schreckliches Wort) zu sein. Allerdings führte die Einnahme bei keiner der Anwesenden zur Ursachenlösung, sondern nur zur teilweisen Symptombehandlung, die wiederum zu den nächsten Problemen führte. Noch so ein Teufelskreis.

Nach den zwei Tagen haben wir alle mindestens einen Aha-Moment und sind uns einig: »Die Lehre des Zyklus muss Schulpflichtfach werden.« Wie anders wäre jede unserer Geschichten und unser Heranwachsen verlaufen, hätten wir dieses Wissen früher gehabt. Wie kann es sein, dass Frauen überall auf der Welt mit so spärlichem Wissen durch ihre Menstruationsjahre und die Wechseljahre gehen?

Was unsere Gruppe als Erstes betrachtet, sind die vier Phasen eines jeden Zyklus. Zu diesen Phasen gibt es zur Veranschaulichung Analogien zu Mondphasen und Jahreszeiten. Die Erklärungen und Erläuterungen sollen eine Art Verständnis dafür geben, warum wir uns so fühlen, wie wir uns zyklusbedingt eben fühlen. Mir hat es zumindest eingeleuchtet, und ich habe mich oft wiedererkannt. In der einen Phase fühlen wir uns attraktiver, sind fit und voller Energie, dann kommt der Heißhunger und der Rückzug, wir sind sensibler.

Grundsätzlich hat laut Tina und ihren Quellen die Ernährung einen ganz wichtigen Einfluss auf den Zyklus und die damit zusammenhängenden Beschwerden. In radikal gekürzter Version, die dem Workshop kein bisschen gerecht wird, hat sie Folgendes zu den einzelnen Phasen erklärt: Die Menstruationsphase wird dem Neumond und dem Winter zugeordnet. Wir bluten und haben möglicherweise Uteruskrämpfe. Dabei gibt es zwei Arten von Krämpfen: zum einen die krampfhaften, die wahrscheinlich durch Prostaglandine verursacht werden und mit Fisch und Gemüse zu behandeln sind. Und zum anderen die kongestiven, die mit Körperflüssigkeiten und Salz zusammenhängen. Um Letztere zu vermeiden, sollte auf Weizen, Milcherzeugnisse, Alkohol, Koffein und raffinierten Zucker verzichtet werden.

In dieser Neumondphase sollten wir uns ausruhen und uns Zeit nehmen. Langsamkeit und Rückzug sind hier wichtig. Wir müssen die Energie sammeln, Winterschlaf halten. Wenn wir uns am ersten Tag des Zyklus nicht ausruhen, gehen wir kraftlos in die nächste Phase.

Nach der Menstruationsphase folgen die Follikelphase und die Ovulation, die dem zunehmenden Mond und dem Vollmond, dem Frühling und dem Sommer zugeordnet sind. Der Schleim baut sich wieder auf. Möglicherweise ist um den Eisprung ein Mittelschmerz spürbar, manchmal zeigt sich dieser auch in einer Zwischenblutung. Wir haben viel Energie, sind aus dem Winterschlaf erwacht, gehen wieder nach draußen. Zunehmende physische, sexuelle und kreative Energie wird freigesetzt. Eine gute Zeit für Powersport und um Dinge zu erledigen. Nutze diese Energie.

In der zweiten Zyklushälfte, der Lutealphase, analog zum abnehmenden Mond und dem Herbst, kann PMS auftreten. Auch hier gibt es zwei Typen. Typ eins zeigt sich in Ängstlichkeit, Irritation und Stimmungsschwankungen und hängt mit den Hormonen Östrogen und Progesteron zusammen. Typ zwei zeigt sich in Heißhunger auf Zucker, in Müdigkeit und in Kopfschmerzen und lässt sich durch konstante gesunde Ernährung zur Stabilisierung des Blutzuckers beeinflussen, so sagt Tina. Diese Phase ist die Erntephase, und ob wir begeistert oder unzufrieden sind, hängt davon ab, wie wir die erste Zyklushälfte genutzt haben. Feiere, was du geschafft hast, sei nicht zu hart mit dir, wenn etwas liegen geblieben ist. Bemerke die Sachen, die nicht gut laufen, um sie mit der Blutung gehen zu lassen. Höre auf die Inneneinsichten, die sich zeigen. Wir sind empfindlicher, und die Wahrheit scheint unausweichlich. Das Treffen mit der Freundin, zu dem wir sonst aus Höflichkeit gehen würden, sagen wir jetzt eher ab. Alles, was dir zu viel ist, zeigt sich jetzt deutlich. Konfrontativ und befreiend. Wir sind hungriger, aus gutem Grund: Wir brauchen die Power. Auch fühlen wir uns in dieser Phase oft unattraktiver und sollten grundsätzlich langsamer machen und uns Ruhe geben.

Schnell wird klar, dass das Patriarchat nicht kompatibel mit einem zyklischen Rhythmus ist. Wir sollen immer gleich leistungsstark sein, doch der weibliche Zyklus durchläuft vier unterschiedliche Phasen. Daher gestaltet sich in Matriarchaten der Alltag anders, nämlich unter Berücksichtigung der hormonellen Kreise. Das Patriarchat basiert dagegen auf den Abläufen des männlichen Körpers.

Nach dem Workshop empfiehlt Tina uns weiterführende Literatur zum Thema und rät uns ausdrücklich dazu, unseren Zyklus zu tracken, um ein Gefühl und Wissen zu bekommen. Außerdem verweist sie nochmals auf die tragende Rolle der Ernährung. Grundsätzlich sollen wir auf Natürlichkeit achten, dabei gilt es besonders, auf Weichmacher (zum Beispiel in Plastikflaschen) und auf Giftstoffe (zum Beispiel in Reinigungsmitteln) zu verzichten. Für mich als Laiin klingt das schlüssig und wirkt vor allen Dingen beim Anblick von Tina, die es lebt und gesund strahlt, sehr überzeugend. Allerdings erscheint es mir auch wahnsinnig zeitaufwendig, alles umzusetzen. Es ist radikal und erfordert eine vollkommene Lebensveränderung. Ich müsste meine ganze Wohnung auf den Kopf stellen und mein Einkaufsverhalten grundlegend ändern. Bin ich dazu bereit? So sicher bin ich mir nicht. Es ist einfach bequemer, ungesund zu leben, ist mein ernüchterndes Fazit. Einzelne Aspekte aus Tinas Ratschlägen übernehme ich gerne, aber ein radikaler Wandel ist mir schlicht zu stressig.

Nichtsdestotrotz schätze ich die Informationen und vor allen Dingen den Austausch mit den anderen Frauen, der es möglich macht, internationale Parallelen rund um den Zyklus und des-

sen gynäkologische (Nicht-)Betreuung zu ziehen. Zum Blumen-
gießen mit Periodenblut habe ich mich trotzdem immer noch
nicht durchgedrungen, was mir die Hippie-Französin ans Herz
legt. Bei all meiner Begeisterung frage ich mich zwischendurch,
wie unsere Gruppe so idealistisch von Natürlichkeit und dem
Einklang mit der Natur sprechen kann, wo ich mir sehr sicher
bin, dass mindestens zwei der Anwesenden schon einmal chemische Drogen genommen haben. Und dass wir alle Langstreckenflüge für diesen Workshop in Kauf genommen haben, steht
noch einmal auf einem anderen Papier. Ziemlich widersprüchlich.

Nach dem Urlaub bekomme ich meine Periode. Ich weiß
nicht, ob es etwas mit dem neu erlangten Wissen zu tun hat oder
einfach Zufall ist, aber es soll die längste Periode meines bisherigen Lebens werden. Nach zehn vollen Tagen wird es immer
noch nicht weniger. Der Blutverlust macht mich schwach.
Schließlich sitze ich zitternd über dem rot gefärbten Toiletten-
wasser. Ich blute so stark, dass ich das Haus nicht verlassen kann,
weder der größte Tampon noch eine Menstruationstasse reichen aus. Eine wahnsinnig unangenehme und ausliefernde
Situation. Am Telefon sagt meine Frauenärztin: »Sie müssen ins
Krankenhaus. Die werden da eine Ausschabung vornehmen.«
Eine Ausschabung? Ich bin perplex. Ich dachte, das wird nur bei
Fehlgeburten vorgenommen, aber doch nicht bei einer starken
Periode? Ich fühle mich erneut nicht gut aufgehoben. »Wenn Sie
es irgendwie schaffen, können Sie auch zu mir kommen, dann
verschreibe ich Ihnen Blutstopper«, schiebt die Frauenärztin
immerhin nach. Dank dreifacher hygienischer Ausrüstung und
einem Taxi schaffe ich es zu ihr und bekomme direkt ein Rezept
für eine Hunderterpackung Blutstopper. Die Ärztin geht also
davon aus, dass es nicht bei diesem einen Mal bleibt. Doch als
am nächsten Tag die Blutung endlich aufhört und ich wieder zu
Kräften komme, denke ich: »Na ja, das wird bestimmt nicht
wieder passieren. Kein Grund zur Sorge.«

Doch ich irre mich, und meine Frauenärztin liegt richtig. Für die nächsten acht Monate wird meine Periode zur Ausnahmesituation, die mich regelmäßig alltagsunfähig macht. Jeden Monat muss ich nun Blutstopper nehmen. Was hätte dazu wohl Tina in ihrer Bambushütte gesagt? Und was will mir mein Körper sagen? Ich merke nur eins: Die Tabletten sind alternativlos, und dem Krankenhaus entgehe ich jeden Monat ganz knapp. Zu dem hohen Blutverlust gesellen sich Unterleibsschmerzen, die in ihrer Stärke alles übertreffen. Zusammengekrümmt liege ich regelmäßig am Boden. Selbst Ibuprofen hilft nicht. Das ist doch kein Zustand, denke ich mir. Schließlich finde ich starke Tabletten, die mir etwas helfen. Von nun an nehme ich also einmal im Monat Blutstopper und Schmerztabletten. Hallo, Ü-30-Frau. Schön, dich zu treffen. Nicht.

Bis dahin habe ich auch nie verstanden, wie es passieren kann, nachts ins Bett zu bluten. Für mich war das immer ein Zeichen, dass der Tampon, die Binde oder die Tasse nicht rechtzeitig gewechselt wurde. Doch jetzt verstehe ich. Ich bin über dreißig und habe jeden Monat ein »Malheur«, weil ich schlicht auslaufe. Na toll! Hätte mir das nicht in der Pubertät passieren können, da wäre es irgendwie noch »charmant« gewesen, und meine Mutter hätte mir mit der Wäsche geholfen. Jetzt habe ich die kleinen Blutentferner-Tuben aus der Drogerie praktisch im Abo und behandele jeden Monat meine Bettwäsche damit. Immerhin erfolgreich. Blutentferner, mein neuer bester Freund. Das hätte ich mir auch nicht gedacht. Auf meiner verrückten Blutreise entdecke ich irgendwann Menstruationsunterhosen, die nicht nur meine Bettlaken glücklich machen (bye-bye, Blutentferner), sondern auch unheimlich angenehm zu tragen sind. Für mich eine der besten Entscheidungen.

Die Diagnose der Frauenärztin lautet diesmal Menorrhagie, und damit wechsle ich von einem Extrem ins andere. Erst blute ich ein Jahr gar nicht, dann kann ich nicht mehr aufhören.

Balance sieht anders aus. Die einzige Therapie sind Eisentabletten, die zur Begleitsymptombehandlung dienen.

Schließlich werde ich auf eine Blutgerinnungsstörung getestet, deren Verdacht sich jedoch nicht bestätigt. Nach einigen gynäkologischen Untersuchungen haben die Frauenärzt*innen weiterhin keine Idee und raten mir, entweder weiter monatlich Blutstopper zu nehmen oder auf die Pille umzusteigen. Da ich mich mit über dreißig immer öfter mit meinem Kinderwunsch beschäftige, ist die Pille keine Alternative für mich. In meiner Verzweiflung besuche ich wieder die Heilpraktikerin. Sie untersucht mich gründlich, testet noch einmal andere Hormone, verschreibt mir jede Menge pflanzliche Mittel, und zwei Monate später habe ich einen normalen Zyklus.

Interessanterweise stellen in meinem Umfeld alle kinderlosen Frauen ab dreißig eine große hormonelle Umstellung fest. Ist es der Körper, der uns sagt: »Ihr nutzt hier die Fortpflanzungs-App nicht?!«

Nachdem sich mein Zyklus wieder reguliert hat, möchte ich tatsächlich schwanger werden. Meine größte Angst ist, dass es nicht klappen könnte. In meinem Umfeld scheint das kein Problem zu sein – zumindest wirkt es so, als seien alle direkt schwanger. Ich ahne schon, dass es bei mir vielleicht nicht ganz so easy verlaufen wird. Zumindest tracke ich schon lange meinen Zyklus, der regelmäßig ist, was es einfach macht, die fruchtbaren Tage zu bestimmen. Hätte ich doch schon früher gewusst, dass es sich lediglich um zwei Tage im Monat handelt. Jahrelang haben wir Angst davor, schwanger zu werden, und erst bei Kinderwunsch erfahren wir, wie schwer das eigentlich ist. Verrückte Welt.

Spätestens zu diesem Zeitpunkt, wenn also der Wunsch nach einem Kind da ist, beginnen sich Frauen mit ihrem Zyklus zu beschäftigen. Auch ich erfahre in einer Fruchtbarkeits-App noch einmal ganz viel Neues. Es scheint, als würden die Informationen zum weiblichen Körper nur dann zur Verfügung gestellt werden, wenn es einem wirtschaftlichen Interesse dient – wozu der Kinderwunsch nun einmal oft gemacht wird. Vorher klärt uns niemand auf. Nur bei der Fortpflanzung wird es dann interessant. Glücklicherweise verrät dieses Wissen im Umkehrschluss auch, was es mit natürlicher Verhütung auf sich hat. Was zumindest für Frauen mit regelmäßigen Zyklen nicht uninteressant ist. Und ich lerne sogar, meinen Eisprung zu spüren. Es tut mir gut, mehr Verständnis für meinen Körper zu bekommen.

Schade, dass dieses Wissen erstens so lange unter Verschluss gehalten wird und zweitens nicht in unsere patriarchale Gesellschaftsordnung eingebunden ist. Dass vorletztes Jahr endlich die Tamponsteuer von neunzehn auf sieben Prozent gesenkt wurde, ist ja fast Gleichberechtigung. Wie könnte eine zyklusfreundliche und zyklusbewusste Gesellschaft aussehen? Damit meine ich nicht nur frei zugängliche Hygieneartikel, sondern zumindest auch die anteilige Kostenübernahme von zyklusunterstützenden Arzneien wie zum Beispiel Mönchspfeffer. Außerdem wäre es wichtig, dass die Möglichkeit, sich bei starken Beschwerden freizunehmen, allgemein akzeptiert und umgesetzt wird. In den acht Monaten der Menorrhagie habe ich riesige Angst davor gehabt, genau an den entscheidenden zwei stärksten Tagen meiner Periode drehen zu müssen oder einen Auftritt zu haben. Bei jeder Jobanfrage schaue ich zunächst in meinen Zykluskalender.

Ein Dreh verläuft dann tatsächlich besonders unangenehm für mich. Ich wusste schon, dass Drehtage und Periode zusammenfallen würden, und hoffte aber, dass sich mein Zyklus vielleicht um zwei Tage verzögern würde, damit ich ungestört arbeiten könnte. Das Glück hatte ich leider nicht. Also nehme ich gleich am Morgen zwei Schmerztabletten, um irgendwie durch den Tag zu kommen. Doch die Schmerzen sind das eine. Meine größte Sorge ist vielmehr, dass mir ein Malheur passieren könnte und ich ins Kostüm bluten würde.

Das Filmteam ist mir fremd, der Regisseur auch und noch dazu überhaupt nicht sympathisch. Ich bin schon wieder die einzige Frau im Cast und will daher nicht auch noch sagen: »Ich habe meine Tage, also, wenn ich öfter eine Toilettenpause brauche, wundert euch nicht, haha.« Diese Blöße will ich mir nicht geben. Ich tappe also genau in die ewige Falle und den Gedanken: Es ist mein Problem, das ich diskret und heimlich zu lösen habe. Wie bescheuert! Doch ich schaffe mir zumindest Verbündete, die Masken- und Kostümbildnerinnen, die ich dringend brauche. Schließlich muss ich irgendwo meine Hygienemittel bunkern.

Ich bin die ganze Zeit über angespannt und muss leider auch einmal präventiv unterbrechen, um mich zu versorgen. Mitten im Take. Eine wahnsinnig unangenehme Situation für mich, und sowohl der Regisseur als auch die Kollegen rollen mit den Augen. Jetzt bin ich also diese nervige Frau, wegen deren Toilettenpause die ganze Szene hängt. Am liebsten hätte ich gerufen: »Wir haben hier jetzt zwei Möglichkeiten. Entweder ich blute ins Kostüm, oder ich gehe eben kurz auf Toilette. Zweiteres frisst wesentlich weniger Zeit.« In jedem anderen Team hätte ich das auch gemacht, weil ich mittlerweile häufig Glück habe, mit tollen Leuten zusammenzuarbeiten, aber diese Produktion gehört nicht dazu. Ganz abgesehen von diesen Schikanen gibt es da auch noch meine persönliche Eitelkeit. Es ist nicht leicht zuzugeben, aber natürlich habe ich mich mit meinem aufgeblähten Bauch und dem dicken Menstruationsunterhosenhintern nicht gerade wohlgefühlt. Erst recht nicht in der engen Jeans, in die ich gesteckt wurde.

Zyklus und Patriarchat passen einfach nicht zusammen. Dabei ist ein scham- und tabufreier Umgang mit dem Zyklus so erstrebenswert. Es ist doch absurd, dass wir so wenig wissen, dass es vollkommen akzeptiert ist, jeden Monat auf Schmerztabletten angewiesen zu sein, und der weibliche Zyklus zur finanziellen und strukturellen Benachteiligung von Frauen führt. Ohne das monatliche Bluten würde es unsere Gesellschaft überhaupt nicht geben. Wie kann es sein, dass ein solches Kernthema einfach ausgeblendet, ja unter den Teppich gekehrt und sogar noch als Schwäche degradiert wird? Aufklärung, offener Umgang und gesellschaftliche Veränderung sind mehr als nötig für eine frauenfreundlichere Welt.

Being in your thirties und welche zeitliche Notsituation meine Frauenärztin rahmt.

Ich bin Anfang dreißig und Single. Ich brauche keinen Partner, um einen Lebensinhalt zu haben, und trotzdem möchte ich den realen Wunsch nach Zweisamkeit nicht negieren. Manchmal ist es frustrierend, und ich tue mir selbst leid, aber das bringt mich auch nicht weiter. Denn eine frustrierte Ü-30-Frau wollte ich wirklich nie sein. Zu meinem Bedauern gesellt sich seit ein paar Monaten zusätzlich eine unsichtbare Hinterlist hinzu. Bisher kannte ich ihn nur vom Hörensagen und hielt ihn für einen Mythos. Doch jetzt lebt er in mir – der Fortpflanzungswunsch. Passend dazu, quasi im Gratis-Doppelpack, kommt eine weitere neue Sorge: »Was, wenn ich nicht rechtzeitig jemanden zur Familiengründung finde?«

Es ist nicht so, dass ich auf Kinderwagen zurenne und Babys sooo niedlich finde, sondern da ist eher die Angst, dass die Zeit abläuft und ich mich das erste Mal geplant für einen Lebensentwurf entscheiden muss. Diese Entscheidung aber möchte ich absolut nicht treffen, ich möchte einfach mit dem Flow gehen. Nur leider bin ich nicht mal halb so entspannt, wie es für solch einen Flow wohl nötig wäre, und meine zwiespältigen Gedanken machen mich wahnsinnig. Es ist leicht, etwas zu verneinen, wenn es biologisch noch möglich ist. Mit Mitte zwanzig habe ich auch gesagt: »Ich weiß nicht, ob ich Kinder möchte.« Doch jetzt scheint eine neue Ära zu beginnen, und ich fühle mich darin überhaupt nicht wohl. Wer hat mich da plötzlich ins kalte Wasser geschubst?

Um mich herum schnappe ich Sätze auf wie: »Wir wollen noch zweimal Urlaub machen, bevor wir nicht mehr allein sind und ein Baby haben.« Als ob sich Kinder einfach bestellen ließen. Furchtbar, diese Durchgeplantheit und dieses Kalkül. Das macht mich auf seltsame Weise sehr wütend. Zumindest kann ich, je öfter ich solche Gespräche höre, mein eigenes Bedürfnis erfolgreich verdrängen. Verdrängen ist keine Lösung, aber rettet mir gerade den Arsch.

Mein Leben dreht sich also nach wie vor um Kreativität, Freunde und Dating. Alles wie immer. Fast. Denn sobald ich fremde Frauen mit Kinderwagen oder Babytrage sehe, spüre ich eine aggressive Welle in mir. Nicht nach außen wahrnehmbar, sondern ganz still und verborgen in mir.

Zwei Jahre später trifft das ein, was ich mir gewünscht habe: Ich habe einen tollen Freund, mit dem ich eine gesunde und erwachsene Beziehung auf Augenhöhe führe. Im Gegensatz zu den meisten Männern der letzten Jahre tritt er ruhig und beständig in mein Leben. Ganz ohne lauten Knall, dafür mit magnetischer Anziehung. Er ist mein Ruhepol und der Mensch, mit dem ich am allerliebsten meine Zeit verbringe, mit dem ich mich am wohlsten fühle. Er ist mein Zuhause.

Entgegen der Befürchtung meiner Freundinnen, man würde nach Enttäuschungen eine Mauer um sich aufbauen und niemanden mehr an sich heranlassen, renne ich geradeaus und mit offenem Herzen in die Beziehung. Von Stützrädern, Schwimmflügeln und Absicherung halte ich eben nichts. Hinfallen tut so oder so weh. Also lieber volle Pulle geradeaus. Ich öffne mich und finde allein die Fürsorge meines Freundes befremdlich. Umsorgt zu werden bin ich nach all den Jahren ohne festen Partner nicht mehr gewöhnt. Doch auch das ändert sich bald, und ich genieße es in vollen Zügen.

Am meisten liebe ich, dass er mich in keiner Sekunde bewertet oder mich dies zumindest nie spüren lasst. Wir reichen uns die Hände und gehen mit 33 den mutigen Schritt, zusammenzuziehen. Wer sind wir? Wir sind risikobereite Großstädter*innen, die in einer Kleinstadt wohl seltsame Spätzünder*innen wären. Für uns beide ist es das erste Mal in einer gemeinsamen Wohnung. Das macht es für mich einfacher, denn ich hatte mich darauf eingestellt, dass mein nächster Partner vermutlich schon Kinder und wenn nicht das, auf jeden Fall Erfahrungen im Zusammenleben hätte. Es ist schön, dass wir zusammen auf Erstexpedition gehen.

Beim Umzug helfen mir Freund*innen, die schon länger mit ihren Partner*innen zusammenwohnen. Sie haben eine Botschaft für mich: »Ist doch schön, Lena. Dann ist immer jemand da. Immer!« Wir zwei müssen lachen und starten unbedarft in das Zusammenleben. Unsere Wohnung teilen wir eher wie eine WG auf, denn wir brauchen beide unseren Rückzugsraum. Es ist schön, ein gemeinsames Nest zu haben, doch meine eigene Wohnung fehlt mir in den ersten Monaten trotzdem. Das bedeutet nicht, dass ich unglücklich bin, sondern dass einfach alles immer zwei Seiten hat. Auch meinem Freund scheint es so zu gehen, denn die ersten Male, als er von der Arbeit nach Hause kommt und mich sieht, sagt er: »Ah, die ist ja immer noch da. Die geht auch gar nicht mehr weg.« Ich lache laut auf. Wenn ich wieder merke, dass wir denselben Humor haben, freue ich mich einfach nur über unser gemeinsames Zuhause.

Nachdem wir uns eingespielt haben, sprechen wir konkreter, aber vorsichtig über Kinder. Mir macht das Thema nämlich ehrlich gesagt etwas Druck, schließlich möchte ich die Entscheidung aktiv selbst treffen, bevor die Natur sie für mich fällt. Mein Freund und ich wollen es ruhig angehen lassen. Für uns beide ist das Zusammenwohnen gerade genug, sodass wir bis zur nächsten Dosis »Erwachsenenleben« ein bisschen Zeit brauchen. Da mich das Thema weibliche Fruchtbarkeit nichtsdestotrotz beschäftigt, vertraue ich mich einer Freundin an. Franka ist ein Jahr jünger als ich, hat eine fünfjährige wunderbare Tochter und rät mir: »Lena, du musst dir keine Gedanken machen, ich bin überall die Jüngste, die anderen Muttis sind alle viel älter. Geh doch einfach mal zu deiner Frauenärztin und lass dich beruhigen. Wenn sie dir als Expertin Entwarnung gibt, kannst du das bestimmt annehmen.« Ein Ratschlag mit fatalen Folgen.

Ich sitze meiner Frauenärztin an ihrem großen Schreibtisch gegenüber. Sie schiebt ihre Brille tiefer die Nase hinunter, blickt mich über ihre Gläser hinweg an und fragt: »Was kann ich für Sie tun?« Mein Einsatz: »Ja, ähm, also ich bin ja jetzt 33, und irgendwie macht mir dieses Kinderthema Stress, und da wollte ich einfach mal Ihren Expertenrat, was Sie da so zu sagen?« Oh, ist mir diese Frage und diese ganze Situation unangenehm. Ich schäme mich und fühle mich in etwa so wie mit sechzehn, als ich meine damalige Frauenärztin nach der Pille danach gefragt habe. Die jetzige ist völlig unberührt, blickt mich, ohne zu blinzeln, erneut direkt an, atmet ein und platzt mit scharfem Ton heraus: »Das ist auch richtig, dass Sie gestresst sind! Ihre Eier sind auch 33, die werden immer weniger! Treffen Sie eine Entscheidung, sonst entscheidet die Natur für Sie.«

Mir bleibt die Luft weg. Innerhalb von einer Millisekunde habe ich einen dicken Kloß im Hals und weine los. Ich komme mir dumm und naiv vor, und überhaupt, was hat sich Franka nur bei ihrem Rat gedacht? Von wegen, meine Ärztin beruhigt mich.

Ich versuche, die Fassung zu wahren, und stottere, während mir die Tränen herunterlaufen: »Okay, danke …«

»Wenn Sie jetzt so emotional reagieren, ist es wohl offensichtlich, dass Sie Kinder möchten. Anscheinend haben Sie diesbezüglich keine Ich-Übereinstimmung.«

Mein Über-Ich? Was? Irritiert lasse ich meinen Blick von ihrem Gesicht auf ihren Schreibtisch und ihre Visitenkarte schweifen. »Frauenheilkunde und Therapie«, steht da.

»Haben Sie denn einen Partner?«

»Ja! Und der möchte auch grundsätzlich Kinder haben«, höre ich mich antworten.

»Super, dann machen Sie. Wissen Sie, ich hatte immer Männer, die mir gesagt haben: ›Ich mach dir hier nicht den Papa‹, und das ist auch in Ordnung. Ich habe es zwar schon manchmal bedauert, keine Kinder zu haben, aber nie bereut. Das ist der Unterschied.«

Ich sitze völlig verstört auf dem Stuhl. Ich muss versuchen, souverän zu bleiben, sag ich mir selbst.

»Kommen Sie, ich untersuche Sie mal, dann sehen wir, wie es da aussieht. Der Zyklus ist nach wie vor regelmäßig?«

»Ja!«

»Das ist schon mal super.«

Jetzt komme ich mir vor wie auf dem Prüfstand, während mein Marktwert bestimmt wird. Nach dem Motto: Schauen wir uns diese Kuh mal an. Mal sehen, ob sie noch ordentlich werfen kann. Immerhin ist sie schon alt, und ihre Eier sind es auch, haha. Nachdem ich mich breitbeinig auf dem Behandlungsstuhl niedergelassen habe, folgt das übliche: »Rutschen Sie noch etwas tiefer, etwas weiter runter bitte«, und der Ultraschall beginnt. »Das sieht alles sehr gut aus. Es spricht nichts dagegen, dass Sie Kinder haben können.«

»Oh, toll«, sage ich, während sie den Stuhl schon wieder herunterfährt.

Nach dem Termin weiß ich absolut nicht, wie ich mich fühle oder fühlen soll. Ich bin verwirrt und geplättet von dieser fast schon aggressiven Schwangerschaftsvermarktung. Also, der Schuss ging wohl gewaltig nach hinten los. Oder nach vorne, wie man es nimmt. Danke, Franka! Ich muss das erst mal verstehen, und dafür muss ich alles ungefiltert Revue passieren lassen. Also rufe ich meinen Freund an und berichte ihm. Jetzt ist der Arme auch völlig verstört, bleibt jedoch wesentlich cooler als ich. Na ja, es geht ja schließlich auch nicht um seinen Körper und dessen Marktwert.

Auf dem Nachhauseweg durch den Park sehe ich viele Muttis mit Babys und Kleinkindern. Doch ich werde nicht mehr wütend oder aggressiv. Seltsam. Seltsam und angenehm. War ich also deswegen wütend gewesen, weil ich meinen eigenen Wunsch offenbar verdrängt habe und ihn mir erst jetzt ehrlich eingestehe?

Zaghaft beginnen wir über Kinderplanung zu sprechen und dass wir nun nicht mehr verhüten wollen. Uns beiden bereitet es zugleich Aufregung und eine gewisse Panik à la: »Ahhhhhhhh!« Wir fühlen uns wie kurz vor einem Bungee-Jump, bei dem die Stimmung von »Cool. Yeah! Wir machen das!« zu »Ach, du Scheiße!« kippt, sobald man tatsächlich absprungbereit oben auf der Brücke steht. Was bedeutet, dass mein Freund mir beim nächsten Mal kurz vor der Zielgeraden dann doch lieber auf den Bauch spritzt, worüber ich genauso erleichtert bin. Ganz ehrlich: Mir ist schon eine sechsmonatige Yoga-Mitgliedschaft zu viel Verbindlichkeit, und dabei liebe ich Yoga.

Unsere Beziehung verändert sich, wir sind unentspannter und streiten mehr. Die zeitliche Notsituation, die meine Frauenärztin ausgerufen hat, überrollt uns wie eine Lawine. Auf einmal stehen da all die großen Themen im Raum: zusammen wohnen, Kinder kriegen und Jobkrisen. Wie soll man damit auch fertigwerden? Dafür gibt einem doch niemand Werkzeug mit. Wie führt man eine gute Beziehung, und was ist wichtig beim Zusammenwohnen? Noch dazu kommt eine Pandemie, und schon sind wir, die den größten Spaß zusammen hatten, auf einmal die, die gemein zueinander sind.

Die Situation spitzt sich immer weiter zu, wir bekommen keinen Fuß mehr auf den Boden und drehen uns im Streitkreis. Es ist energieraubend, macht uns beide traurig. Ob wir das wohl noch einmal hinbekommen? Haben wir durch das gemeinsame Wohnen unüberbrückbare Unterschiede kennengelernt? Ach, wie einfach es wäre, wenn ich jetzt noch meine eigene kleine Wohnung hätte, denke ich insgeheim. Dann hätte ich einen eigenen Ort, an den ich mich zurückziehen könnte, frei von Auseinandersetzungen. Wahrscheinlich täte es beiden von uns gut. In der jetzigen Lage fühle ich mich, als hätte ich kein Zuhause. Schließlich habe ich meine Wohnung aufgegeben und bin zu ihm gezogen. Mit diesen Gedanken im Hinterkopf sage ich sofort zu, als mir eine Freundin die Annonce für eine kleine, fein aussehende Wohnung einer Bekannten weiterleitet.

Auf der Fahrt zu Emily, die ich lose kenne, habe ich etwas wackelige Beine und fühle mich wie eine Verräterin. Dabei sind mein Freund und ich zu gleichen Teilen daran beteiligt, dass ich diese Notbremse ziehen will. Und heimlich mache ich es auch nicht. Er weiß Bescheid.

Emily erwartet mich schon an der Tür, und ich weiß direkt: »Hier ziehe ich nicht ein!« Der Unterschied zwischen den instagramtauglichen Fotos und der Realität ist enorm. Doch wir kennen uns nicht gut genug, dass ich einfach sofort abbrechen könnte. Eine Chance muss ich vorgaukeln. Emily bittet mich herein und erzählt stolz, wie sehr sie die Wohnung liebt und wie traurig sie ist, ausziehen zu müssen. Das übliche Blabla, was übersetzt bedeutet: »Ich bin so froh, hier weg zu sein, und ich muss jetzt nur einen Nachmieter finden, damit der Vermieter mir keinen Stress macht, weil ich mich nicht an die Frist halte.« Und ich kann sie verstehen. Ich war auch schon in ihrer Situation. Die Wohnung erinnert mich an meine alte Wohnung, sie ist dunkel, schlecht geschnitten, kalt und zugig.

Ich stelle meine Pflichtfragen: »Wann bist du denn hier eingezogen?« – »Dieses Jahr im ... Februar.« – »Oh.« Es ist November. Emily hat es kein ganzes Jahr hier ausgehalten. »Jetzt kann ich es ja sagen«, grinst sie mich an, »ich werde Mama. Ich bin in der 13. Woche. Also, nächste Woche habe ich noch einen großen Ultraschall, ob alles okay ist, aber ... ja, so ist das.« Ach, du Scheiße, das ist jetzt wirklich das Letzte, was ich brauche. Ich hänge gerade in einer Beziehungskrise, kurz vor der Trennung, muss daher, obwohl meine Eier mittlerweile schon 34 sind, den

Kinderwunsch pausieren lassen, und Emily ist erst Ende zwanzig, schwanger, und ich soll ihre abgerockte Schimmelbude übernehmen. Das ist zu viel. Eigentlich bin ich nur traurig, weil ich gerne schwanger wäre. Ich möchte auch glücklich sagen können: »Ich werde Mama.« Meine Gefühle gehen mit mir durch, und peinlicherweise läuft mir eine Träne herunter. Ich bin im Moment aber auch eine Heulsuse, das war doch sonst nicht so. Meine Träne verkaufe ich als Freudenträne: »Oh, das ist ja schön. Du, das rührt mich jetzt so, dass ich ein Tränchen vergießen muss. Alles Gute.« Herrje, ist das peinlich. Aber Emily ist so sehr mit sich und ihrem Mutterglück beschäftigt, dass sie meine Reaktion überhaupt nicht bemerkt. Wahrscheinlich hätte ich sagen können: »Ich hab mir gerade noch Heroin gespritzt, da bin ich immer ein bisschen drüber«, und sie hätte sich weiterhin selig den Bauch gestreichelt und Maklerin gespielt.

»Für die Küche …«, in dem Moment fällt die Sockelblende der zusammengeschusterten Küche ab, und Emily tritt sie unauffällig auffällig wieder dran, »… mit Spülmaschine, also, die geht nur schwer auf, aber wenn du so um die Ecke greifst, ist es ganz einfach …«, sie greift seitlich mit dem Zeigefinger in die Öffnung und zieht dann mit gesamter Kraft daran, »… und die Wand hier, die hat mein Vermieter eingezogen …«, der Mann war eindeutig nicht vom Fach, denke ich mir, »… möchte ich einen Abschlag von zweitausendEuro.«

»Okay.« Ich atme zu laut ein. Die zweitausend Euro müsste sie meiner Meinung nach eigentlich dem Nachmieter zahlen, damit er den Schrott hier übernimmt. Aber ich weiß, wie hart das Wohnungspflaster in Großstädten ist, und außerdem muss sie allein aufgrund ihrer demonstrativen Schwangerschaft in Watte gepackt werden.

»Auf dem Brett da oben, das gehört auch zur Küche, kannst du super Sachen verstauen. Da ist ganz viel Platz, und mit einer Leiter kommst du da ganz einfach dran.« Sie zeigt auf ein Brett, das auf etwa 2,40 Meter Höhe befestigt ist.

»Das ist ja wirklich superpraktisch«, sage ich.

»Ja, total.« Emily überhört meine Ironie. »Du ziehst ja auch aus, dann kannst du mir ja einfach den Abschlag geben, den du bekommst, vielleicht nimmst du ja auch zweitausend Euro.«

Jetzt macht sie sich auch noch um meine Finanzen Gedanken und verbucht mich als arm. Unüberlegt antworte ich: »Nee, ich bekomme gar keinen Abschlag, mein Freund würde ja in der Wohnung bleiben.«

»Oh ... hä? Seid ihr dann getrennt oder nicht?«

Es ist nicht mehr auszuhalten. Ich bemühe mich, hier schonend zu formulieren, und sie tritt in ein Fettnäpfchen nach dem anderen. Also, das ist wirklich unfair. Zumindest versteht sie das unangenehme Schweigen und fährt fort. Ich frage mich, wie oft sie genau diesen Text allein heute schon von sich gegeben hat.

»Hier ist das Schlafzimmer, und da möchte ich wirklich ganz ehrlich sein.« Ehrlich? Das ist ja mal was Neues, denke ich.

»Nebenan ist eine Großküche, und ab 7:10 Uhr wird das echt laut, aber ich hab mir einfach Bauarbeiterohrstöpsel gekauft.« Jetzt muss ich lachen, das wird immer absurder. Emily fasst mein Lachen als Sympathiebekundung auf. Ich habe keine Ahnung, ob die Hormone sie so ignorant machen oder ob sie sich zu sehr in die Rolle der skrupellosen Maklerin hineingesteigert hat. Bevor ich zu einem Schluss komme, steht sie schon wieder mitten in der Wohnung und ergänzt: »Streichen müsstest du auch, aber das macht ja auch Spaß. Ich hab damals auch meine Mädels angerufen, und dann haben wir hier mit Sekt gestrichen. Das kannst du ja dann auch machen, du hast doch auch Mädels?!«

Ich weiß gar nicht mehr, was ich darauf antworten soll, also entfährt mir nur ein debiles: »Ja, haha.« Ich atme einmal tief durch und sage ihr ehrlich: »Du, wir können das hier abbrechen, ich will weder dir noch mir Zeit klauen, aber ich merke, dass das nichts für mich ist. Trotzdem vielen Dank und alles Gute und dass du jemanden findest.«

Emily lässt auch das kalt, und während sie ihren Bauch streichelt, redet sie unbeirrt weiter: »Ja, klar! Also, wir ziehen jetzt in eine 120-Quadratmeter-Wohnung. Voll schön! Richtig hell. Wir kennen uns auch gar nicht lange, und das Baby war gar nicht geplant.«

Autsch! »Gar nicht geplant« ist wirklich ein Stich ins Herz für jede Frau, die versucht, schwanger zu werden. Außerdem ist diese Floskel eine glatte Lüge, immerhin muss es mindestens eine Millisekunde gegeben haben, in der ihr bewusst auf Verhütung verzichtet habt.

»Du hast ja bestimmt gemerkt, dass ich auf Insta jetzt ruhiger bin. Ich habe jetzt einfach ganz andere Dinge im Kopf.« Emily streichelt sich über ihren Bauch. Sie ist nicht mehr zu stoppen. Also gehe ich demonstrativ Richtung Tür: »Alles klar, danke!«

Auf dem Nachhauseweg im Auto lasse ich diese ganze absurde Situation Revue passieren und äffe Emilys Sätze nach: »Oh … es ist einfach so passiert … wir kennen uns noch gar nicht lange … mimimi.«

Zu Hause, denn, ja, ich fühle mich wieder zu Hause, weiß ich die schöne, helle, trockene, schimmelfreie Wohnung mehr zu schätzen als je zuvor. Am liebsten würde ich meinem Freund alles haarklein erzählen, doch die Fronten sind noch zu verhärtet. Mein Wunsch nach Versöhnung ist laut, und zwar nicht aus Wohnungsmangel, sondern aus Liebe.

Kurz darauf, als ich gerade friedlich akzeptieren kann, dass das Leben bei jeder anders läuft, klingelt mein Handy. Es ist Frida, meine alte Freundin, mit der ich wilde Partys gefeiert habe und die so herrlich stark und unabhängig ist. Wir haben uns ewig nicht gehört, vor allen Dingen, seit sie ihren neuen Freund hat, den ich noch nie getroffen habe. Nur ihre wechselnden WhatsApp-Profilbilder verraten, dass sie glücklich zu sein scheint. Lothar zeigt sie jedenfalls bereitwillig her, was ich angesichts seiner kurzärmligen karierten Hemden mutig finde. Lothar arbeitet im Familienbetrieb als Fahrlehrer, kommt vom Land,

Frida ist Fahrradfahrerin aus der Großstadt. Nachdem die letzten Jahre aus einer Spirale an dramatischen Affären mit schrägen Typen bestanden, kommt Lothar mit seiner Bodenständigkeit und Traditionsliebe gerade richtig. Hauptsache, Frida ist glücklich, denke ich mir, und so freue ich mich, ihren Namen auf dem Display zu lesen. »Hey.« – »Hallo! Ich dachte, ich meld mich mal, ich habe nämlich große Neuigkeiten!« Die nächste Schwangerschaft. »Du bist schwanger?« – »Nein, noch nicht, das planen wir erst in einem Jahr.« Planen? Frida hat nie etwas geplant. »Wir heiraten!« Heiraten? Frida war immer gegen die Ehe, weil sie vertraglich festgelegte Partnerschaften spießig fand. Das ist nicht die Frida, die ich kenne, denn die reist um die ganze Welt, ist mutig, risikobereit und frei, knutscht mit Wildfremden und lebt selbstbestimmt. »Er hat mich gefragt. Er wollte das ja so herum. Lothar sind Traditionen sehr wichtig. Jedenfalls hab ich direkt Ja gesagt, und am nächsten Tag sind wir dann zu seinen Eltern gefahren und haben da Fotos gemacht. Die schick ich dir gleich mal. Und nächste Woche ist schon die Hochzeit.« »Nächste Woche?« – »Ja, wir heiraten bei seinen Eltern auf dem Land, da sind die Termine einfacher zu bekommen, und wegen Corona darf ja eh niemand dabei sein.«

Ich weiß nicht, warum, aber mir laufen stille Tränen übers Gesicht. Vielleicht freue ich mich einfach für Frida, oder vielleicht wäre ich gern bei der Hochzeit dabei. Oder es ist, weil die Zeit sich so schnell dreht und ich das Gefühl habe, dass sich bei allen das Leben ändert, während ich auf der Stelle trete? Und vielleicht liegt es auch daran, dass das Glück meine Freund*innen so umhaut und in Anspruch nimmt, dass sie nicht mehr nach rechts und links sehen. Ich erhalte gefühlt nur noch Anrufe und Nachrichten, die von Babys, Schwangerschaften und Hochzeiten handeln. An das letzte »Wie geht's dir?« kann ich mich nicht mal mehr erinnern.

Kurz nach dem Telefonat schickt Frida mir ihre Verlobungsfotos. Lothar steht mit dem Rücken zur Kamera, wird von Frida

umarmt, welche ein aus Holz geformtes Herz mit der Inschrift
»I said yes.« In die Kamera hält. Wow! Das ist ja kurz vor
Wandtattoo. Ich habe keine Ahnung, wie ich darauf reagieren
soll. Noch vor einem halben Jahr hätte Frida sich über solche
Fotos lustig gemacht, und jetzt verschickt sie sie ironiefrei. Ich
sende ein Herz-Emoji. Nicht für die Fotos, sondern für ihr Liebesglück.

Und ich freue mich für Frida. Vielleicht ist es genau diese
Bodenständigkeit und Verlässlichkeit, nach der sie sich gesehnt
hat. Sie sieht glücklich aus mit ihrem Lothar in kurzärmeligen
Hemden, und ich bin doch einfach ein zynisches Arschloch. Dafür schäme ich mich und bin froh, dass Frida nichts davon mitbekommen hat. Ihre Veränderung darf ich nicht als Entfremdung begreifen.

Was macht das Alter nur mit meinen Freund*innen und mir?
Wir alle wollen glücklich sein und suchen das Glück auf unterschiedliche Arten und Weisen. Sich umzuentscheiden, sogar
widersprüchliche Entscheidungen zu treffen zeichnet uns schließlich aus.

Jeder Mensch will doch in der Regel nur glücklich sein. Wie
das gelingt, ist nicht als Bewertung oder gar Abwertung eigener
Lebensentscheidungen und Lebensentwürfe zu verstehen. So
wie mein Singledasein nie Kritik an Paarbeziehungen war. Aber
in welchem Moment man auf welchen Menschen trifft, kann
zu ungünstigen Kombinationen führen. Zum Beispiel wenn
Liebeskummer auf Liebesglück trifft. Manchmal tut es eben gut,
sich widergespiegelt zu sehen. Der Mensch sucht nach Bestätigung und Zugehörigkeit und fühlt sich von anderen Lebensent-
würfen manchmal bedroht. Davon aber darf man sich selbst
nicht verunsichern lassen.

Ich brauche frische Luft. Ich nehme meinen Schlüssel und
laufe in den nächsten Park. Die Sonne scheint, der Himmel ist
wolkenlos, und ich fühle mich so frei, als sei alles möglich. Ich
setze mich auf die Wiese, während vor mir vier etwa sechzehn-

jährige Mädchen singen, tanzen, sich gegenseitig in die Höhe heben, sich in den Armen liegen und frei und laut lachen. Alles an ihnen ist voller Unbeschwertheit. Es gibt noch keine Lebensentwürfe, die gescheitert sein können, es gibt noch keine tickende biologische Uhr. Ihre Freundschaften stehen im Vordergrund und werden weder von Karrierezwang, Ehrgeiz, zeitfressenden Jobs oder Paarbeziehungen gestört. Ich vermisse dieses Gefühl, diese Gemeinschaft und genieße daher diesen kurzen Blick in die Vergangenheit. Ich muss lächeln: Was bin ich nur für eine gefühlsduselige alte Frau. Dabei müssen wir doch das, was wir vermissen, bloß selbst wiederherstellen.

Doch all diese Begegnungen und Reflexionen führen nicht dazu, dass mein Freund und ich uns annähern. Im Gegenteil, es entsteht ein unausgesprochener Druck und Zwang, unter dem die Stimmung eskaliert. Schließlich ist die Situation so verfahren, dass die gemeinsame Wohnung zu eng für uns beide ist. Wir können nicht mehr frei atmen. Als es mal wieder zum Streit kommt und wir über Trennung sprechen, ist klar: Eine*r von uns muss gehen, und das bin ich.

Ich habe Angst, einen Lebensentwurf zu leben, den ich mir nicht ausgesucht habe. Eine alleinstehende Frau ohne Kinder Mitte dreißig – das habe ich mir für mich nicht gewünscht. Allein der Gedanke führt zu einem großen Kloß im Hals. Jetzt, wo um mich herum der Nestbau begonnen wird, sitze ich mit schweren Gedanken und ohne Flügel auf dem Rücksitz meines Vaters, angeschnallt und mit jeweils einem Taschentuch in jeder Hand, so wie früher mit meinen Schnullern. Ich bin 34 Jahre alt, wohne in einer Großstadt und habe gerade meinen Freund und unsere gemeinsame Wohnung verlassen.

»Sie haben Ihr Fahrziel erreicht«, tönt es nach anderthalb Stunden aus dem Navi. Mein Vater schließt die Haustür auf und sagt: »Hier bist du sicher, Leni.« Mir laufen direkt wieder Tränen über mein ohnehin schon vom Weinen aufgequollenes

Gesicht. Die Fürsorge meiner Eltern rührt mich. Nur zwei Stunden nachdem ich meinen Vater schluchzend angerufen habe, bin ich wieder zurück an dem Ort meiner Kindheit, inklusive Rotznase. Während mein Vater und ich unsere Straßenschuhe im Hausflur ausziehen, bemerke ich den Geruch meines Elternhauses, der mir vertraut und gleichzeitig fremd ist. Ich überlege, wann ich das letzte Mal hier war. Es muss Weihnachten, also vor sechs Monaten, gewesen sein. Damals war ich gar nicht richtig anwesend und habe mich stattdessen mit der neuen Freundin meines Bruders betrunken. Jetzt nehme ich alles ganz intensiv wahr. Der vertraute Geruch der Holztreppe, die bei jedem Tritt knarzt, was beim heimlichen Nachhausekommen als betrunkene Jugendliche akrobatische Meisterleistung verlangt hat.

Ehe ich mich von Nostalgie zu weiteren Tränen hinreißen lassen kann, stellt meine Mutter mir ihre Hausschuhe hin. »Damit du keine kalten Füße bekommst.« – »Ach, Mama.« Und schon laufen die Tränen. Da ich in den letzten fünfzehn Jahren ungewollt zur Liebeskummerexpertin geworden bin, weiß ich zu gut, dass in dieser akuten Phase des Herzschmerzes schon ein nettes Kopfnicken und erst recht ein liebevoller Satz genügt, um alle Schleusen zu öffnen. Ich schlüpfe ungelenk in die viel zu kleinen Hausschuhe meiner Mutter. Ich muss kurz über diese Metapher lächeln – wie ironisch das doch alles ist: Jetzt stehe ich in zu kleinen Schuhen heulend im Hausflur meiner Eltern, die in meinem Alter bereits zwei kleine Kinder und ein Haus hatten, das keine Rücksicht auf Krisen genommen hat. Jeder Lebensentwurf zahlt seinen Zoll.

Es dauert nicht mal eine Stunde, und ich liege ich im Frotteeschlafanzug meiner Mutter im Bett. Mein mitgebrachtes ausgeleiertes Schlafshirt hielt ihrer Begutachtung nicht stand, was nicht weiter schlimm ist, weil ich mich gerade gerne bemuttern lasse. Ich fühle mich wie ein viel zu großes Baby, eingehüllt in Frottee. Der penetrante Weichspülergeruch befeuert diese Fantasie, in der ich mir ausmale, wie ich jegliche Verantwortung abgebe, während ein befähigter Erwachsener die Trümmer meines bisherigen Lebens aufräumt. So ähnlich, wie es früher die Mainzelmännchen mit Unordnung in der Werbung gemacht haben.

Mein Bett ist eine auf dem Teppichboden liegende Matratze in meinem alten Kinderzimmer, das jetzt als Büro meines Vaters fungiert. Meine Mutter kommt noch einmal zur Tür herein, um mir eine Leselampe neben die Matratze zu stellen, damit ich mich in der Nacht, sollte ich aufwachen, orientieren kann. Nun fühle ich mich tatsächlich wie ein Kleinkind, doch in meinem müden Körper regt sich keinerlei Widerstand. Eingehüllt in die Fürsorge meiner Eltern mache ich das Licht aus und liege im Stockdunkeln. Endlich kann ich unbeobachtet zur Ruhe kommen. Ich muss mich nicht schämen, die Dunkelheit ist meine Vertraute, sie wertet nicht, sie schützt mich. Seit ich vor fünfzehn Jahren ausgezogen bin, habe ich keinen Ort gefunden, der mir dieses Gefühl der Geborgenheit geschenkt hat. Die Wohnungen, in denen ich gelebt habe, hatten wie die meisten Großstadtwohnungen keine Rollläden. Ein Jammer, wie ich finde. Rollläden bedeuten für mich Schutz und Privatsphäre. Ich liebe es, in Dunkelheit getaucht zu sein.

Mir schwirren unendlich viele Gedanken durch den Kopf, in einem solch rasenden Tempo, dass ich ihnen gar nicht folgen kann. Ich stehe wie eine Zuschauerin an einer Schnellstraße und finde keine Lücke, um die Straße zu überqueren. Was soll ich jetzt machen? Wie finde ich schnell eine neue Wohnung? Wir sind doch erst vor wenigen Monaten zusammengezogen? Was macht Ian gerade? Sind wir jetzt so richtig getrennt? Bin ich wieder Single? Werde ich nie eine lange, glückliche Beziehung führen? Die Gedanken kreisen unaufhörlich. Auf einmal bedrückt mich die Dunkelheit, und ich knipse die Lampe an, deren helles Licht mich erschreckt. Je älter meine Eltern werden, desto heller werden ihre Glühbirnen. Das muss die Alterssichtigkeit sein. Ich hänge mein ausgeleiertes, ausgemustertes T-Shirt über die Lampe, um das Licht zu dimmen, und nehme mein Handy.

Meine Finger gleiten ihren gewohnten Weg über das Display, bis ich schließlich nur noch durch Instagram scrolle und mir das inszenierte Leben fremder Menschen anschaue, um mich von meinem eigenen abzulenken. Mit jeder Story werde ich unruhiger, und die gewünschte Müdigkeit, die ich zwar im Körper spüre, will sich in meinem Geist einfach nicht einstellen.

Verzweifelt öffne ich die YouTube-App. Wer weiß, vielleicht ist jetzt ein Motivationsvideo genau das, was ich brauche. Ich tippe »Oprah Winfrey und Eckhart Tolle« ein und lande bei einem Video zum Thema Enttäuschung. Das scheint mir passend, und so lasse ich mir nachts um halb zwei im Frottee-Schlafanzug von Eckhart Tolle, einem älteren weißen Mann, mit kaum auszuhaltenden langen Pausen nach jedem Wort erklären, dass es keine Enttäuschung gibt, weil eine Enttäuschung lediglich das Ende einer Täuschung sei, und so solle man doch froh sein, dass die Täuschung vorbei sei. Na, toll! Danke, Eckhart! Das tröstet mich gar nicht.

YouTube spült mich weiter, bis ich auf Bali-Vlogs lande, die mir, um mittlerweile halb drei morgens, eine Eingebung bescheren: Ich muss wieder nach Bali. Na klar, dass ich da nicht früher draufgekommen bin. Einfach weg. Der Gedanke erscheint mir logisch, und sofort bin ich ganz euphorisch. Wahrscheinlich ist das mein »Calling«, von dem Oprah Winfrey gerade in einem ihrer Super-Soul-Sunday-Videos gesprochen hat – ich muss wieder nach Bali fliegen. Kurz scheiße ich gedanklich auf den CO_2-Ausstoß. Auf Bali werde ich ein Leben frei von Erwartungen führen, Yoga machen und im Einklang mit mir sein. Ich erfinde mich einfach neu. Das wird super. Ich kenne ja sogar ein paar Leute.

Wer braucht schone eine romantische Liebe? Ich kann mir doch Hunde kaufen, auch wenn ich vor denen Angst habe, seitdem mich im Alter von vier Jahren Stups, der Pudel unserer Nachbarn, gebissen hat. Dabei hatte es Stups nur auf das Brötchen in meiner Hand abgesehen. Trotzdem war das der Startschuss meiner Angst, die ich bis jetzt nicht in den Griff bekommen habe. Das geht so weit, dass ich bei fast jeder Joggingrunde riesige Umwege laufen muss, sobald nur ein einziger unangeleinter Hund bellend auf mich zurennt. Auf Bali wäre das anders, da bin ich mir ganz sicher. Wer weiß, vielleicht mache ich noch einmal die Schrei-Meditation mit und kreische mir Stups von der Seele. Jetzt klinge ich wirklich wie eine billige Version von *Eat Pray Love*. Peinlich. O Mann. Ich ziehe mir die Decke über den Kopf und verstecke mich vor dem Feuerwerk in meinem Kopf. Ist es jetzt so weit? Bin ich jetzt eine dieser verzweifelten 30-jährigen Frauen?! Ich atme schwer aus, weil ich nicht weiß, wohin mit mir. Während mein Herz schwer ist, scheint mein Geist beflügelt. Zumindest feuert er eine Fantasiegeschichte nach der anderen in mein Hirn. Noch dazu wundere ich mich, dass ich nicht den Drang habe, meinem Freund zu schreiben. Trotz des Kummers ist da eine tiefe Ruhe in mir in Bezug auf Ian. Mit diesem Gedanken sinke ich schließlich verwirrt in den Schlaf.

Wenige Stunden später und definitiv viel zu früh werde ich von dem nervigen Geräusch der elektrischen Rollos geweckt, die der gerade aufgegangenen Sonne einen unverschämten Blick auf mich gewähren. Die Helligkeit ballert mich wach, sodass meine Sorgen wie auf einem goldenen Tablett in den Mittelpunkt meiner Aufmerksamkeit gelangen. Wütend und schnaubend rufe ich: »Was ist das denn für eine Technikdiktatur hier?!«, laufe zum Schalter und fahre die Rollos wieder nach unten. Unerhört. Ich hasse es, so unsanft in die Realität geworfen zu werden, was vielleicht nicht für meine aktuelle Lebenslage spricht.

Stur bleibe ich noch einige Minuten im Bett liegen, bis ich es nicht mehr aushalte und mich aus dem Bett quäle. Mein Nacken schmerzt höllisch. Ich fühle mich, als hätte ich eine 24-stündige Busreise hinter mir. Das muss an dem orthopädischen Kissen meiner Mutter liegen. Unter Schmerzen schaue ich mich in dem sterilen Arbeitszimmer um, nehme meine Kulturtasche und gehe ins Bad, um meine Zähne und meine Beißschiene zu putzen. Für mich sind Kulturtaschen das sofortige Indiz dafür, dass man nur zu Besuch ist. Wann war eigentlich das erste Mal, als aus meinem Elternhaus mein Nichtzuhause wurde?

Mit frisch geputzten Zähnen und verwirrtem Geist gehe ich nach unten in die Küche, von wo aus ich in den Garten blicken kann. Mein Vater werkelt da draußen an seinem »Gewächshaus«. Ein liebevoll selbst gebautes Plastikkonstrukt und sein ganzer Stolz, der Tomaten, Paprika, Zucchini und Kräutern Schutz bietet. Ich mache mir gerade einen Tee, als meine Mutter in die Küche kommt. Sie hat mich natürlich gehört, so wie es auch in meiner Jugend immer schon war – keinen Schritt kann man in diesem Haus unbemerkt gehen, alles knatscht und verrät wie eine lästige Petze den Aufenthaltsort.

Meine Mutter umarmt mich und drückt mich etwas zu fest an sich. Ich schnappe nach Luft, da ihr Kopf genau gegen meinen Kehlkopf drückt. Ich habe ganz vergessen, wie klein und zart sie ist, fast als umarmte ich ein Kind. Zugegeben: ein sehr starkes Kind. Schon komisch, dass man die Eltern als größer und schwerer in Erinnerung hat. An der Länge der Umarmung merke ich, wie sehr meine Mutter sich freut, dass ich da bin, und wie sehr sie sich um mein Wohl sorgt. »Ach, mein Schatz, was willst du denn jetzt machen? Jetzt bist du ja ganz allein, und in Köln findet man doch auch so schwer Wohnungen! Du kommst einfach nie an!«

Aua, das hat gesessen. Meine Antwort liegt in meinen Augen, die sich unmittelbar mit Tränen füllen und sofort überlaufen, im freien Fluss über mein Gesicht. Dieser Tränenschub führt bei meiner Mutter zumindest zur Reflexion ihrer Worte. Sofort nimmt sie mich wieder in den Arm und fragt mich, ob sie mir etwas Leckeres beim Bäcker kaufen soll. Ich habe vergessen, dass unbequeme Situationen bei uns gerne mit Ablenkung gelöst werden, aber gegen ein Schweineöhrchen hätte ich tatsächlich nichts einzuwenden.

Ich fühle mich kurz schlecht, als wenn ich die Zuwendungen

meiner Eltern schamlos ausnutze, was mir angesichts der Aussicht auf einen Bäckerservice am Morgen jedoch schnell egal ist. Ich nehme jetzt alles an, was ich kriegen kann: Liebe und schöne Sachen und Umarmungen. Mit diesem Gedanken rufe ich meiner Mutter hinterher: »Wenn die Amerikaner haben, kannst du mir auch noch einen davon mitbringen? Danke!« Ein wenig zufriedener gehe ich nach oben, zurück in »mein« Zimmer, und nehme mein Handy in die Hand, um Ian anzurufen. So fern ein nächtliches Gespräch lag, so groß ist jetzt mein Bedürfnis, mit ihm zu sprechen. Ich weiß noch nicht mal, was ich mir erhoffe, habe keine Strategie oder klare Gedanken, ich will einfach nur seine Stimme hören und noch mal verstehen, was gestern passiert ist. Eine Art Realitätscheck.

Ian geht direkt ran, seine Stimme ist belegt, und er spricht zögerlich. Er habe nicht damit gerechnet, dass ich mich melde, und schon gar nicht so schnell. Diese Einleitung macht mich wütend, weil ich es als Beleg für seine mangelnde Einschätzung meiner Person verstehe. Gleichzeitig bin ich so froh, mit ihm zu telefonieren. Das Gespräch dauert nicht lange. Wir gehen beide der Frage aus dem Weg, was jetzt aus uns wird. Eigentlich bestätigen wir uns nur kurz unsere Liebe, ohne dies explizit auszusprechen. Bevor es verkopft werden kann und wir noch verlegener oder überforderter werden, legen wir auf. Ich fühle mich etwas beruhigt. Diese wenigen Minuten mit Ian waren wie ein Ausflug in ein fernes Universum, in dem ich gestern noch gelebt habe. Hier im Reihenhaus und auf dem alten Teppichboden liegend scheint mir das unendlich weit entfernt. Nur Ian, der fühlt sich vertraut an.

Das Haus meiner Eltern ist ein Paralleluniversum, und alles, was ich woanders erlebt oder aufgebaut habe, scheint wie ein vergangener Traum. Wie eine Wanderung in einer Fantasiewelt. Nicht existent. Hier spüre ich den Boden unter den Füßen, Halt und wohltuende Klarheit. Ian und ich sind die einzige Verbindung zwischen diesen Welten.

Ich gehe nach unten in den Garten und sauge die Ruhe und die Natur um mich herum auf. Hier kann ich frei atmen. Mit einem Schlag wird mir bewusst, wie sehr ich das vermisst habe. Dieses Beschützsein und die Überschaubarkeit. »Schweineohr und Amerikaner sind da«, ruft meine Mutter aus der Küche. Juhu, denke ich und freue mich wie eine Fünfjährige, während ich zurück ins Haus laufe und irgendwie glücklich bin. In diesem Paralleluniversum ist es okay, dass ich meinen veganen Pfad verlasse und die Gebäcke meiner Kindheit genieße. Butter, Zucker und Weißmehl – here I come! Zum größten Genuss fehlt jetzt noch mein Bruder. Die Kindheitserinnerungskiste ist geöffnet, und ich springe kopfüber und ohne Schwimmflügel hinein, plansche fröhlich und unbeschwert umher.

Während ich mein ungesundes Frühstück mümmele, hänge ich meinen nächtlichen Gedanken hinterher und frage mich, ob mit mir wohl alles stimmt. Zum Glück unterbricht mein Vater meine Zweifel, als er in die Küche kommt und mich fragt, ob wir spazieren gehen. »Klar, ich muss nur noch kurz duschen!« Oh, wie ich dieses Rentnerleben liebe – ein gemütliches Frühstück, danach der Spaziergang in der Natur. »Oder musst du arbeiten?«, schiebt mein Vater hinterher. Bei diesem Stichwort lande ich unsanft in meinem Leben als arbeitende Erwachsene. Scheiße, das habe ich tatsächlich über die letzten 24 Stunden erfolgreich verdrängt. Mental gehe ich kurz meine Deadlines durch und stelle erleichtert fest, dass es keine drängenden gibt. Heute kann ich mir einen freien Tag gönnen. Man muss schließlich auch die guten Seiten der Selbstständigkeit auskosten.

Unter der Dusche genieße ich den satten Strahl der Regenbrause. Ich fühle mich wie ein verletztes Tier in der Auffangstation. Bis meine Mutter ins Bad platzt und mir zuruft: »Wenn du fertig bist, mach alles trocken – ich leg dir einen Abzieher und ein Tuch hin.« Genervt rolle ich bei dieser Spießigkeit mit den Augen, während ich »Klar« zurückrufe. Es hat nur die Zeit vom Frühstück bis zur Dusche gebraucht, um aus der Fünfjährigen eine ätzende Jugendliche zu machen. Leise fluchend lege ich alles trocken, und als ich aus der Hocke aufstehe, um die oberen Fliesen abzuziehen, haue ich mir die massive Duschbrause gegen meinen linken Schneidezahn. Vorsichtig drücke ich mit der Zunge gegen den Zahn, der, wie ich erschrocken feststellen muss, ein bisschen wackelt. O nein, bitte nicht. Dass etwas mit meinen Zähnen passiert, ist wirklich (neben einer Hundeattacke) mein allergrößter Albtraum, dem Kieferorthopäden-Trauma sei Dank. Erst mal entscheide ich mich dazu, das Zahnwackeln zu ignorieren, und widme mich stattdessen meinem Gesicht, indem ich mir sämtliche Seren und Cremes reinhaue beziehungsweise »sanft einklopfe«. Heute wird nicht gekleckert, heute wird gespachtelt, denn ich will genießen. Selbstliebe und so.

Als ich ausgehfertig im Flur stehe, zwinkert mein Vater, der sich ächzend die Schuhe bindet, mir zu und sagt: »Na, bist du weit rausgeschwommen?! Hast du dein Seepferdchen gemacht, Leni?!« O Papa, deine Witze ändern sich auch nie, wie gut das tut.

Ganz wie ein Kleinstadtklischee spazieren wir in Allwetterjacke und festem Schuhwerk los. Bei der Runde durchs Dorf fühle ich mich wie in einem amerikanischen Kitschfilm, in dem die Städterin zurückkehrt und am Abend in der Kneipe um die Ecke ihre erste große Liebe wiedertrifft. Die große Liebe arbeitet natürlich als sexy Barkeeper hinter der Theke, und die beiden stürzen zusammen ab, landen im Bett, und das Happy End folgt. Leider habe ich keinen sexy Ex-Freund aufzuweisen. Als ich David das letzte Mal gegoogelt habe, was ich peinlicherweise immer dann tue, wenn es Streit mit meinem Freund gibt oder ich ausgiebig prokrastiniere, bin ich auf sein letztes Werk gestoßen. Ein zugleich beschämendes und amüsierendes Lied. Ich konnte nicht verhindern, mich zu fragen, ob er früher tatsächlich einmal ein guter Musiker oder ich einfach zu verliebt war. Am liebsten hätte ich diesen verstörenden Track mit meinem

Freund geteilt. Er ist nämlich der einzige Mensch, mit dem ich gern lästere. Auch über nicht vorhandene Barkeeper.

Während mein Vater und ich durch die kurze Einkaufsstraße, die aus fünf Bäckereien, einem Tchibo, einem Modehaus und einem Fotoladen, dessen Porträts im Schaufenster unvorteilhafter nicht sein könnten, besteht, erzählt er mir von seiner ehemaligen Laufgruppe. Heinz und Wolfgang laufen wohl immer noch, nur Dieter nicht, nachdem er einen Herzanfall hatte. Und mein Vater musste ausscheiden, nachdem er sich letztes Jahr die Achillessehne gerissen hatte. Jetzt spielen sie Karten, da kann wenigstens nichts reißen, außer das Portemonnaie, haha. O Papa, wie ich deine Dad-Jokes liebe. Er nimmt allerdings am Kartenspiel nicht teil, weil es da nur ums Trinken geht und er stattdessen lieber anderen Sport macht. Ich höre ihm unglaublich gern zu, auch wenn ich gedanklich ganz woanders bin. Die Tatsache, dass mein Vater über solch Belangloses redet, zeigt mir, dass er mich ablenken will, denn wir reden für gewöhnlich immer über interessante Themen, über die ich nach unseren Gesprächen mehr weiß als vorher. Als wir schließlich um den Rotbachsee laufen, kommt uns ein junges, frisch verliebtes Pärchen entgegen, und ich muss direkt wieder weinen: »Ich bin so traurig, Papa.« – »Ich weiß, Leni. Aber es ist doch noch alles möglich, was meinst du, wie oft die Mama ihre Tasche gepackt hat und am Bahnhof stand, um zu ihrer Schwester zu fahren. Und ich wusste nie, was los war und was ich jetzt schon wieder gemacht hatte.« Ich muss lachen, weil ich es mir bildlich vorstellen kann. Sofort fühle ich mich etwas aufgeräumter und kann den Spaziergang genießen, auch wenn mir das Schweineohr schwer im Magen liegt. Mein Darm scheint etwas überfordert mit der nicht veganen Kost, und ich hoffe, dass ich mir nicht in die Hose schurze.

Nach ein paar Metern, in denen mein Bauch unangenehm grummelt, kommt uns ein älteres Ehepaar entgegen. »Ach, guck mal, da kommen die Brüses«, flüstert mein Vater mir zu. Ach, du Scheiße, das sind die Eltern einer ehemaligen Schulkollegin von mir, mit der ich zwar meine erste Zigarette und den anschließenden Hustenreiz geteilt habe, aber sonst nichts. Katrin war immer sehr engstirnig, sicherheitsbedürftig und pessimistisch, und damit meine ich nicht diese typische Pubertätstraurigkeit, sondern einen Pessimismus im Kern ihres Wesens. Die Brüses erkennen mich sofort, weswegen sie natürlich stehen bleiben. Das hatte ich befürchtet, jetzt kommen sicher die neugierigen Fragen. Ich fühle mich nicht mehr wie das Citygirl, sondern wie die gestrandete, verheulte Loserin mit wackeligem Schneidezahn.

»Und, Lena? Du bist auf Besuch?« – »Ja, genau.« Um meine knappe Antwort nicht unhöflich wirken zu lassen, lache ich übertrieben. Leider kann ich nicht einschätzen, wann das Verlegenheitslachen zu lang wird, und so gibt es fünf sehr unangenehmen Sekunden, in denen ich künstlich lache, während die anderen sehr verlegen und überfordert wirre Blicke austauschen. Herr Brüse versucht, die Situation zu überspielen: »Ja, Katrin wohnt ja jetzt nebenan, die ist da mit ihrem Mann eingezogen, und sie sind auch ganz froh, weil wir dann immer mal mit dem Enkelkind helfen können. Ist für alle schön. Und der Kleine liebt seinen Opa.« Beim letzten Satz zwinkert er und zeigt mit dem Zeigefinger auf sich selbst. Seine Frau und mein Vater lachen über seinen kessen Spruch, doch ich muss fast kotzen bei so viel Zurschaustellung, was Frau Brüse aber gekonnt ignoriert: »Und du, Lena?« Die erwartungsvollen Blicke sind auf mich gerichtet. Bevor ich mir eine kluge und charmante Antwort zurechtlegen kann, platzt es aus mir heraus: »Ich glaube nicht an das Konstrukt der Ehe, und Kinder habe ich noch nicht, und ich bin auch nicht schwanger.« Dabei zeige ich ähnlich wie zuvor Herrn Brüse mit dem Zeigefinger auf meinen Bauch. »Ich hab einfach nur einen aufgeblähten Bauch, weil ich eine Laktoseintoleranz habe und heute Morgen ein Schweineohr gegessen habe. Außerdem habe ich gestern Nacht beschlossen, dass ich nach Bali auswandern werde. I am a free bird, you can't put me in a cage.« Dann lache ich wieder etwas zu lange.

Ich kann selbst nicht glauben, was ich da sage, aber gebe mir ein innerliches High five, als ich die Irritation in den Gesichtern der Brüses sehe. Mein Vater wirkt beeindruckt von meiner Schlagfertigkeit, amüsiert und gleichzeitig besorgt vom Inhalt. Schließlich hält Frau Brüse die Stille nach meiner Kampfansage nicht mehr aus: »Bali ... ja, da wollte die Katrin eigentlich ihre Hochzeitsreise hinmachen, aber dann hat der Mann nicht freibekommen ... Bali ... ja, wo gibt es denn so was?! Das ist ja wie im Fernsehen.« Ich weiß, Frau Brüse, mein Leben ist auch wie im Fernsehen, und jetzt verzeihen Sie, aber ich muss ganz schnell nach Hause, weil ich mir ansonsten in die Hose kacke. Leider habe ich nicht den Mut, diesen Gedanken auch noch laut auszusprechen, und bin daher froh, als mein Vater diese seltsame Begegnung mit: »Ja, haha, Fernsehen. So, wir müssen jetzt auch mal weiter. Bis dann, tschüss!«, beendet.

Auf dem Nachhauseweg erinnere ich mich daran, dass ich so ein ähnliches Gespräch schon bei meinem letzten Besuch – und das ist mindestens ein Jahr her – geführt habe. Es scheint so ein Kleinstadt-Ding zu sein. Diese Enge führt offensichtlich zu keinem guten Gespür für sensible Themen. Das letzte Mal waren es Sandras Eltern mit der unverblümten Kaltstartfrage: »Bist du verheiratet?« Zuerst habe ich gedacht, dass wär ein Scherz, und habe lachend geantwortet: »Nein, bin ich nicht, haha.« Sandras Mutter hat das ungestört ignoriert und sofort abgespult: »Die Sandra wohnt jetzt mit ihrem Mann nebenan, und das zweite Kind ist unterwegs.« Und da habe ich verstanden: Das ist jetzt hier ein Wettbewerb, und wenn Frau Linkel mich herausfordert, dann nehme ich an! Auf ihre nächste Frage; »Wohnst du immer noch in Köln?«, antworte ich also: »Ja, Frau Linkel! Es ist übrigens merkwürdig, dass ich Sie sitze, während Sie mich duzen ... mein Leben läuft nicht planbar, weil ich Risiken eingehe, denn ich bin risikofreudig, was auch heißt, dass ich öfter scheiter, aber auch, dass ich lebe. I am alive, Frau Linkel.« Das ist das Ende meiner Schlagfertigkeit, auf das Frau Linkel kurz irritiert schaut und dann mit Mitleid kontert – wie schade, dass ich noch in Köln wohne, vor allen Dingen für meine Eltern, denn das ist ja so weit weg (neunzig Kilometer), und es gibt noch keine Enkel, ein Jammer. Die armen Kupkes! Die haben's nicht einfach! Na ja, denke ich, welche Geistesblitze will man schon von jemandem erwarten, die sich die gleiche Frisur mit der gesamten Familie teilt? Mutig, sag ich dazu!

Ich verbringe eine ganze Woche bei meinen Eltern und telefoniere nur sehr selten mit Ian. Die Distanz tut uns gut, wir können beide etwas abkühlen und uns wieder freier und offener begegnen. Trotz all der Konflikte der letzten Zeit bin ich mir immer noch sicher, dass ich mit ihm zusammen sein möchte. Ihm geht es genauso.

Ich genieße die Beschaulichkeit bei meinen Eltern und in Dinslaken, die mich wie von selbst sortiert, aufrichtet und beruhigt. So gerne ich mich als Großstädterin sehe, so ehrlich muss ich eingestehen, dass ich die Kleinstadt vermisse. Ich muss selbst kurz über diese Widersprüchlichkeit lachen, von der mein Leben oft geprägt ist. Seit meiner Jugend versuche ich, genau diesem Kleinstadtgeist, der Begrenztheit zu entkommen, und dann ist es genau diese Überschaubarkeit, die mir Frieden schenkt. Manchmal fühlt es sich so an, als sei mein ganzes Erwachsenenleben ein einziger Versuch, meine Kindheit zurückzuholen.

In Köln habe ich mich oft fehl am Platz gefühlt. Unpassend, ein Gefühl, das ich wie einen treuen Rucksack mit mir herumtrage und nie benennen konnte. Mir fällt auf, dass ich, sobald ich in der Natur und in der Stille bin, aufatmen kann, meine Laune im rasenden Tempo nach oben geht und ich mich glücklich fühle. Dann lasse ich mir die Verhärtungen der Stadt wegpusten und fühle mich weit und offen und – Achtung, Kitsch – verbunden, als Teil der Natur. Kehre ich zurück und bin wieder umgeben von vielen Menschen, Autos, Bahnen, vollen Straßen und Geschäften, bin ich genervt, überfordert und fühle mich schrecklich fehl am Platz.

Ich packe diese Erkenntnisse ein und fälle den Entschluss, aus der Großstadt zu ziehen. Es fühlt sich weniger überraschend als klärend für mich an. Eigentlich weiß ich das schon seit Jahren. Doch anscheinend brauchte ich diese Stille bei meinen Eltern, um es ganz deutlich zu erkennen. Ich bin froh, dass ich weiß, dass Ian die Natur ebenfalls liebt, und bemerke, dass ich wieder für UNS plane, und das fühlt sich ziemlich schön an.

Mein Vater bringt mich zum Zug. Am Bahnhof stehen wir auf Gleis eins von den insgesamt zwei Gleisen und geben uns unbeholfen ein Küsschen, als der Zug einfährt. Wie immer fragt mein Vater: »Setzt du dich nach oben oder unten?«, und ich frage: »Wo ist denn die Luft besser?« – »Unten, aber oben ist es wärmer, weil die verbrauchte Luft dorthin steigt.« Der Zug kommt zum Stehen, die Türen öffnen sich, und ich steige ein, während ich die aufsteigenden Tränen hinunterschlucke. Mit Kloß im Hals suche ich mir einen freien Zweiersitz und setze mich ans Fenster. Mein Vater steht noch am Gleis und hält Ausschau nach mir. Ich gestikuliere heftig, bis er mich entdeckt. Während der Zug ausfährt, winken wir uns, und ich schlucke weiter die Tränen hinunter. Was ist denn los mit mir? Ich fühle mich wieder wie das kleine Mädchen, das allein beim Gedanken an die Kindergartenübernachtung Heimweh bekommen hat. Damals ist mein Vater mitgekommen, seine Anwesenheit hat mein Wohlbefinden so gesteigert, dass ich die Nacht nicht im gemeinsamen Zelt geschlafen, sondern mit meiner Kindergartenfreundin durchgespielt habe.

Auf der Rückfahrt denke ich über die Gespräche mit meiner Mutter nach. Sie hat mir wiederholt den Rat gegeben, einen Menschen ganzheitlich zu sehen und ihn zu akzeptieren, ohne ihn ändern zu wollen. Obwohl es wie ein Hobbypsychologinnen-Ratschlag klingt, ist es für mich hilfreich. Natürlich bin ich diesem Ansatz schon oft begegnet, doch nun habe ich den Eindruck, ihn das erste Mal tatsächlich begriffen zu haben.

Unsere Streite korrelieren oft mit meiner ausgeprägten Erwartungshaltung an meinen Freund. Ich nehme mir vor, in Zukunft diese Haltung etwas zurückzuschrauben. So gut, wie das eben möglich ist. In der letzten Woche haben wir am Telefon auch über die Stärken unserer Beziehung gesprochen und wie gut wir uns ergänzen und voneinander lernen können. Mein Freund ist zum Beispiel Profi darin, den Dingen ihre Zeit zu lassen, ganz ohne Aktionismus, während meine pragmatische Lösungsorientiertheit oftmals zu Hetzerei führt. Was im Umkehrschluss unweigerlich auch bedeutet, dass Ian ziemlich passiv ist und ich aktiv bin. Er kann also von mir lernen, Probleme zu lösen, anstatt sie aufzuschieben, und ich kann von ihm lernen, geduldiger zu sein. Ian liebt Small Talk und Geselligkeit, ich bin kein Fan von Ersterem und mag nur ausgesuchte Gesellschaft. Daher übernimmt er unsere gesamte Nachbarschaftspflege, was super für mich ist. Ja, Beziehungsarbeit ist anstrengend, und sie nimmt vor allen Dingen nie ein Ende. Aber sie lohnt sich. Davon bin ich überzeugt.

Ich verstehe nun, wie viel Druck aus der zeitlichen Notsituation, die von dem Gespräch mit meiner Frauenärztin angestoßen wurde, zwischen uns stand. Es wird mir zwar schwerfallen, aber ich will mein Vertrauen in den Lauf der Dinge zurückgewinnen. Schließlich war ich nie eine To-do-Listen-Abhakerin, und das will ich auch nicht sein.

Meine Rückkehr nach Köln ist für uns beide ein unausgesprochener Neustart, und mein Vorhaben, die Erwartungen herunterzufahren, gelingt mir zu meiner eigenen großen Überraschung. Es ist wunderschön. Und als es selbst nach Monaten weiterhin so schön ist, kehrt das Kinderthema zurück auf unseren weißen Holzküchentisch. Natürlich nerven wir uns noch ab und zu und streiten, aber die Ausschläge sind viel geringer, und alles ist gebettet in ein starkes, liebevolles Fundament. Durch unsere Auseinandersetzungen und die bewusste Entscheidung für die Beziehung haben wir uns gegenseitig bestätigt und sind nun wesentlich gefestigter in unserem gemeinsamen Lebensentwurf.

Unser Kinderwunsch ist eindeutig, wir möchten eine Familie gründen. Doch ich frage mich, ist die Welt im Klimawandel noch ein Ort, um neues Leben zu pflanzen? Niemand von uns wurde gefragt, ob er oder sie auf der Welt sein möchte. Wir werden geboren und müssen dann mit dem Leben klarkommen. Natürlich lässt sich spirituell und religiös argumentieren, aber im Grunde bleibt es eine Tatsache: Letztendlich ist Kinderkriegen immer eine Mischung aus Egoismus, Narzissmus und Liebe. Dabei vergessen wir manchmal, dass ein Kind ja keine Erweiterung der eigenen Person ist, sondern ein Individuum. Ein Individuum, das wir vorab leider nicht befragen können. Und so schaue ich mir die Welt an und frage mich, kann man das einem Kind zumuten? Umwelt, Klima, Rassismus, Pandemie? Will ich das einem Kind zumuten?

Mein Freund und ich sagen trotz allem: »Ja.«

Wir probieren es drei Monate lang. Es klappt nicht. Als ich den nächsten Kontrolltermin bei meiner Frauenärztin habe, erzähle ich ihr von meiner wachsenden Sorge. Schließlich bin ich tatsächlich von Freundinnen umgeben, die alle beim ersten Mal schwanger geworden sind. Warum sind alle so furchtbar fruchtbar? Sie sind doch genauso alt wie ich.

Zu meiner freudigen Überraschung gab es in der Praxis einen altersbedingten Wechsel. Statt der emotionslosen und wenig einfühlsamen Verkäuferinnenseele sitzt mir nun eine freundlich dreinblickende, etwa sechzigjährige Frau gegenüber. Erstaunlich nur, dass sich meine alte Frauenärztin keine junge Nachfolgerin gesucht hat.

»Bis zu einem halben Jahr ist das in Ihrem Alter normal.« Autsch, da ist es wieder – mein Alter. Scheiße! Warum bereitet uns darauf eigentlich niemand vor? In unseren Zwanzigern kriegen wir alle die Pille verschrieben, und ab dreißig kriegen wir statt pinker Pillchen die alten Eier um die Ohren geknallt. Die Fortpflanzung scheint ähnlich wie schon die Verhütung in Frauenhand zu liegen. Danke für dieses Ungleichgewicht. Ich werde wütend, aber versuche, mich weiterhin auf das Gespräch zu konzentrieren.

»Ihr Zyklus kommt regelmäßig, das ist schon einmal super. Ich untersuche Sie gleich noch, dann wissen wir auch mehr. Wenn Sie wollen, kann ich auch den nächsten Eisprung bestimmen, dann wissen Sie genau, an welchen Tagen Sie Verkehr haben sollten. Das müssten Sie allerdings selbst zahlen. 45 Euro.« »Okay, klar, das mach ich.« Ich bin Wachs in ihren Händen. »Ach so … und das ist wirklich normal? Ich habe nämlich das ›Glück‹, Frauen um mich zu haben, die alle gefühlt beim ersten Mal schwanger werden«, vertraue ich mich ihr an. »Frau Kupke, die Geschichten, bei denen es nicht geklappt hat, hören Sie erst ab vierzig. Sie werden sich wundern, wer da alles in der Kinderwunschklinik war und Fehlgeburten hatte. Erst ab vierzig«, wiederholt sie und zwinkert mir zu. »Da haben Sie noch ein bisschen Schonfrist.« Haha, lächele ich grenzdebil und mache eine Strick-Bewegung mit meiner rechten Hand. Das sollte witzig sein, scheint aber nicht rüberzukommen. Na ja. Diese ganze Situation ist eben etwas überfordernd für mich.

Fruchtbarkeit ist ein großes Thema, bei dem viel verschwiegen wird. Zumindest ich höre ausschließlich Erfolgsgeschichten: »Beim ersten Mal hat es direkt geklappt.« Oder: »Da wollte jemand einfach direkt zu uns.« Und: »Eine neue Seele hat sich auf den Weg gemacht.« Daher bin ich froh über die ehrlichen Worte meiner Frauenärztin. Sie weiß, wovon sie redet, und ich denke an all die Frauen, die ohne einen solchen Zuspruch durch diese Zeit gehen müssen. Das ist traurig.

»Was Sie auch machen können, sind Ovulationstests. Das sind Stäbchen, auf die Sie urinieren, um zu ermitteln, wann Ihr Eisprung ist. Die sind super, gibt's in der Apotheke«, rät sie mir, während ich mich für die Untersuchung frei mache. »O super, danke, das mache ich!« Natürlich wird auch mit diesem Wunsch Geld gemacht. Der Kapitalismus bedient sich der Hoffnung, und ich werde einsteigen in dieses Karussell der suggerierten Kontrolle. Entgegen meiner Überzeugung.

Während ich mich auf den Behandlungsstuhl setze, sagt sie noch: »Und wenn es in drei Monaten noch nicht geklappt hat, dann schicken wir Ihren Partner mal zum Spermiogramm. Es werden viel zu oft nur die Frauen untersucht.« Oh, wie sehr ich diese Frau schätze! Interessanterweise zweifeln tatsächlich weder mein Freund noch die Partner meiner Freundinnen ihre Potenz an. Für Männer scheint klar zu sein: »Ich bin zeugungsfähig.« Die eigene Fruchtbarkeit zu hinterfragen ist unvorstellbar. Für uns Frauen jedoch ist es wie ein Rätsel in uns. Von klein auf wird uns eingetrichtert: »Setz dich nicht auf kalte Steine, das ist nicht gut für die Fruchtbarkeit.« Spätestens seit der Pubertät sind wir, ob wir wollen oder nicht, auf gewisse Weise ständig mit unserem Körper und seiner Fruchtbarkeit beschäftigt. Erst wird der Zyklus durch Hormoneinnahme manipuliert – bloß nicht schwanger werden! –, und dann wird er wieder in »Spur« gebracht, um seine Aufgabe zu meistern. Paradox.

Wir Frauen lassen uns ohnehin regelmäßig gynäkologisch untersuchen, und sobald etwas nicht ganz läuft wie gewünscht, lassen wir uns proaktiv und selbstverständlich testen. Der Fehler muss schließlich an uns liegen. Verhütung, sexuell übertragbare Krankheiten, HPV, Fruchtbarkeit etc. Auf diese Verantwortung scheinen wir ein Abonnement im Patriarchat zu haben. Dass ein Mann, der mit großer Wahrscheinlichkeit noch keine freiwillige urologische Untersuchung hatte, den Fehler bei sich sucht, ist selten.

Meine Frauenärztin holt mich aus meinen Gedanken zurück: »Das sieht sehr gut aus, und hier auf der linken Seite reift auch gerade ein Ei heran. Das heißt, Ihr Eisprung ist am Wochenende, daher haben Sie am besten ab heute alle zwei Tage Verkehr. Ich bin sehr zuversichtlich, dass wir uns bald schwanger sehen. Und ich bin eine gute Vorhersagerin.« Sie zwinkert mir zu. Ich lasse mich dankbar in ihre Zuversicht packen, obwohl ich skeptisch bin, ob sie auch genügend Informationen vorliegen hat, um solch eine hoffnungsstiftende Aussage zu treffen.

Trotz meiner Zuversicht bringt mich in den nächsten Wochen die Frage, ob ich Kinder habe, immer wieder auf die Palme. Gefühlt überall, an jeder Ecke, bei jedem Friseurbesuch begegnet sie mir: »Hast du Kinder?« Es ist eine fadenscheinige Frage, die eigentlich meint: »Warum lebst du nicht meinen Lebensentwurf? Das irritiert mich irgendwie, dass du andere Entscheidungen triffst.«

Antwortet man neutral mit: »Ich habe keine Kinder«, dann ist das Gespräch leider alles andere als beendet. Häufig gibt es folgende Reaktionen: »Warum?« Oder (in vorwurfsvollem Ton): »Muss ja jede selbst wissen …« Und das hier, mein Liebling, der unaufgeforderte Mutmacher: »Du wärst aber eine ganz tolle Mama. Das seh ich. Ich trau dir das auch zu …«

Umgekehrt gehe ich doch auch nicht zu einer Mutter und frage: »Warum hast du Kinder? Seh ich gar nicht für dich. Na ja, muss ja jede selber wissen.«

All die Frauen, die sich gegen Kinder entscheiden, müssen sich rechtfertigen, das ist einfach nicht richtig. Und die Frauen, bei denen es nicht klappt, bekommen regelmäßig Salz in die Wunde geschüttet. Das ist einfach mies.

Dieses fehlende Feingefühl und die Unfähigkeit zu reflektieren tut mir für alle, die dem ausgesetzt sind, sehr leid. Ja, unsere Gesellschaft hat noch viel zu lernen, wenn es um die Kommunikation bezüglich Unfruchtbarkeit oder Fehlgeburten geht, die leider zu Tabuthemen gemacht werden. Allein bei dem Satz, den wir alle kennen: »Behalt es noch für dich, und erzähl erst ab dem dritten Monat davon«, wird mir schlecht. Natürlich, dieser »Rat« kann Schutz gewähren, aber tut er das wirklich? Lässt er die Frauen und auch Männer, die eine Fehlgeburt in den ersten drei Monaten erleben müssen, nicht mit dem Schmerz allein? Denn das meint diese Aufforderung zur Heimlichtuerei am Anfang der Schwangerschaft doch: »Behalte den potenziellen Schmerz, den Schicksalsschlag für dich. Mach das schön mit dir aus. Erzähl nur von Erfolgen.« Und schon geht die Tür zu, denn Leid will ja wirklich niemand sehen. So gehen wir mit vielen Themen um, mit physischen und insbesondere psychischen Krankheiten, mit dem Tod – das sind für unsere Gesellschaft nun wirklich Stimmungskiller. Bis wir irgendwann selbst betroffen sind und oft nur noch Gemeinschaft hilft. Warum also diese nicht schon früher einbeziehen?

Seit dem Frauenarztbesuch sind mittlerweile weitere drei Monate vergangen, in denen ich einen kleinen Haufen Geld in das angeblich Natürlichste der Welt gesteckt habe und immer noch nicht schwanger bin.

Also wirklich, dieses Leben hält immer wieder neue Aufgaben bereit. Irgendwie kann ich mich nicht damit anfreunden, dass ich jetzt so eine Frau bin, die sich morgens nach dem Aufwachen als Erstes das Thermometer in den Arsch schiebt (zuverlässiger als oral und daher dringend empfohlen), am Vormittag einen Ovulationstest macht, Vitaminpräparate nimmt und ab und zu ihren Zervixschleim überprüft. Ich bin zu meiner eigenen Labormaus mutiert. Dann gebe ich alles in eine App ein, die mit meiner Hoffnung jongliert. Ganz ehrlich. Das bin ich nicht. Oder doch, genau das bin ich jetzt. Ich, die nie Hausaufgaben gemacht hat und ein Urvertrauen ins Leben hatte. Auf einmal bin ich wie die, die in der Schule immer Hefte im Vorrat dabeihatte und später im Berufsleben schon Mitte Januar ihren ganzen Jahresurlaub verplant hatte. So eine Tanja bin ich jetzt.

Jeden Monat bilde ich mir aufs Neue ein, schwanger zu sein, was ich sehr genieße, bis ich meine Tage bekomme. Dann weine ich oder bin wütend und finde alles scheiße. Währenddessen trudeln weiterhin Fotos mit Babybäuchen und Neugeborenen bei uns ein. Ich wusste gar nicht, wie viele Leute wir kennen, und langsam fühlt es sich nur noch ungerecht an.

Cordelia versucht, mir Hoffnung zu spenden: »Auf dem Spielplatz habe ich gestern eine Vierzigjährige kennengelernt, hochschwanger und mit Kleinkind, die hat mir erzählt: ›Eigentlich hätt ick ja nich schwanger werden dürfen, so viele Drogen, wie wir jenommen haben … also so richtich chemische, wa?!‹« Oh. Berlin. Was für ein Anlass, mir mit meinem Freund einen kleinen Spliff zu gönnen. Oh, wie schön das ist. Mein Geist vernebelt sich, und ich drifte weg von Urinstäbchen, Kontrolle und Thermometern. Ich denke darüber nach, welche Dynamik hier im Spiel ist. Es ist doch eigentlich wieder dieses uralte Märchen: »Wenn wir uns nur genug Mühe geben, uns anstrengen und brav unsere Hausaufgaben machen, dann klappt es.« Aber so läuft das Leben nicht.

Für mich bringt diese Zeit, zunächst unterbewusst, sehr große Fragen auf die Tagesordnung. Wo akzeptiere ich demütig eine Grenze? Wann höre ich auf zu kämpfen? Schließlich gibt es reale Grenzen. Unfruchtbarkeit zum Beispiel. Wie lange werde ich es probieren, werden WIR es versuchen, bis wir zu einer Akzeptanz kommen? Gibt es diesen einen Punkt?

»Achtung, fertig, los!« Meine innere Filmklappe schlägt zu, und damit sage ich Danke für all die Erfahrungen bis hierhin, für all die Liebe, die ich empfinden darf, und all die Menschen, die mich da durchgetragen haben und die ich erfreuen durfte. Danke an mein Bauchgefühl, auch, wenn ich nicht immer auf dich höre, aber das wird besser, versprochen. Ich freue mich, mutig wie mit acht Jahren, tief im Meer zu tauchen, mir gelegentlich ein Schweineohr zu gönnen, hoffentlich ein schönes Zuhause im Grünen zu finden und alles so anzunehmen, wie es kommt. Eine andere Möglichkeit gibt es ohnehin nicht, also machen wir das Beste draus, und falls das bedeutet, dass ich noch viele Menstruationshosen brauche, gönne ich mir eine neue Ladung, und falls ich Kinder bekomme, hoffe ich, dass ich ihnen so ein sicheres Zuhause, wie ich es hatte und habe, bieten kann. Ach ja, und wenn ich mal wieder vergesse, für mich selbst einzustehen, dann ist das auch okay, schließlich bin ich kein erleuchteter Bodhi. Und wenn's mal richtig dunkel wird, reise ich wieder nach Irland und tanke Freundlichkeit und Herzlichkeit.

Ich will mich nicht zerreiben am Kontrollwahn. Ich will das Leben Leben sein lassen. Und ich will leben, im Hier und Jetzt.

Dank

Mein erster Dank gilt Hannah, die in mir das Potenzial zur Autorin gesehen hat. Danke für dein Vertrauen und deinen Zuspruch. Ich hätte mir keinen schöneren und behutsameren Weg ins Buchschreiben vorstellen können.

Danke an Martin und Charlotte für die vertrauenswürdige und allzeit hilfsbereite Schulter, die ihr mir selbstlos und großzügig seid.

Danke an den Piper Verlag, an Felicitas, Anne, Anja und Bella.

Danke an meine Mama, ohne die es dieses Buch nicht geben würde. Du bist die erste Leserin meiner Geschichten. Danke für all die stundenlangen Gespräche, in denen du mich beraten hast, dir Leseproben angehört hast, mir immer ehrlich deine Meinung gesagt hast und mich stets ermutigt hast. Wann immer ich gezweifelt habe, konnte ich mich an dich anlehnen und gestärkt und fröhlich weitermachen. Danke, Papa, für die Leichtigkeit und Nüchternheit, die ich manchmal brauchte, um nicht zu versinken. Die Woche, in der ich bei euch geschrieben habe, während ihr mir ein All-inclusive-Hotel mit dramaturgischer Beratung wart, war die schönste.

Danke an meinen Freund, der den ganzen Schreibprozess mitgetragen hat. Danke für deine Liebe, deinen Glauben an mich und deine Unterstützung. Danke für all die Snacks, die du mir besorgt hast; egal ob es geregnet oder gestürmt hat, bist du für mich zum Kiosk gegangen. Danke für die Tränen, die du getrocknet hast, die Wärme deiner Umarmungen und das Lachen. Du bist mein Liebster.

Danke an meinen Bruder, meinen ersten und liebsten Spielfreund, alles, was ich jetzt tue, kann ich nur dank unserer Fantasiegeschichten machen.

Danke an Freddi, die lustigste Frau, die ich kenne. Danke, dass du mit deinen klugen Gedanken stundenlang mit mir über den möglichen Titel gebrainstormt hast und mich dabei immer wieder ermutigt hast, auf mein Bauchgefühl zu hören. Du hast mir Stunden deiner Zeit geschenkt, geholfen und dabei nie eine Gegenleistung erwartet. Dürfte ich mir eine große Schwester wünschen, wärst du das! So bist du meine liebe Freundin, und ich hoffe, ich kann genauso für dich da sein.

Danke Gülsha und Jenny, ihr Traumfrauen voller Witz und Klugheit. Danke fürs Wegweisen und Bestätigen. Ihr seid Freundinnen!

Danke an Moritz, dass du mir, ohne eine Sekunde zu zögern, ein Quote geschenkt hast. Dein Support lässt mich zufrieden lächeln.

Danke an Anika, deine vertrauensvolle Unterstützung macht mich sehr glücklich und stolz – allein für dein Quote hat sich dieses Buch gelohnt. Ich bin dein Fan.

Da ich viele Herzensfreundinnen schon im gleichnamigen Kapitel in Liebe gebadet habe, muss ich an dieser Stelle natürlich unbedingt meinen anderen Herzensfreund*innen danken. Das hier ist kein Ranking, sondern der Seitenzahl geschuldet. Danke an Miriam, mein Spatzl, ich bin so froh, dass wir uns seit zehn Jahren begleiten, immer aufeinander bauen können und uns liebevoll den Spiegel vorhalten. Danke an Christa, die Yin-Yoga-Ausbildung war allein wegen dir ein Gewinn; du warmherzige und liebevolle Freundin. Danke an Frank und danke an Christin, mein liebstes Roller-Skater-Girl. Niemandem mit einem T-Shirt-Aufdruck »I see you I hear you« vertrau ich mich lieber an als dir.